Die Zukunft globalen Regierens

Valentin Zahrnt

AF168170

Die Zukunft globalen Regierens

Herausforderungen und Reformen am Beispiel der Welthandelsorganisation

von Valentin Zahrnt

 Lucius & Lucius · Stuttgart

Anschrift des Autors:

Dr. Valentin Zahrnt
Hollmuthstr. 2a
D-69151 Neckargemünd
vzahrnt@hotmail.com

Bibliografische Information der Deutschen Bibliothek
Die Deutsche Bibliothek verzeichnet diese Publikation in der Deutschen Nationalbibliografie;
detaillierte bibliografische Daten sind im Internet über http://dnb.ddb.de abrufbar

ISBN 3-8282-0309-4 (Lucius & Lucius)
© Lucius & Lucius Verlagsgesellschaft mbH Stuttgart 2005
    Gerokstr. 51, D-70184 Stuttgart
    www.luciusverlag.com

Druck und Einband: Druckhaus Ebner & Spiegel, Ulm

Printed in Germany

Inhaltsverzeichnis

Abbildungsverzeichnis

Tabellenverzeichnis

Abkürzungsverzeichnis

EU	European Union
	Europäische Union
GATS	General Agreement on Trade in Services
	Allgemeines Übereinkommen über den Handel mit Dienstleistungen
GATT	General Agreement on Tariffs and Trade
	Allgemeines Zoll- und Handelsabkommen
Mercosur	Mercado Común del Cono Sur
	Gemeinsamer Südamerikanischer Markt
NAFTA	North American Free Trade Agreement
	Nordamerikanisches Freihandelsabkommen
NGO	non-governmental organization
	Nicht-Regierungsorganisation
SPS	sanitary and phytosanitary measures
	gesundheitspolizeiliche und pflanzenschutzrechtliche Maßnahmen
TRIPs	trade-related intellectual property rights
	handelsbezogene Aspekte der Rechte des geistigen Eigentums
WTO	World Trade Organization
	Welthandelsorganisation

Vorwort

Globalisierung ist in aller Munde. Wir hören davon in den Nachrichten, wir lesen davon in der Zeitung, wir diskutieren darüber mit Freunden. Und wir leben Globalisierung selbst: Wir reisen um die Welt und pflegen danach (noch eine Weile) Email-Kontakt mit den Reisebekanntschaften, wir tanzen zu lateinamerikanischer Salsa und schauen CNN auf asiatischen Bildschirmen. Wir fühlen uns weniger als Deutsche und mehr als Europäer oder Weltbürger, als Kulturliebhaber, Umweltschützer oder Menschenrechtler.

Doch die Globalisierung vereinigt die Menschheit nicht einfach in Eintracht und Wohlstand. Zweifel verdüstern das Bild vom harmonischen „globalen Dorf": Wie können wir unsere Arbeitsstandards und Sozialsysteme erhalten, obwohl der globale Wettbewerbsdruck immer stärker wird und Unternehmen ins Ausland abwandern? Was wird aus dem globalen Klima, wenn die reichen Länder, allen voran die USA, weiter ihren horrenden Energiebedarf aus Öl und Gas decken, wenn viele Schwellenländer, mit China an der Spitze, boomen und sich in ihren Produktions- und Konsumgewohnheiten am Westen ausrichten, wenn gleichzeitig die Regenwälder abgeholzt und niedergebrannt werden? Wie können wir sicher leben, da Massenvernichtungswaffen weltweit Verbreitung finden und terroristische Netzwerke rund um den Globus zuschlagen?

Offensichtlich bleibt politische Regulierung im Zeitalter der Globalisierung notwendig, um Sicherheit, Wohlstand, Gerechtigkeit, eine demokratische, aktive Gesellschaft und den Erhalt natürlicher Lebensgrundlagen zu gewährleisten. Doch Nationalstaaten mit territorial begrenzter Reichweite können globale gesellschaftliche Räume nicht eigenständig lenken und globale Probleme auf sich selbst gestellt nicht lösen. Somit erfordert Globalisierung, eine Form des Regierens auf globaler Ebene, jenseits des Nationalstaats zu entwickeln.

Aus intensiver wissenschaftlicher, politischer und gesellschaftlicher Diskussion unter dem Stichwort „Global Governance" ist hierzu ein international weit geteilter Konsens hervorgegangen:

- Spontane Koordination zwischen den 200 Staaten der Welt oder ihren Zivilgesellschaften bleibt unzureichend – globales Regieren bedarf dauerhafter Strukturen. Jedoch kann ein hierarchischer Weltstaat für eine heterogene Gemeinschaft der Völker weder effektiv noch legitim sein. Daher ist ein Mittelweg zu beschreiten, der die Souveränität der Staaten grundsätzlich anerkennt, ihre Handlungsfreiheit jedoch maßvoll beschneidet.

- Um nationalstaatliches Handeln effektiv zu koordinieren, sollen internationale Organisationen der Staatengemeinschaft mit Gutachten und etablierten Entscheidungsabläufen helfen – dies möglichst mit Rücksicht auf nationalstaatliche Eigenheiten und, nach westlicher Sichtweise, unter Einbindung der Zivilgesellschaften. Außerdem sollen die internationalen Organisationen unabhängige Streitschlichtungsmechanismen für den Fall bereithalten, dass Staaten miteinander in Konflikt geraten.

- Die Praxis globalen Regierens bleibt gegenwärtig hinter den politischen Erfordernissen zurück: Die internationalen Verpflichtungen der Staaten sind unzulänglich geregelt; zugleich sind die internationalen Organisationen unterentwickelt, welche die Staatengemeinschaft unterstützen, internationale Verpflichtungen auszubauen und anzupassen, Staaten im Fall von Umsetzungsproblemen unter die Arme zu greifen sowie die Verträge gegen widerspenstige Regierungen durchzusetzen. Gravierende Probleme wie Armut, Seuchen, Terrorismus und Umweltzerstörung verlangen größere Anstrengungen der internationalen Gemeinschaft.

- Die Herausforderung, globales Regieren weiterzuentwickeln, liegt zunächst darin, neue Abkommen auszuhandeln beziehungsweise bestehende Abkommen anzupassen sowie die Umsetzung von Abkommen zu gewährleisten. Dies erfordert, Kompetenzen an internationale Organisationen zu delegieren. Aus der Delegation von Kompetenzen an internationale Organisationen ergeben sich aber auch Probleme. Zum einen folgen politische Risiken für souveräne Staaten, die nicht mehr die alleinige Kontrolle über die in ihrem Territorium geltenden Regeln haben. Zum anderen weisen internationale Organisationen tendenziell demokratische Defizite auf, da sie ihre Autorität nicht unmittelbar aus den demokratischen Willensbildungsprozessen nationaler Gemeinschaften ableiten können.

Der Konsens lautet also: Die Aushandlung und Durchsetzung von internationalen Abkommen ist zu verbessern, und die politischen Risiken und demokratischen Legitimitätsdefizite internationaler Kooperation sind zu verringern, damit die Gemeinschaft der Nationalstaaten mit Hilfe internationaler Organisationen das Wohlergehen der Menschheit gewährleisten kann. Dieses Buch handelt davon, *wie* dieses Ziel verwirklicht werden kann. Die Kernfrage heißt dabei: Wie sind internationale Organisationen strukturell auszugestalten, damit sie in Zukunft so effektiv wie möglich zur Lösung der Kooperationsprobleme beitragen können?

Vorgenommen wird die Analyse exemplarisch anhand der Welthandelsorganisation (WTO). Diese Organisation zeichnet sich durch ihre besondere Bedeutung für das globale Regieren aus, sowohl aufgrund der thematischen Breite, der Komplexität und der Intensität ihres Regelwerks als auch aufgrund ihres fortgeschrittenen institutionellen Entwicklungsgrades, insbesondere in der Streitschlichtung. Wenn die Strukturen der WTO es erlauben, komplexe wirtschaftliche Sachgebiete international zu regeln und gleichzeitig angrenzende Belange wie Sozialpolitik und Umweltschutz zu beachten, kann die WTO einen bedeutenden Beitrag zu weltweitem Wohlstand und Nachhaltigkeit leisten. Dann kann sie darüber hinaus als Vorbild für andere internationale Organisationen dienen.

Die Argumentation geht in folgenden Schritten vor: Kapitel 1 liefert eine Einführung in das Thema *Freihandel, Protektionismus und die WTO*. Hierbei werden Ziele, Aufbau und Funktionsweise der WTO dargelegt und ein erster Problembefund der gegenwärtigen Lage erstellt. Diese statische Bestandsaufnahme wird in Kapitel 2 durch eine dynamische Perspektive der WTO als einer Organisation im Wandel ergänzt. Wie sich die in Kapitel 2 festgestellten *Entwicklungen im Umfeld der WTO* auf die Probleme internationaler Kooperation auswirken, ist Gegenstand der folgenden Kapitel. Dabei geht es in Kapitel 3 darum, wie die Entwicklungen die *Legitimität* der WTO beeinflussen. In Kapitel 4 werden die künftigen Auswirkungen auf die *Aushandlung* von WTO-Abkommen und in Kapitel 5 auf die *Durchsetzung* derselben analysiert. Sodann werden in Kapitel 6 die *Risiken* erwogen, die WTO-Abkommen mit sich bringen. Ausgehend von den sich absehbar verschärfenden Schwierigkeiten – hinsichtlich Legitimität, Aushandlung, Durchsetzung und Risiken von WTO-Abkommen – wird in Kapitel 7 die *Notwendigkeit struktureller WTO-Reformen* betont.

Schließlich werden Reformvorschläge für die WTO unterbreitet. Diese beziehen sich in Kapitel 8 auf die *Entscheidungsfindung*. Sollen die Mitgliedsstaaten mehr Entscheidungen nach dem Mehrheitsprinzip statt einstimmig fällen? Sollen der Generalsekretär der WTO und sein Sekretariat eine gewichtigere Rolle im Entscheidungsprozess spielen? Welcher Platz kommt Gruppierungen von Mitgliedsstaaten mit ähnlichen Interessen zu, die in WTO-Verhandlungen gemeinsam auftreten? Welche Erfolgsaussichten bestehen für ein Leitungsgremium, in dem ausgewählte Staaten Abkommen für die Vollversammlung der Mitgliedsstaaten vorbereiten? Können integrierte Regionen wie die Europäische Union (EU) WTO-Verhandlungen erleichtern, indem sie auf regionaler Ebene eine gemeinsame WTO-Position vereinbaren?

Die Vorschläge in Kapitel 9 gehen darauf ein, wie das *Verhältnis der WTO zu nicht-wirtschaftlichen Zielen* ausgestaltet werden sollte: Welche gesundheitspolitischen, sozialen, kulturellen und ökologischen Anliegen sollen die Mitgliedsstaaten berechtigen, von ihren wirtschaftsorientierten WTO-Verpflichtungen abzuweichen? Welche Anforderungen sollen an staatliche Schutzmaßnahmen gestellt werden, etwa an ihre Notwendigkeit und Verhältnismäßigkeit? Wie streng soll die Einhaltung dieser Anforderungen von WTO-Gerichten kontrolliert werden?

In Kapitel 10 werden geeignete *Mechanismen zur Durchsetzung* von WTO-Abkommen diskutiert: Sollen die Strafzölle gegen vertragsverletzende Staaten, zu denen geschädigte Staaten von der WTO autorisiert werden können, in etwa den unzulässigen Handelshemmnissen entsprechen? Sollen die Sanktionen gegen vertragsverletzende Staaten schärfer ausfallen, damit sie eine zusätzliche abschreckende Wirkung entfalten, so dass die Regeln der WTO verlässlicher eingehalten werden? Oder soll das Strafmaß milder ausfallen, um die friedlichen Handelsbeziehungen nicht zu gefährden, womit die Durchsetzung von WTO-Abkommen vor allem auf innenpolitischem und internationalem Druck beruhen würde?

Kapitel 11 bietet eine *Gesamtschau* der Entwicklungen im Umfeld der WTO, ihrer Auswirkungen auf die Probleme internationaler Kooperation und der darauf antwortenden Reformvorschläge. Zudem werden aus der strukturellen Analyse einige Hinweise zur inhaltlichen Ausgestaltung der WTO-Abkommen abgeleitet, welche für die aktuellen Verhandlungen der WTO-Mitgliedsstaaten im Rahmen der so genannten Doha-Entwicklungsrunde relevant sind. Abschließend wird erwogen, inwieweit sich die am Beispiel der WTO entwickelten Befunde auf andere internationale Organisationen übertragen lassen.

Wie sich die Entwicklungen im Umfeld der WTO und die vorgeschlagenen Strukturreformen auf die Probleme internationaler Kooperation auswirken, wird in diesem Buch interdisziplinär analysiert. Dies heißt, dass sich die Argumentation auf Erkenntnisse aus den wissenschaftlichen Bereichen Volkswirtschaftslehre, Politologie, Rechtslehre und Soziologie stützt. Dabei wird die Perspektive der einzelnen Wissenschaften jedoch nicht nacheinander eingenommen, um so den jeweiligen Erkenntnisbeitrag separat darzustellen. Stattdessen werden die Argumente der einzelnen Wissenschaften zu Gunsten einer zügigen, leserfreundlichen Abhandlung mit geringer Redundanz in eine problemlösungsorientierte Diskussion integriert.

Das Buch enthält also weder eine detaillierte Darstellung des Regelwerks der WTO noch eine allgemeine Einführung in die oben genannten Gesellschaftswissenschaften. Es setzt dieses Wissen allerdings auch nicht voraus. Alles für das Verständnis dieses Buches notwendige Wissen wird dem Leser auf den Weg mitgegeben. Damit richtet sich das Buch an jeden Zeitgenossen, der sich dafür interessiert, *wie politische Gestaltung im Zeitalter der Globalisierung möglich ist.* Ihm wird ein beispielhafter Einblick in die Funktionsweise der WTO als einer der wichtigsten internationalen Organisationen geboten. Das Augenmerk liegt dabei auf den Problemen internationaler Kooperation, die sich in Zukunft verschärfen werden, und den Möglichkeiten, die WTO durch strukturelle Reformen zukunftstauglich zu machen. Da sich viele Erkenntnisse auf andere internationale Organisationen übertragen lassen, wird das in diesem Buch entwickelte Verständnis internationaler Kooperation dem Leser auch bei der Analyse globalen Regierens über die WTO hinaus dienlich sein. Als weitere Zielgruppe richtet sich das Buch an Leser, die sich in ihrer politischen oder wissenschaftlichen Arbeit mit internationalen Organisationen befassen, und die nun einen zukunftsorientierten Gesamtblick auf die WTO als einen zukunftsweisenden Raum globalen Regierens gewinnen wollen.

Es bleibt die normative Frage, ob überhaupt Reformvorschläge unterbreitet werden sollten, um die WTO besser in die Lage zu versetzen, die Probleme internationaler Kooperation zu überwinden. Viele Stimmen in der Zivilgesellschaft wünschen sich vielmehr, dass die WTO gebremst wird oder gar scheitert. Meine persönliche Ansicht ist, dass freier Handel und weitergehende wirtschaftliche Kooperation – wie der internationale Schutz geistigen Eigentums oder eine weltweit wirksame Wettbewerbsordnung für Unternehmen – dazu beitragen *können*, die katastrophale Armut der Entwicklungsländer zu verringern und gleichzeitig den Wohlstand der Industrieländer zu erhalten. Ob WTO-Abkommen die akuten Probleme unserer Welt *tatsächlich* lösen helfen oder diese eher verschärfen, hängt entscheidend von den konkreten Bestimmungen der WTO-Abkommen sowie von der nationalen und internationalen Regulierung anderer Politikbereiche ab. Gegenwärtig besteht hier ein erhebliches Defizit: Soziale, gesundheits- und entwicklungspolitische, kulturelle und ökologische Anliegen – also die nicht-wirtschaftlichen Ziele des Regierens, die mit der WTO in Zusammenhang stehen – sollten innerhalb wie außerhalb der WTO gestärkt werden.

Obzwar angemessene politische Rahmenbedingungen erst im Entstehen sind, ist es dennoch sinnvoll, sich schon jetzt Gedanken darüber zu machen, wie die Effektivität der WTO durch strukturelle Reformen gesteigert werden kann. Hierfür sprechen drei wesentliche Überlegungen:

- Die Mitgliedsstaaten vernachlässigen nicht-wirtschaftliche Anliegen in der WTO unter anderem, um die Organisation mit diesen Themen nicht zu überlasten. Die nicht-wirtschaftlichen Ziele „politisieren" und komplizieren Verhandlung und Durchsetzung von WTO-Abkommen in einer Weise, dass die Mitgliedsstaaten sich um die Weiterentwicklung, ja um den Erhalt der wirtschaftlichen Integration sorgen. Nur dann wird die Bereitschaft zunehmen, nicht-wirtschaftliche Ziele in der WTO zu berücksichtigen, wenn ein Weg aufgezeigt werden kann, wie die WTO dabei funktionsfähig bleibt.

- Andere internationale Organisationen, die in den kommenden Jahren nicht-wirtschaftliche Ziele vermutlich wirksamer gegenüber der WTO vertreten werden, müssen ihrerseits die wirtschaftlichen Auswirkungen ihres Regelwerks verstärkt mit einbeziehen. Denn die Interdependenzen zwischen den verschiedenen Themenfeldern müssen berücksichtigt werden, gleich unter welchen Vorzeichen globale Abkommen getroffen und angewandt werden. Erfahrungen, wie wirtschaftliche und nicht-wirtschaftliche Anliegen in einem politisch brisanten Umfeld ausgeglichen werden können, müssen heute in der WTO gesammelt werden, um später auch in anderen internationalen Organisationen darauf aufzubauen.

- Reformen brauchen Zeit. Von der Diskussion über den Entwurf bis zur Umsetzung von Reformmaßnahmen verstreichen oft Jahre. Eine der in diesem Buch vorgeschlagenen Reformen – die Förderung regionaler Integration zwischen Staaten, wie sie am weitesten in der EU fortgeschritten ist – entfaltet ihre Wirkung sukzessive über Jahrzehnte. Dieser Vorlauf kann dazu genützt werden, die politischen Rahmenbedingungen wirtschaftlicher Integration auf nationaler Ebene, in der WTO und in anderen internationalen Institutionen weiter zu entwickeln.

Damit sind der Hintergrund (Globalisierung), der Gegenstand (Herausforderungen und Reformen der WTO), die Relevanz (für globales Regieren im Dienste vielfältiger Ziele) und der Analyseansatz (zukunftsorientiert, interdisziplinär) des Buches vorgestellt.

Mein Dank gilt zunächst Prof. Dr. Horst Brezinski, Prof. Dr. J.-C. Bongaerts und Prof. em. Dr. Udo Simonis für die Betreuung der Doktorarbeit, aus der dieses Buch hervorgegangen ist. Für Stellungnahmen zu meinen wissenschaftlichen Artikeln, die in dieses Buch eingeflossen sind, stehe ich bei Prof. Dr. Jörn Altmann, Prof. Dr. Rolf Langhammer und Prof. Dr. Richard Senti in der Schuld. Des Weiteren möchte ich Dominik, Christine, Dr. Angelika und Dr. Christoph Zahrnt sowie Nina Rörich, Sven Scheid, Dorothee König und Prof. em. Dr. Malte Faber für Diskussionen und Korrekturen danken.

Neckargemünd, im Januar 2005

Grundlagen der WTO

1   Freihandel, Protektionismus und die WTO

Was ist die WTO? Eine Weise, an diese Frage heranzugehen, setzt an der formalen Organisationsstruktur und dem Regelwerk an. Die WTO ist demnach ein umfassendes, internationales Wirtschaftsabkommen mit etwa 150 Mitgliedsstaaten, bestehend aus dem Allgemeinen Zoll- und Handelsabkommen (GATT), dem Allgemeinen Abkommen über den Handel mit Dienstleistungen (GATS) und dem Abkommen über handelsbezogene Aspekte der Rechte des geistigen Eigentums (TRIPs).

(1) GATT: Den historischen Kern der WTO bildet das GATT-Abkommen (General Agreement on Tariffs and Trade), das der Liberalisierung des internationalen Güterhandels dient. Dieses Abkommen wurde 1947 von 23 Staaten ins Leben gerufen und seitdem im Rahmen von 8 multilateralen – das heißt, alle Mitgliedsstaaten einschließenden – Verhandlungsrunden ausgeweitet. Die so genannte Uruguay-Runde war die letzte, 1994 erfolgreich abgeschlossene multilaterale Verhandlungsrunde. Darin wurde das GATT in die neu gegründete WTO überführt. Zudem wurde das GATT erweitert und in 15 Unterabkommen gegliedert, die bestimmte Sektoren – wie Landwirtschaft oder Textilien – oder bestimmte sektorenübergreifende Aspekte des Güterhandels regeln, wie etwa das Abkommen über handelsbezogene Investitionsmaßnahmen (TRIMs).

(2) GATS: Im GATS-Abkommen (General Agreement on Trade in Services) wird der Handel mit Dienstleistungen liberalisiert. Unter Dienstleistungen fallen die Angebote von Banken und Versicherungen, Telekommunikation und Transport, Bildung und Gesundheit oder Energie- und Wasserversorgung. Dabei wird zwischen vier Formen des Dienstleistungsverkehrs unterschieden. Erstens kann die Dienstleistung selbst Grenzen überschreiten – so lässt zum Beispiel die Lufthansa elektronische Ticket-Buchungen in Indien durchführen. Zweitens kann der Kunde eine Dienstleistung im Ausland in Anspruch nehmen – dies ist der Fall, wenn sich ein Österreicher eine Antiquität in Tschechien restaurieren lässt. Drittens kann ein Unternehmen eine Niederlassung im Ausland eröffnen – in diesem Fall würde der tschechische Restaurator einen Laden in Österreich aufmachen. Viertens kann der Dienstleister ausländische Kunden persönlich aufsuchen – dann käme der tschechische Restaurator für einzelne Aufträge ohne festen Geschäftssitz nach Österreich.

(3) TRIPs: Das TRIPs-Abkommen (Agreement on Trade-Related Aspects of Intellectual Property Rights) schützt Rechte an geistigem Eigentum, wie etwa Marken-, Urheber- und Patentrechte. Die Absicht solcher Eigentumsrechte ist, dass zusätzliche Innovationen angeregt werden, wenn die Ersteller geistiger

Leistungen diese rechtlich schützen und somit besser finanziell verwerten können. Beim nationalstaatlichen Schutz geistigen Eigentums stellt sich das Problem, dass jedes Land einen Anreiz hat, ausländische Halter geistiger Leistungen, die im Inland Rechtsschutz beantragen oder geltend machen, zu benachteiligen. Denn dadurch können inländische Unternehmen und Endkunden die ausländischen geistigen Leistungen zu günstigeren Konditionen verwenden. Wenn solche Diskriminierung von internationalen Abkommen untersagt ist, ist jeder Staat dazu verleitet, den Rechtsschutz für geistiges Eigentum für in- und ausländische Ersteller gleichermaßen abzusenken. Zwar schadet sich ein Staat dadurch selbst, da er die inländische Innovationstätigkeit entmutigt, dafür gelangen die inländischen Unternehmen und Endkunden wiederum günstiger in den Besitz ausländischer geistiger Leistungen. Daher verpflichtet TRIPs die Mitgliedsstaaten, globale Mindeststandards einzuhalten, sowohl was die Rechte an geistigem Eigentum als auch was die rechtlichen Institutionen zur Durchsetzung dieser Rechte anbelangt.

GATT, GATS und TRIPs (letzteres mit Einschränkungen) basieren auf folgenden Grundsätzen:

- **Bindende Marktöffnung:** Mitgliedsstaaten sollen sich rechtlich verpflichten, ihre Handelsbarrieren zu reduzieren, so dass inländische und ausländische Anbieter unter ähnlicheren Ausgangsbedingungen konkurrieren können. Nur in Ausnahmefällen dürfen Staaten Zölle über die Höchstgrenze hinaus erheben, an die sie sich vertraglich gebunden haben.

- **Reziprozität:** Staaten tauschen in WTO-Verhandlungen eigene Zusagen, den inländischen Markt für ausländische Anbieter zu öffnen, gegen ausländische Zugeständnisse großzügigerer Marktöffnung ein. Zwar unterscheiden sich die in der WTO eingegangenen Marktöffnungsverpflichtungen von Staat zu Staat, dabei sollen jedoch alle Staaten in ähnlichem Umfang Konzessionen machen.

- **Meistbegünstigung:** Jede Marktöffnung, die ein Mitgliedsstaat einem anderen gewährt, wird automatisch allen Mitgliedsstaaten zuerkannt. Dadurch wird vermieden, dass staatliche Maßnahmen den Wettbewerb zwischen ausländischen Anbietern aus unterschiedlichen Herkunftsländern verzerren. Außerdem sollen die Verhandlungen damit vereinfacht werden, indem nicht jedes Mitglied mit jedem anderen Mitglied individuell verhandeln muss, sondern von den Verhandlungserfolgen anderer Staaten mit profitiert.

- **Inländergleichbehandlung:** Ausländischen Anbietern soll die faktisch gleiche staatliche Behandlung widerfahren wie inländischen Anbietern; alle staatlichen Maßnahmen sollen auf willkürliche Diskriminierung zwischen inländischen und ausländischen Anbietern verzichten.

- **Transparenz:** Staaten sollen alle Maßnahmen, die für den Marktzugang ausländischer Anbieter relevant sind, frühzeitig und transparent publizieren. Ergänzend wird die Handelspolitik der Mitgliedsstaaten periodisch in einem WTO-Bericht offen gelegt.

- **Friedliche und faire Beilegung von Handelskonflikten:** Staaten sollen ihre Handelskonflikte in direkten Gesprächen friedlich beilegen. Scheitern die bilateralen Verhandlungen zwischen den Streitparteien, kann jeder Staat vor einer WTO-Schiedsgerichtsbarkeit klagen. Hier kann er geltend machen, dass ein anderer Staat ihn geschädigt habe, sei es durch einen Vertragsbruch oder durch eine vertragskonforme, jedoch unvorhersehbare Maßnahme, welche berechtigterweise aus WTO-Abkommen erhoffte Vorteile zunichte macht. Dies schützt schwächere Staaten vor Repressionen durch mächtigere Mitgliedsstaaten, erleichtert die Durchsetzung von WTO-Regeln auch gegenüber diesen mächtigen Mitgliedsstaaten und dämmt Konflikte ein.

Mindestens alle zwei Jahre tritt die WTO-Ministerkonferenz, in der alle Mitgliedsstaaten mit einer Stimme vertreten sind, zusammen, um über Erweiterung oder Änderung der Abkommen zu verhandeln. Entscheidungen hierzu bedürfen der Einstimmigkeit; in der Praxis werden auch jene nachgeordneten Entscheidungen, für die Mehrheitsabstimmungen vorgesehen sind, einstimmig gefällt. Zwischen den Ministerkonferenzen führt der Generalsekretär die Geschäfte der WTO und koordiniert die Arbeitsgruppen, in denen die Mitgliedsstaaten die Themen der Verhandlungen vorbereiten.

Die Beschreibung der allgemeinen Rechte und Pflichten, der Sonder- und Ausnahmeregelungen sowie der institutionellen Abläufe und Organe, die in den verschiedenen Vertragsbestandteilen der WTO niedergelegt sind, würde Hunderte von Seiten benötigen. Um das Wesen der WTO zu verstehen, ist es jedoch vielmehr entscheidend, die vielfältigen Ziele zu erfassen, welche die Mitgliedsstaaten in der WTO verfolgen.

- Daher werden hier zunächst die wirtschaftlichen Vorteile freien Handels ausgeführt (Abschnitt 1.1). Dies ist das Credo der WTO, dem GATT und GATS gewidmet ist. Sodann wird erklärt, weswegen Staaten dennoch ihre Märkte mit wirtschaftlichen Motiven abschotten (Abschnitt 1.2).

- Es folgt spiegelbildlich eine Betrachtung der nicht-wirtschaftlichen Auswirkungen freien Handels und der nicht-wirtschaftlichen Gründe, aus denen Staaten Handelshemmnisse aufrechterhalten (Abschnitt 1.3-1.4).

- Anschließend werden die Handelshemmnisse, die den freien Fluss von Waren und Dienstleistungen behindern, kategorisiert und die Stossrichtung wird dargestellt, mit der die WTO die jeweiligen Arten von Handelshemmnissen zu beseitigen sucht (Abschnitt 1.5-1.6).

- Schließlich wird anhand von Problem-Symptomen aufgezeigt, dass die WTO seit Abschluss der Uruguay-Runde 1994 in ihrer Rolle als Wegbereiterin freien Handels aus dem Tritt gekommen ist (Abschnitt 1.7).

Zuvor muss geklärt werden, was Formulierungen wie „die Mitgliedsstaaten wollen" und „die WTO versucht" bedeuten. Internationale Organisationen und Staaten sind Institutionen, also dauerhafte gesellschaftliche Einrichtungen, die das Denken und Handeln jener Menschen prägen, die mit ihnen in Berührung kommen. In diesem Sinne sind auch Verkehrsregeln wie „Rechts vor links" oder religiöse Gebote wie „Du sollst nicht stehlen" Institutionen, da sie darauf angelegt sind, menschliches Handeln dauerhaft zu beeinflussen, um gesellschaftliche Probleme lösen zu helfen. Im Vergleich hierzu sind Staaten und internationale Organisationen – wie auch Unternehmen oder Gewerkschaften – komplexer; sie beinhalten nicht nur Verhaltensvorschriften, die unmittelbar einem Ziel wie der Sicherheit im Straßenverkehr dienen, sondern verfügen auch über Regeln, wie in ihrem Namen Entscheidungen gefällt und umgesetzt werden.

Wenn es also heißt, die WTO trete für freien Handel ein, dann heißt das streng genommen: Das Zusammenspiel der Organe der WTO – also der im Sekretariat und dem Streitschlichtungssystem Angestellten – mit den Vertretern der Regierungen unter Beachtung der Regeln über Entscheidungsprozesse in der WTO bewirkt, dass das Regelwerk der WTO und das Verhalten der Repräsentanten der WTO auf freien Handel ausgerichtet sind. Dabei ist zu beachten, dass sich die Positionen der einzelnen Regierungsvertreter ihrerseits aus dem politischen Spielraum und den Präferenzen der Regierungsvertreter sowie den inhaltlichen Vorgaben ihres Verhandlungsmandats ergeben. Das Verhandlungsmandat wiederum rührt von einem komplexen Entscheidungsprozess auf nationaler Ebene her, durch den sich das Mandat der nationalen Regierungsvertreter auf die Wünsche und Einflussmöglichkeiten, etwa als Wähler, Partei- oder Gewerkschaftsmitglied, der einzelnen Bürger der Mitgliedsstaaten zurückführen lässt.

Zur Vereinfachung ist es sinnvoll, im Allgemeinen einfach von „der WTO" und „den Mitgliedsstaaten" zu sprechen, als ob sie individuelle, eigenständige Akteure wären, und nur bedarfsweise auf die dahinter stehenden Streitschlichtungsinstanzen der WTO, Regierungsvertreter bei der WTO, Regierungen, Unternehmen und nationale Gesellschaften einzugehen.

1.1 Wirtschaftliche Auswirkungen des freien Handels

Welches sind nun die von den Ökonomen hervorgehobenen Vorzüge freien Welthandels, welche die Mitgliedsstaaten durch die WTO zu erlangen hoffen? Die Stichworte dazu lauten: relative Kostenvorteile, Skalen- und Lerneffekte, Abbau von Handelsverzerrungen, Wettbewerbsintensivierung, Wissenstransfer, sowie Reduktion der unproduktiven Lobbyisten-Aufwendungen. Dahinter stehen im Einzelnen folgende Gedankengänge:

(1) Relative Kostenvorteile: Handel schafft Wohlstand durch Spezialisierung. Dies gilt offensichtlich, wenn jedes Land über einen *absoluten* Kostenvorteil in der Produktion wenigstens eines Gutes verfügt, das es für den Weltmarkt produzieren kann. Selbst wenn jedoch ein Land kein Gut mit einem absoluten Kostenvorteil zu produzieren vermag, so entsteht dennoch ein verteilungsfähiger Überschuss, wenn sich dieses Land auf jenes Gut spezialisiert, in dem es *relativ* den geringsten Produktivitätsnachteil hat. Angenommen, ein deutscher Arbeiter kann in der industriellen Produktion doppelt so viele Hemden fertigen wie ein chinesischer Arbeiter, aber dreimal so viele Autos. Dann ergibt es Sinn, dass der Chinese Hemden herstellt und der Deutsche Autos und sie danach Hemden gegen Autos tauschen.

(2) Skalen- und Lerneffekte: Der Vorteil aus der weltweit spezialisierten Arbeitsteilung nimmt zu, wenn die Herstellungskosten pro Stück durch die grössere Menge an gleich- oder ähnlichartig produzierten Gütern fallen. Solche so genannten Skaleneffekte können innerhalb eines Unternehmens auftreten, wenn beispielsweise die größere Menge standardisierter Produkte eine Fliessbandfertigung erlaubt. Außerdem lernen Unternehmen im Verlauf der Produktion, so dass der Millionste VW-Golf wesentlich billiger herzustellen ist als der Tausendste. Durch die globale Spezialisierung können des Weiteren so genannte Cluster wachsen, Ansammlungen räumlich nahe gelegener Unternehmen, die wechselseitig voneinander profitieren. Zum Beispiel können sie Infrastrukturen gemeinsam nutzen oder auf ein breites Angebot an Fachkräften zurückgreifen. Daher ist eine Bank geneigt, ihren Sitz in Frankfurt zu wählen, und ein Medienunternehmen seinen Sitz in Köln. Das bekannteste globale Cluster ist die IT-Industrie im Silicon Valley.

(3) Abbau von Handelsverzerrungen: Handelshemmnisse mindern nicht nur das Handelsvolumen, sie verzerren auch Handelsströme, wenn Anbieter entsprechend ihres Herkunftslandes unterschiedlich behandelt werden. Insoweit ausländische Anbieter, die einen Wettbewerbsvorteil aus bevorzugtem Marktzutritt beziehen, im Zuge der allgemeinen Marktöffnung von anderen, effizienteren ausländischen Anbietern ersetzt werden, wächst die globale Wohlfahrt. Ein deutscher Bauer produziert beispielsweise ein Kilo Rindfleisch zu 10 Euro, wohingegen ein französischer Bauer ein Kilo Rindfleisch einschließlich Transportkosten zu 8 Euro und ein argentinischer Bauer zu 6 Euro auf dem deutschen Markt anbieten kann. Französisches Rindfleisch kann im Rahmen des europäischen

Binnenmarktes zollfrei eingeführt werden. Sobald auf argentinische Rindfleisch-Importe weniger als 2 Euro pro Kilo Zoll erhoben wird, ersetzen sie das weniger effizient produzierte französische Rindfleisch auf dem deutschen Markt. Dadurch sinkt der Endkundenpreis und der deutsche Staat erhält Zolleinnahmen.

(4) Wettbewerbsintensivierung: Unternehmen können Marktmacht besitzen, beispielsweise weil sie besonders billig oder qualitativ hochwertig produzieren können oder weil sie über einen besonders verkaufsförderlichen Vertriebsweg verfügen. In diesem Fall verlangen sie von ihren Kunden höhere Preise, als dies für sie in einem hart umkämpften Markt möglich wäre, in dem Kunden umstandslos zu einem attraktiveren Anbieter wechseln könnten. Gleich Menschen neigen marktmächtige Unternehmen zudem zu Bequemlichkeit und sind weniger innovativ. Daher bringt Wettbewerb den Kunden meist innovativere Produkte zu niedrigeren Preisen. Handel belebt nun den Wettbewerb, da in grösseren Märkten tendenziell mehr Unternehmen konkurrieren.

(5) Wissenstransfer: Wenn Güter, und mehr noch Dienstleistungen, Staatsgrenzen überschreiten, so fließt oft Wissen mit ins Empfängerland. Unternehmen eröffnen Vertriebsniederlassungen in ausländischen Märkten, schulen Personal für Verkauf und Service, setzen das Produkt im Empfängerland zusammen oder produzieren gar einzelne Komponenten vor Ort. So verbreiten sich für das Empfängerland wertvolle Kenntnisse von Organisationsabläufen und Technologien.

(6) Reduktion der unproduktiven Lobbyisten-Aufwendungen: Unternehmen treiben einen volkswirtschaftlich unproduktiven Aufwand, um Umfang und Ausgestaltung von Handelshemmnissen zu ihrem Vorteil zu beeinflussen. Mit ausländischen Anbietern konkurrierende Unternehmen unterhalten Interessensverbände, um in Berlin und Brüssel für mehr Protektionismus – also für stärkere Abschottung des inländischen Marktes – zu werben. Demgegenüber wollen exportorientierte Unternehmen inländische Handelshemmnisse beseitigen, um über niedrigere Preise für Rohstoffe und Vorprodukte die Herstellungskosten zu reduzieren und ihre Position in ausländischen Märkten auszubauen. Parallel dazu finanzieren exportorientierte Unternehmen Lobbyarbeit im Ausland. Zum einen versuchen sie, die dortigen Handelshemmnisse zu senken, zum anderen bemühen sie sich darum, innerhalb der auf ihren Exportmärkten geltenden, protektionistischen Marktordnung bevorzugt behandelt zu werden. Wenn wirtschaftlich motivierte Handelshemmnisse hingegen dauerhaft gestrichen werden, so gehen diese unproduktiven Aufwendungen zurück, die zudem zu Bestechlichkeit einladen und der Demokratie schaden.

Handel verursacht aber auch wirtschaftliche Kosten. Zunächst verlangt Handel betriebswirtschaftliche Ausgaben, etwa für den Transport von Gütern oder die Absicherung von Wechselkursrisiken. Derlei Aufwendungen fallen automatisch bei den Unternehmen an, solange sich der Staat nicht einmischt. Darüber hinaus sind staatliche Infrastruktur- und Personalausgaben von Nöten, die dem Handel dienen. Diese können in weiten Teilen als Gebühren den handeltreibenden Unternehmen übertragen werden, beispielsweise für die Nutzung von Häfen oder die Inanspruchnahme von Zollbeamten. Die Unternehmen werden daher aus Eigennutz die volkswirtschaftlich optimale Menge eines jeden Gutes exportieren beziehungsweise importieren. Unternehmen werden demgemäß genau so viel Handel treiben, bis der Nutzen des Kunden und damit seine Zahlungsbereitschaft für den Import eines weiteren ausländischen Gutes gerade den Kosten entspricht, die der Handel mit diesem Gut generiert.

Neben diesen immanenten Kosten des Handels kommt es durch die Liberalisierung des Handels zu einer Periode, in der sich die wirtschaftliche Struktur der Handelspartner an die neue Situation anpasst. Dieser Strukturwandel ist zwar langfristig effizient, verursacht aber zunächst wirtschaftliche Kosten. Straßen und Eisenbahnschienen führen in leerstehende Fabriken, das Können der dort ehemals angestellten Facharbeiter ist entwertet, Geschäfte, die von der lokalen Kaufkraft leben, müssen schließen. Diese Kosten können durch staatliche Beihilfen zum Strukturwandel nur begrenzt aufgefangen und den handeltreibenden Unternehmen nicht auferlegt werden. Da allerdings die Kosten des Strukturwandels gesamtwirtschaftlich von dessen langfristigen Vorteilen mehr als wettgemacht werden, ist aus rein volkswirtschaftlicher Sicht der Handel eindeutig positiv zu beurteilen.

1.2 Handelshemmnisse mit wirtschaftlichen Zielen

Obwohl Handel allen Staaten zahlreiche volkswirtschaftliche Vorteile bringt und den globalen wirtschaftlichen Wohlstand maximiert, können Staaten dennoch aus wirtschaftlichen Beweggründen Handelsbarrieren errichten. Entweder sind Regierungen dabei bestrebt, die wirtschaftliche Stellung des eigenen Landes auf Kosten anderer Staaten zu verbessern, oder sie begünstigen gezielt die importkonkurrierenden Unternehmen.

(1) Optimalzoll-Politik: Staaten können durch Zölle die *terms of trade*, die realen Tauschverhältnisse auf dem Weltmarkt, zu ihren Gunsten beeinflussen. Wenn ein Staat Zoll auf ein Importgut erhebt, wird der ausländische Anbieter diese Mehrkosten nicht in vollem Umfang an die inländischen Endkunden weitergeben, da sein Absatz sonst übermäßig zurückginge und ohne Preisnachlässe auch nicht in andere Länder verlagert werden könnte. Vielmehr wird der ausländische Anbieter den Absatzrückgang teilweise auffangen, indem er den Preis für sein Produkt vor Zoll senkt und somit seine Gewinnmarge schmälert. Da der ausländische Anbieter seinen Preis vor Zoll gesenkt hat, bekommt das protektionistische Land mehr Importe für den Wert seiner Exporte – die realen Tauschverhältnisse auf dem Weltmarkt haben sich zu seinen Gunsten verbessert.

Einen Zollsatz, der die realen Tauschverhältnisse auf dem Weltmarkt so zu den eigenen Gunsten verzerrt, dass die inländische Wohlfahrt maximiert wird, bezeichnet man als Optimalzoll. Allerdings ist dieser Zollsatz nur für das erhebende Land optimal, wohingegen die Handelspartner die Lasten tragen. Daher werden diese auf eine solche aggressive Zollpolitik reagieren und ihrerseits höhere Zölle einführen. Erheben alle Staaten ihren Optimalzoll, um die jeweils eigene Wohlfahrt zu maximieren, fällt die globale Wohlfahrt, und in der Regel ist kein Staat besser gestellt als bei Freihandel. Die Staaten befinden sich folglich in einem Dilemma: Sie würden zwar allseitigen Freihandel vorziehen, aber jeder Staat hat einen Anreiz, selbst Zölle zu erheben.

(2) Strategische Industriepolitik: Des Weiteren können Staaten ihre Wohlfahrt zu Lasten der anderen Länder steigern, indem sie strategische Industriepolitik betreiben. Um die Wettbewerbsfähigkeit inländischer Produzenten zu verbessern, kann ein Staat seinen Markt durch Zölle oder sonstige politische Maßnahmen abschotten oder Forschung und Entwicklung, Produktion oder Export subventionieren. Diesen Vorteil sollen die inländischen Unternehmen nutzen, um sich eine führende Position auf dem Weltmarkt zu erobern, die so stark ist, dass auch nach Aufhebung des protektionistischen Schutzes oder der Subventionen außerordentliche Gewinne erwirtschaftet werden können. Im 19. Jahrhundert war die Stahlproduktion eine in Deutschland strategisch geförderte Zukunftsindustrie, um sich dem übermächtigen Wettbewerbsdruck der britischen Hersteller zu erwehren. Aus aktueller Perspektive beklagen die USA, dass unfaire EU-Förderung Airbus ermöglicht habe, Boeing zu überflügeln.

(3) Polit-ökonomische Handelshemmnisse: Während Optimalzoll-Politik und strategische Industriepolitik potentiell die volkswirtschaftliche Wohlfahrt eines Landes steigern, werden polit-ökonomische Handelshemmnisse ausschließlich in der Absicht errichtet, einzelnen Interessensgruppen zu dienen. Der Hintergrund der innerstaatlichen Verteilungskonflikte ist folgender: Auf den heimischen Markt ausgerichtete Unternehmen profitieren von Handelshemmnissen für Importe, welche die ausländische Konkurrenz benachteiligen. Exportorientierte Unternehmen unterstützen hingegen die multilaterale Handelsöffnung. Zum einen gewinnen sie dadurch unbehinderten Zugang zu ihren Exportmärkten. Zum anderen werden Güter und Dienstleistungen, die sie im Inland für ihre Leistungserstellung benötigen, günstiger, wenn der inländische Markt für ausländische Anbieter geöffnet wird. Damit werden exportorientierte Unternehmen international konkurrenzfähiger. Die Kapitaleigentümer der Unternehmen und die dort angestellten Arbeitnehmer unterstützen die Anliegen ihrer Unternehmen – beispielsweise die „Kumpel" im Ruhrgebiet oder die Werftarbeiter in Bremerhaven.

Polit-ökonomische Handelshemmnisse gehen also auf den *politischen* Einfluss *ökonomischer* Akteure auf Produzentenseite zurück. Je größer der politische Einfluss des import-konkurrierenden Sektors im Vergleich zu den Einflussmöglichkeiten des exportorientierten Sektors, desto eher werden Regierungen mit polit-ökonomischen Motiven Handelshemmnisse einrichten – etwa um sich Wähler-stimmen zu sichern, Straßenproteste zu beruhigen oder um sich die Zustimmung zu Gesetzesvorlagen von Verbänden und verbandsnahen Parlamentariern zu erkaufen.

1.3 Nicht-wirtschaftliche Auswirkungen des freien Handels

Obwohl Handel ein primär wirtschaftliches Phänomen ist, wirkt er sich auf zahl-reiche nicht-wirtschaftliche Bereiche aus. Hervorzuheben sind die regionalen, sozialen und kulturellen Auswirkungen des Strukturwandels sowie die dauerhaf-ten Auswirkungen des Handels sowohl auf Natur und Umwelt als auch auf Frieden und Demokratie. Diese sekundären Wirkungen lassen sich selten eindeu-tig bewerten, da zwischen höchst unterschiedlichen Vor- und Nachteilen abzu-wägen ist.

(1) Regionale, soziale und kulturelle Auswirkungen des Strukturwandels: Wie ist zu beurteilen, dass in den großen Städten neue Chancen auf sozialen Aufstieg entstehen, die junge Leute in die urbanen Slums locken, während die Alten und Schwachen im Hinterland zurückbleiben? Kann ein Ausbildungsplatz zum Elektrotechniker einen weggefallenen Arbeitsplatz an der Stahlwalze aus-gleichen? Wie verhält sich der Verfall traditioneller Gemeinschaften, die von der Dynamik der Globalisierung erfasst werden, zum Gewinn an individueller Frei-heit?

(2) Auswirkung des Handels auf Natur und Umwelt: Bei den umweltschäd-lichen Effekten des Handels ist nicht nur an den Energieverbrauch des Trans-ports zu denken, an ölverschmierte Küsten und an das Flugbenzin, dessen Verbrennung hoch oben in der Atmosphäre besonders klimaschädlich ist. Inter-nationaler Handel beschleunigt zudem das Wachstum nicht-nachhaltiger Wirt-schaftsformen und verbreitet diese in alle Welt. Gleichzeitig forciert Handel den Standortwettbewerb, der nationalen Reformbemühungen um mehr Nachhaltig-keit häufig zuwiderläuft. Inwieweit wird dies durch die umwelt- und ressourcen-schonenden Effekte des Handels kompensiert, wenn beispielsweise umwelt-freundliche Technologien exportiert und Nahrungsmittel dort angebaut werden, wo sie mit relativ wenig Dünger und Pestiziden gedeihen?

(3) Auswirkung des Handels auf Frieden und Demokratie: Handel führt zu gegenseitiger Abhängigkeit der Staaten und stärkt jene Kräfte der Gesellschaft, die ein wirtschaftliches Interesse an friedlichen Austauschbeziehungen haben. Die zwischenmenschlichen Kontakte, die mit Handel einhergehen, wirken eben-falls friedensstiftend und verbreiten zudem demokratisches Gedankengut. Au-ßerdem verlangt die Einbindung in den Welthandel von autokratischen Staaten, Institutionen wie unabhängige Gerichte und Eigentumsrechte zu stärken, die langfristig demokratiefördernd wirken. Schließlich scheint der Wohlstand, den Handel generiert, einer demokratischen Entwicklung zuträglich. Demokratische Staaten verhalten sich wiederum friedlicher – zumindest gegenüber anderen Demokratien. Um wie viel schmälern negative Aspekte des Handels diesen Beitrag, wenn etwa despotische Regime, wie in Burma, Gewinn aus dem Handel ziehen und diesen zur Stabilisierung ihrer Regime nutzen oder wenn sich afrikanische Bürgerkriegsparteien aus dem Handel mit Rohstoffen finanzieren?

Aus einer erweiterten Perspektive, die über die unmittelbar wirtschaftlichen Effekte hinausschaut, ist Handel also immer eine zwiespältige Angelegenheit.

1.4   Handelshemmnisse mit nicht-wirtschaftlichen Zielen

Es gilt zu klären, unter welchen Umständen Staaten den internationalen Handel behindern, um nicht-wirtschaftliche Ziele zu verwirklichen. Hierfür ist zuerst zwischen zwei Arten staatlicher Maßnahmen mit handelshemmender Wirkung zu unterscheiden: Entweder greifen Staaten zu Handelsmaßnahmen, die Importe und Exporte direkt regulieren, oder sie setzen auf Inlandsmaßnahmen, die nicht direkt am Handel ansetzen.

(1) Inlandsmaßnahmen: Im Allgemeinen gilt der Grundsatz, dass Staaten nicht-wirtschaftliche Ziele besser mit Inlandsmaßnahmen verwirklichen können, da diese näher an den Ursachen der zu bewältigenden Probleme ansetzen als das schwerfällige Werkzeug der Handelsmaßnahmen. Beispielsweise lässt sich eine Abgasreduktion gesamtwirtschaftlich effizienter erreichen, wenn die Kraftfahrzeugsteuer auf (inländisch wie ausländisch produzierte) Geländewagen angehoben, als wenn eine Abgabe auf den Import von Geländewagen eingeführt wird. Und wenn sich die europäischen Staaten um die sozialen Folgen für ihren Bauernstand sorgen, dem ausländische Anbieter zusetzen, dann können sie den Bauern effizienter helfen und gleichzeitig zusätzliche ökologische und landschaftserhaltende Funktionen der Landwirtschaft ausbauen, wenn sie seine diesbezüglichen Leistungen subventionieren, anstatt den Markt für Lebensmittel abzuschotten.

Inlandsmaßnahmen können vielfach so ausgestaltet werden, dass sie ausländische Anbieter nicht wesentlich benachteiligen, beispielsweise indem inländische Standards an international verbreiteten Standards ausgerichtet werden oder indem die Einhaltung ausländischer Standards im Inland anerkannt wird. Dies impliziert nicht, dass hohe nationale Standards automatisch erodieren. Staaten können ihre Standards und Prüfverfahren an international verbreiteten Methoden orientieren, jedoch eine höhere Messlatte anlegen.

Praktisch heißt das, statt eines „nationalen" Prellbocks für Sicherheitstests von Autos den international üblichsten vorzuschreiben, aber die Soll-Werte für die Stabilität des Autos selbst festzulegen. Bei der Anerkennung ausländischer Standards kann eine gründliche Vorprüfung die Gleichwertigkeit sicherstellen. Oftmals können Regierungen somit nicht-wirtschaftliche Ziele wirkungsvoll verfolgen, ohne den Handel substantiell zu hemmen.

In einigen Fällen allerdings benachteiligen Inlandsmaßnahmen mit nichtwirtschaftlichen Zielen zwangsweise ausländische Anbieter in spürbarem Maße. Wenn etwa ökologischer Landbau subventioniert wird, steigt das Angebot der im Inland ökologisch produzierten Lebensmittel, wodurch ausländische Lebensmittelanbieter, zumindest insoweit sie ökologisch anbauen, verminderte Marktchancen haben.

(2) Handelsmaßnahmen: Wenngleich Staaten ihre nicht-wirtschaftlichen Ziele im Allgemeinen effizienter durch Inlandsmaßnahmen erreichen können, sind Handelsmaßnahmen gelegentlich vorteilhafter Bestandteil eines politischen Programms mit nicht-wirtschaftlichen Zielen.

Handelsmaßnahmen übernehmen beispielsweise in einigen *multilateralen* Umweltschutzabkommen unentbehrliche Funktionen. Sie beschränken oder unterbinden unter anderem den Handel mit ozon-schädigenden Substanzen (Montreal-Protokoll), mit gefährdeten Tierarten (CITES) und mit Abfällen (Basler Übereinkommen). Handelsmaßnahmen übernehmen hierbei verschiedene Funktionen. Damit wird folgendes bezweckt:

- Indem der Handel mit ökologisch problematischen Gütern gegenüber jenen Staaten, die dem Umweltabkommen nicht beigetreten sind, (besonders strikt) unterbunden wird, entsteht für diese ein Anreiz, sich dem Umweltabkommen ebenfalls anzuschließen.

- Ohne Handelsbeschränkungen gegenüber den Staaten, die dem Umweltabkommen nicht beigetreten sind, würde im Rahmen von Umweltabkommen verteuerte oder untersagte Produktion in Nichtmitgliedsstaaten verlagert werden. Dadurch würden den Mitgliedsstaaten von Umweltabkommen zusätzliche Kosten entstehen, während die Nichtmitgliedsstaaten belohnt würden. Des Weiteren würde der umweltschonende Effekt zunichte gemacht, so die Schutzanstrengung einem globalen Umweltgut wie der Ozonschicht oder dem Klima gilt und die Produktion weniger reduziert als vielmehr dorthin verlagert würde, wo niedrigere Umweltstandards gelten. Hingegen löst die Verlagerung der Produktion ins Ausland bei einem lokalen Umweltgut, wie saubereren Flüssen, durchaus das inländische Umweltproblem. Staaten sorgen sich jedoch auch um den Zustand in anderen Ländern – zwar liegt der Rhein den meisten Deutschen mehr am Herzen als der Amazonas, aber der umweltpolitische Effekt „sauberer Rhein, dafür verdreckter Amazonas" würde den wenigsten gefallen.

- Handelsbeschränkungen können politische Entwicklungen begünstigen, die dem Umweltschutz dienen. Wenn ein Schutzprogramm für gefährdete Arten erstellt wird, um sich für den limitierten Handel mit diesen Arten innerhalb des Umweltabkommens zu qualifizieren, so wächst das Problembewusstsein für das Artensterben und inländische Institutionen, die gegen das Artensterben angehen, erhalten Auftrieb. Und wenn Industrieländer ihren Abfall nicht mehr billig in Entwicklungsländern deponieren können, wird in den Industrieländern nach Wegen gesucht, abfallärmer zu produzieren und zu konsumieren, sowie die entstehenden Abfälle gründlicher zu recyceln. Dies kommt dem Umweltschutz in den Entwicklungsländern auch indirekt zugute, weil sich Lebensstile und Technologien von den Industrieländern in die Entwicklungsländer verbreiten.

Gelingt es nicht, ein multilaterales Umweltabkommen zu schließen, so können Staaten auch *unilateral* – also einseitig, ohne Zustimmung der internationalen Gemeinschaft – Handelsmaßnahmen zum Schutze der Umwelt vornehmen. Unilaterale Handelsmaßnahmen können *zum einen* eigene Umweltschutzmaßnahmen absichern. Beispielsweise kann eine Abgabe auf die zur Erstellung von Importgütern aufgewandte Energie die einheimische Produktion stützen, wenn ein Staat Öko-Steuern erhebt, welche die Produktion im Inland verteuern. Wenn die inländischen Unternehmen scharfem Wettbewerbsdruck ausgesetzt sind und ihren Standort leicht verlagern können, kann ein Staat sich derartige Umweltpolitik unter Umständen nicht leisten beziehungsweise innenpolitisch durchsetzen, insoweit er den Unternehmen die daraus erwachsenden Kosten nicht durch Subventionen ersetzen will oder kann. *Zum anderen* können unilaterale Handelsmaßnahmen darauf angelegt sein, ausländische Umweltschutzanstrengungen anzuregen, um lebenswichtige globale Umweltgüter wie das Klima zu sichern, oder um zwischen mehreren Staaten geteilte, erschöpfbare Ressourcen nachhaltig zu nutzen, etwa wandernde Fischbestände.

Aus all dem folgt, dass Staaten ihre nicht-wirtschaftlichen Ziele und freien Handel vielfach gleichzeitig verwirklichen können, in einigen Fällen jedoch nicht umhin kommen, im Hinblick auf gesundheitspolitische, soziale, kulturelle oder ökologische Anliegen zu handelshemmenden Inlands- oder Handelsmaßnahmen zu greifen.

1.5 Überblick über die Arten von Handelshemmnissen

Die vorangehende Diskussion hat zwischen verschiedenen Arten von Handelshemmnissen unterschieden, die von staatlichen Maßnahmen ausgehen. Diese Unterscheidung richtet sich nach Ziel und Ansatz der staatlichen Regulierung.

(1) Ziel: Regierungen können ausländische Anbieter absichtlich benachteiligen, um inländischen Unternehmen einen wirtschaftlichen Vorteil zu verschaffen. Alternativ kann die Benachteiligung unabsichtlicher Nebeneffekt einer politischen Maßnahme sein, die nicht-wirtschaftlichen Zwecken dient, wie innerer oder äußerer Sicherheit, sozialer Gerechtigkeit, Kulturförderung oder Umweltschutz. Die nach den Anschlägen des 11. September verschärften Grenzkontrollen in den USA beispielsweise verteuern ungewollt Importe.

(2) Ansatz: Handelshemmnisse können direkt am Handel ansetzen. Die staatliche Regulierung gilt dann nur für importierte beziehungsweise exportierte Güter und Dienstleistungen. Beispiele hierfür sind Zölle und quantitative Importbeschränkungen. Handelshemmnisse können sich aber auch aus Inlandsmaßnahmen ergeben – also aus politischer Regulierung, die formal keinen Bezug zu Handelsaktivitäten aufweist, wie etwa der Subventionierung der Landwirtschaft oder Standards zur Produktsicherheit, die gleichermaßen für importierte und im Inland produzierte Waren gelten.

Tabelle 1 gibt einen Überblick der Handelshemmnisse, kategorisiert nach Ziel und Ansatz und illustriert anhand je eines Beispiels.

Tabelle 1: Handelshemmnisse

		Ziel	
		wirtschaftlich	nicht-wirtschaftlich
Ansatz	Handels-maßnahme	Zoll auf Stahlimporte zum Schutz der maroden einheimischen Stahlindustrie	Einfuhrverbot für Tropenhölzer aus Umweltschutzgründen
	Inlands-maßnahme	Ausgestaltung von Nachweiserfordernissen zur Produktsicherheit derart, dass ausländischen Anbietern gezielt hohe Kosten entstehen	Subvention ökologischen Landbaus zwecks Umwelt-, Natur- und Gesundheitsschutz

1.6 Die WTO als Wegbereiterin des Freihandels

Die WTO steht vor der anspruchsvollen Aufgabe, die Richtung zu weisen, wie Handel am Besten das Wohl der Menschheit fördern kann, und die Staaten auf diesem Weg tatsächlich voranzubringen. Dazu muss sie sich in dem Dickicht vorteilhafter und nachteiliger Auswirkungen des Handels zurechtfinden und mit

Regierungen auskommen, die sich oftmals mehr um Rückhalt bei wirtschaftlichen Interessensgruppen bemühen als um die nationale Wohlfahrt, wobei sie sich dabei immer noch mehr um die nationale Wohlfahrt als um das Wohlergehen der Menschheit kümmern.

In erster Linie zielt die WTO darauf ab, Diskriminierung zwischen Anbietern gleichartiger Produkte mit unterschiedlicher Herkunft zu vermeiden und so die von Staatsgrenzen getrennten Märkte in einem transparenten und verlässlichen Weltmarkt zu vereinigen. Freihandel im Sinne der WTO bedeutet folglich, dass alle Unternehmen ihre Leistungen in jedem Mitgliedsstaat anbieten können, ohne aufgrund ihrer Herkunft diskriminiert zu werden. Freihandel heißt damit nicht, dass in jedem Land die gleichen politischen Rahmenbedingungen gelten, sondern lediglich, dass die in einem Land jeweils geltenden politischen Regelungen alle Unternehmen faktisch möglichst gleich behandeln.

Bei Freihandel in diesem Sinne existieren also keine wirtschaftlich motivierten Handelshemmnisse; die nicht-wirtschaftlich motivierten Handelshemmnisse sind so ausgestaltet, dass sie ausländische Anbieter möglichst wenig benachteiligen.

Das Verhältnis von marktlicher und staatlicher Steuerung innerhalb der Mitgliedsstaaten wird von dem Anliegen, unverzerrten globalen Wettbewerb herzustellen, nicht vorbestimmt. Die Mitgliedsstaaten können nach eigenem Ermessen Steuern erheben, sowie Produktion und Konsum regulieren – nur dürfen sie dabei nicht herkunftsabhängig diskriminieren. In der Praxis wird diese Freiheit der Mitgliedsstaaten allerdings indirekt eingeschränkt, da der Standortwettbewerb um Unternehmen und Kapital die Kosten von Steuererhebung und Regulierung erhöht. Je effizienter die Märkte werden – auch aufgrund von WTO-Abkommen –, desto mehr müssen sich Mitgliedsstaaten den Vorgaben des Weltmarkts beugen, um Unternehmen und Kapital anzulocken und im Land zu halten.

Um das globale Wohl so weit als möglich zu steigern, reicht es allerdings nicht aus, Freihandel in dem Sinne zu verwirklichen, dass ausländische Anbieter nur so weit benachteiligt werden, wie es erforderlich ist, um nicht-wirtschaftliche Ziele zu erreichen. Denn Staaten ignorieren (weitgehend) den wirtschaftlichen Schaden im Ausland, den ihre Handelshemmnisse verursachen. Wenn einem geringen, nicht-wirtschaftlichen Vorteil einer handelshemmenden Regulierung im Inland ein massiver Verlust im Ausland gegenüber steht, steigt die globale Wohlfahrt, wenn diese Regulierungsmaßnahme unterbleibt. Plakativ ausgedrückt: Dem Lebensunterhalt afrikanischer Bauern kommt größere Bedeutung zu als deutscher Landschaftspflege. Die Mitgliedsstaaten müssen demgemäß dazu angehalten werden, die Verhältnismäßigkeit zwischen ihren nicht-wirtschaftlichen Zielen und den einhergehenden Schäden im Ausland zu beachten.

Außerdem sollten Staaten verpflichtet werden, ihre nicht-wirtschaftlichen Ziele auf möglichst kooperative Weise zu verfolgen. Wenn sich beispielsweise ein Land weigert, seine Fischfangindustrie angemessen zu regulieren, und so die mit einem anderen Land geteilten Bestände überfischt werden, mag dem an nachhaltigem Fischfang interessierten Land kein anderer Ausweg bleiben, als einseitig Handelssanktionen zu verhängen. Sollte jedoch handelspolitischer Druck gebräuchlich werden, würde dies die wirtschaftlichen und politischen Kosten zwischenstaatlicher Interessenskonflikte erhöhen und zur Dominanz der mächtigen Staaten führen.

Die WTO hat dementsprechend ein berechtigtes Anliegen, sowohl Handelsmaßnahmen als auch Inlandsmaßnahmen zu regulieren, gleich ob diese mit oder ohne wirtschaftliche Absichten Handel behindern. Allerdings sind Handelshemmnisse je nach Motiv unterschiedlich zu bewerten. Wirtschaftlich motivierte Handelshemmnisse widersprechen dem Freihandelsgedanken; sie gilt es zu beseitigen. Wenn handelshemmende Maßnahmen dem Schutz nicht-wirtschaftlicher Güter dienen, muss die WTO Acht geben, die politische Regulierungsbefugnis der Mitgliedsstaaten nicht über Gebühr einzuengen. Dennoch sind staatliche Schutzmaßnahmen an Voraussetzungen zu knüpfen, die auf WTO-Ebene festgelegt und durchgesetzt werden,

- damit staatliche Schutzmaßnahmen nicht als protektionistischer Deckmantel missbraucht werden,

- damit sie den Handel nicht stärker behindern als dies notwendig ist, um die nicht-wirtschaftlichen Ziele zu erreichen,

- damit sie nicht in einem unangemessenen Verhältnis zu den im Ausland verursachten Schäden stehen,

- damit sie nicht zu Konflikten führen, welche die multilaterale Handelsordnung destabilisieren und bei denen schwächere Staaten das Nachsehen haben.

1.7 Ein erster Problembefund

Um die Vorzüge des freien Handels zu verwirklichen, gilt es also, sämtliche wirtschaftlich motivierten Handelshemmnisse zu beseitigen, ebenso wie die nicht notwendigen, nicht verhältnismäßigen oder ohne zulängliche Kooperationsbemühungen errichteten Handelshemmnisse mit nicht-wirtschaftlichen Zielen. Dazu müssen Staaten dauerhaft an Verträge gebunden werden. Bei diesem Unterfangen stellen sich der WTO, gleich anderen internationalen Organisationen, insbesondere die Herausforderungen,

- neue Abkommen auszuhandeln und bestehende Abkommen anzupassen,

- die Umsetzung von Abkommen zu gewährleisten,

- die Risiken, die für Staaten aus der Delegation von Kompetenzen an internationale Organisationen folgen, gering zu halten,

- die Delegation von Kompetenzen an internationale Organisationen zu legitimieren.

Wie effektiv löst die WTO diese vier Probleme internationaler Kooperation? Im Licht ihrer über fünfzigjährigen Geschichte haben die WTO und ihre Vorläuferorganisation, das GATT von 1947, große Erfolge auszuweisen:

- Eine stetig wachsende Zahl an Mitgliedsstaaten hat ihre Handelshemmnisse für mehr und mehr Güter (und nun auch Dienstleistungen) kontinuierlich gesenkt.

- Die WTO hat dazu beigetragen, massive Rückschläge für den Welthandel zu unterbinden. Ein Blick in die Geschichte zeigt die Bedeutung dieses Gesichtspunktes: In der ökonomischen Krise von 1929 sicherten die Staaten durch drastische Zollerhöhungen ihren einheimischen Unternehmen die inländische Nachfrage. Die protektionistische Spirale führte in die Weltwirtschaftskrise und trieb die politischen Entwicklungen an, die schließlich zum Zweiten Weltkrieg führten.

- Die Mitgliedsstaaten haben die institutionellen Formen ihrer Kooperation weiterentwickelt. Insbesondere haben sie ein weltweit einzigartiges Streitschlichtungssystem geschaffen, mit zwei Instanzen, klaren und zügigen Prozessabläufen und nahezu automatischer Annahme der Urteile.

Doch wie steht es gegenwärtig mit der WTO? Die Verhandlungsmaschinerie ist ins Stocken geraten. Die WTO-Verhandlungen in Seattle endeten 1999 mit einem spektakulären Debakel. Die Entwicklungsländer beklagten, dass die 1994 in der Uruguay-Runde zugesagte Marktöffnung im Agrar- und Textilsektor nicht befriedigend umgesetzt worden sei. Sie weigerten sich, Sozial- und Umweltstandards in der WTO zu verankern, und widersetzten sich prinzipiell den in der WTO praktizierten Entscheidungsprozessen, welche die mächtigen Mitgliedsstaaten begünstigten. Die USA und die EU, als führende Kräfte der WTO, blieben gegenüber ihren wechselseitigen Forderungen und den Anliegen der Entwicklungsländer unbeweglich. Währenddessen zogen Demonstranten aller Couleur gemeinsam durch die Strassen. Die bunt zusammengewürfelte, zivilgesellschaftliche Allianz protestierte einerseits gegen Neoliberalismus, andererseits gegen Protektionismus; sie kritisierte gleichzeitig Öko- und Sozialimperialismus, Öko- und Sozialdumping, sowie Umweltverschmutzung und soziale Ausbeutung.[1]

---

[1] Raghavan (2000), Zampetti (2001).

Abgeschirmt vom vielstimmigen Protest der globalen Zivilgesellschaft und unter dem Eindruck der Anschläge vom 11. September gelang es 2001 in Doha, die Entwicklungsländer durch weitreichende Versprechen für eine neue Welthandelsrunde zu gewinnen. Doch die nachfolgenden Verhandlungen scheiterten 2003 in Cancún bereits im Ansatz. Die Vorstellungen der Mitgliedsstaaten, wie das Übereinkommen über die Landwirtschaft weiterentwickelt werden sollte und ob Abkommen zu neuen Themen wie Wettbewerbsrecht und öffentlichem Beschaffungswesen getroffen werden sollten, lagen unversöhnlich auseinander.[2] 2004 wurden die Verhandlungen in Genf wieder aufgenommen und ein thematisch reduzierter Verhandlungsrahmen vereinbart. Allerdings wurde selbst dieser kleine Schritt nur durch immensen Druck der USA und der EU auf die Entwicklungsländer ermöglicht – als Anzeichen für künftige umfassende, konstruktive Verhandlungen kann er nicht gewertet werden.

Auch bei der Durchsetzung der WTO-Abkommen sind Entwicklungen erkennbar, die bedenklich stimmen. Die Zahl der Fälle, in denen sich ein Staat bei Streitschlichtungsinstanzen beklagt, dass ein anderer seine WTO-Verpflichtungen nicht einhalte, hat mit der Gründung der WTO gegenüber dem alten GATT von 1947 signifikant zugenommen. Dies ist für sich genommen nicht alarmierend. Es dürfte schlichtweg den gestiegenen Umfang der WTO-Verpflichtungen und die voranschreitende weltwirtschaftliche Integration, insbesondere der Entwicklungsländer, widerspiegeln, wodurch sich mehr Streitigkeiten ergeben, sowie das gewachsene Vertrauen der Mitgliedsstaaten in ein wirksameres Streitschlichtungssystem, wodurch Auseinandersetzungen tatsächlich vor der WTO landen. Jedoch ist zusätzlich festzustellen, dass die Streitschlichtungsinstanzen in den letzten Jahren von den Mitgliedsstaaten heftiger kritisiert wurden und dass ihre Schiedssprüche in einigen prominenten Fällen nicht umgesetzt wurden. Außerdem erreichen die Vergeltungsmaßnahmen, zu denen die WTO geschädigte Mitgliedsstaaten gegenüber anderen Mitgliedsstaaten autorisiert, neue Dimensionen. 2002 beispielsweise legten die Streitschlichtungsinstanzen der WTO fest, dass die EU zusätzliche Zölle auf U.S.-amerikanische Produkte im Wert von 4 Milliarden US-Dollar jährlich erheben darf, solange die USA nicht ihre unzulässige steuerliche Begünstigung von Exporten einstellen.

Des Weiteren leidet die WTO an einem Ungleichgewicht zwischen der Effizienz legislativer und judikativer Prozesse.[3] Aus Angst vor Missbrauch haben die Mitgliedsstaaten Mehrheitsabstimmungen nur in engen Grenzen in den WTO-Regeln vorgesehen und vermeiden deren Anwendung in der Praxis. Das Streitschlichtungssystem hingegen haben sie in der Uruguay-Runde gestärkt – vor allem dadurch, dass Urteile nun als angenommen gelten, wenn sie nicht einstimmig abgelehnt werden, wohingegen ihre Gültigkeit vormals vom Konsens der

---

[2] Cho (2004), Hauser (2004).
[3] Barfield (2001), Bronckers (1999), Ehlermann (2002).

Mitgliedsstaaten abhing. Da sich die Mitgliedsstaaten einstimmig nur auf vage Formulierungen für WTO-Abkommen einigen können oder strittige Punkte gänzlich ausklammern, füllen die Streitschlichtungsinstanzen zwangsweise das rechtliche Vakuum. Das Streitschlichtungssystem kann diese legislative Funktion übernehmen, weil Urteile über einzelne Streitfälle zwischen wenigen Streitparteien als Präzedenzfälle Wirkung für das zukünftige Verhalten aller Vertragsparteien entfalten.

Der große Einfluss des Streitschlichtungssystems, der sich aus dessen legislativer Funktion ergibt, schafft Unzufriedenheit bei den unterliegenden Streitparteien und den mit ihnen solidarischen Staaten. Daher steht zu befürchten, dass die Legitimität und damit langfristig auch die Effektivität der WTO-Streitschlichtung auf unsicherem Boden stehen. Hinzu tritt die gemeinsame Besorgnis der Mitgliedsstaaten, dass die Streitschlichtungsinstanzen ihre eigene Agenda verfolgen und ihre Macht schrittweise zu Lasten der Staaten ausbauen könnten. Je einflussreicher die WTO wird und je tiefer sich ihre Vorschriften in die innerstaatliche Politik einmischen, desto weniger sind die Mitgliedsstaaten bereit, Risiken zu tolerieren, die sich aus der Delegation von Kompetenzen an die WTO ergeben.

Die scharfe und andauernde Kritik von Mitgliedsstaaten und Zivilgesellschaft an dem Verhandlungs- und Streitschlichtungsmodus der WTO an sich sowie an den resultierenden Verträgen und Schiedssprüchen im Einzelnen zeigen, dass die WTO nicht als hinreichend legitimiert betrachtet wird. Die Unzufriedenheit mit den WTO-Prozessen wird umso gravierender, je länger erfolgreiche Verhandlungen ausbleiben, durch die sich die WTO im Ergebnis rechtfertigen könnte.

Eine erste Bestandsaufnahme deutet also auf die Notwendigkeit von strukturellen Reformen der WTO hin. Um eine genaue Diagnose der zukünftigen Probleme zu erstellen und Reformvorschläge zu entwickeln, sollen nun zunächst die Entwicklungen im Umfeld der WTO herausgearbeitet werden.

2 Entwicklungen im Umfeld der WTO

„Globalisierung" lautet der allgegenwärtige Trend der letzten Jahrzehnte. Hinter diesem Schlagwort steht die Beobachtung, dass die gesellschaftlichen Bezugsräume über die nationalen Grenzen hinaus wachsen und zusehends die Welt insgesamt umfassen, so dass weniger von der Volkswirtschaft und mehr von der Weltwirtschaft gesprochen wird, und ebenso von globalen Umweltproblemen, globaler Sicherheit, globalen Migrationsströmen etc. Neue Interaktionskanäle öffnen sich – in den letzten Jahren vor allem das Internet mit seinen vielfältigen kulturellen, sozialen und wirtschaftlichen Auswirkungen. Zugleich werden die Interaktionen dichter und komplexer – anstelle des einfachen Warenaustausches treten globale Produktionsketten, so dass statt *made in Germany* letztlich zehn oder zwanzig Ursprungsländer angegeben werden müssten. Obwohl aus historischer Perspektive keines dieser Charakteristika der Globalisierung neu ist, rechtfertigt es die Summe der gegenwärtigen Prozesse des grenzüberschreitenden Austausches und der grenzüberschreitenden, gemeinsamen Produktion, von einem Phänomen neuartiger Qualität zu sprechen.[4]

Im Zusammenhang mit der Globalisierung durchläuft die WTO eine Vielzahl von Entwicklungen, die ihre Bedeutung und Wirkungsweise grundsätzlich neu definieren. Es handelt sich hierbei insofern um Entwicklungen im Umfeld der WTO, als dass sie von außen in die WTO hineingetragen werden und das Wesen der WTO verändern, ohne dass sich die institutionelle Struktur der WTO selbst verändert hätte. Die wichtigsten Entwicklungen betreffen folgende Bereiche:

- **Wirtschaftliche Vorteilhaftigkeit und Umfang:** Die Kooperation in der WTO wird wirtschaftlich vorteilhafter; entsprechend weiten die Mitgliedsstaaten den Umfang ihrer Kooperation aus.

- **Themenübergreifende Interdependenzen:** Die WTO ist immer weniger ausschließlich mit Handel beschäftigt. Was in anderen Themenfeldern wie Umweltschutz oder Kulturpolitik geschieht, beeinflusst verstärkt die WTO und umgekehrt.

- **Integrationstiefe:** Die WTO gibt sich nicht damit zufrieden, Handelsmaßnahmen zu untersagen, sondern geht dazu über, auch Inlandsmaßnahmen zu regulieren und bestimmte staatliche Maßnahmen vorzuschreiben.

- **Beteiligung der Zivilgesellschaft:** Die Zivilgesellschaft mischt sich vermehrt direkt in WTO-Angelegenheiten ein und fordert ein Mitspracherecht.

---

[4] Beck (1998a), Zürn (1998).

- **Beteiligung der Mitgliedsstaaten:** Mächtige Staaten können nicht mehr allein bestimmen, was in der WTO passiert – die Entwicklungsländer erobern sich mehr Einfluss.

- **Heterogenität:** Die Unterschiede zwischen den Mitgliedsstaaten, hinsichtlich ihrer materiellen Voraussetzungen, aber auch in Bezug auf ihre Werte, ihre Normen und ihr Wissen, werden größer und relevanter für die WTO.

Diese Entwicklungen sollen nun im Einzelnen beschrieben und ihre Ursachen geklärt werden. Dabei bleiben die Auswirkungen der Entwicklungen auf die Kooperationsprobleme – Legitimität, Verhandlung, Durchsetzung und Risiken von WTO-Abkommen – den folgenden Kapiteln vorbehalten.

2.1 Wirtschaftliche Vorteilhaftigkeit und Umfang

Da sich die gesellschaftlichen Räume, die nationalstaatliche Regierungen politisch zu gestalten beabsichtigen, über deren territorial begrenzte Reichweite hinaus erstrecken, sinkt die nationalstaatliche Gestaltungsfähigkeit.[5] Für die wirtschaftlichen Ziele, wie sie in der WTO primär verfolgt werden, heißt das:

- Je mehr inländische Unternehmen auf dem Weltmarkt konkurrieren, desto weniger kann eine Regierung alleine dadurch Wohlstand gewährleisten, dass sie für günstige Rahmenbedingungen – wie moderne Infrastruktur und hochwertige Ausbildung – im Inland sorgt. Denn für die nationale Wohlfahrt wird es immer wichtiger, dass inländische Unternehmen verlässlichen Zutritt zu ausländischen Märkten erhalten und dort unter fairen Wettbewerbsbedingungen anbieten können.

- Je weiter die weltwirtschaftliche Integration voranschreitet, desto wesentlicher ist der Schutz des geistigen Eigentums inländischer Unternehmen auch im Ausland.

- Je mehr inländisches Kapital im Ausland investiert ist, desto dringlicher wird Investitionsschutz auch im Ausland.

Im Zuge der weltwirtschaftlichen Integration bringt also ein gegebenes Maß an internationaler Kooperation in der WTO mehr wirtschaftliche Vorteile. Entsprechend wird die WTO von den Nationalstaaten verstärkt beansprucht. Der Umfang der WTO-Verpflichtungen wächst, da *zusätzliche* Themenfelder reguliert werden und da die bestehenden Themenfelder *intensiver* reguliert werden, also mehr und präzisere Vorschriften das Verhalten der Mitgliedsstaaten stärker zu beeinflussen suchen.

---

[5] Altvater und Mahnkopf (1999), Raustiala (2003), Weiss (1999), Zürn (1998).

2.2 Themenübergreifende Interdependenzen

Interdependenzen – also die wechselseitige Abhängigkeit – zwischen internationalen Institutionen und ihren jeweiligen Themenfeldern gewinnen an Gewicht. Mit der fortschreitenden Integration der Nationalökonomien in den Weltmarkt und der Entstehung globaler Wertschöpfungsketten ist Handel zunehmend mit Direktinvestitionen verbunden. Zudem nehmen grenzüberschreitende Dienstleistungen einen immer höheren Stellenwert ein, die vom freien Personenverkehr abhängen.[6] Das bedeutet, dass die WTO sich auch um die Regulierung der Märkte für Kapital und Arbeit kümmern muss, wenn sie den Handel mit Gütern und Dienstleistungen erleichtern will.

Neben diesen angrenzenden wirtschaftlichen Themenfeldern ist die Regulierung von Handel im Rahmen der WTO auch mit nicht-wirtschaftlichen Themenfeldern verknüpft.[7] Aus entwicklungspolitischer Perspektive etwa ist die Leistung der WTO hervorzuheben, Entwicklungsländer in den Weltmarkt einzubinden, die Transparenz der nationalen Handelspolitik durch Länderstudien zu erhöhen und liberale wirtschaftspolitische Reformen zu fördern und zu festigen. Währenddessen beklagen Umweltschützer die direkten umweltschädlichen Effekte des Handels und des nicht-nachhaltigen Wirtschaftswachstums, den ökologische Politik entmutigenden, forcierten Standortwettbewerb, sowie den rechtlichen Konflikt zwischen WTO-Verpflichtungen auf der einen und nationaler Umweltpolitik sowie multilateralen Umweltabkommen auf der anderen Seite. Umgekehrt schaden rechtliche Konflikte und hinter Umweltanliegen verborgener Protektionismus der wirtschaftlichen Integration im Sinne der WTO. Daher müssen die wechselseitigen Anforderungen von wirtschaftlichen und nicht-wirtschaftlichen Themenfeldern, die einen hohen Nachholbedarf an Regulierung auf internationaler Ebene aufweisen, bei der Formulierung und Anwendung internationaler Verträge stärker berücksichtigt werden.

Neben diesen inhaltlichen Interdependenzen zwischen der WTO und anderen Themenfeldern entstehen zusätzliche Verknüpfungen aus strategischen Erwägungen heraus, die sich auf die internationale oder die innenpolitische Ebene beziehen können.

(1) Gemeinsame Erweiterung der Verhandlungsbasis: Die Interessen der Mitgliedsstaaten können in einem solchen Maß asymmetrisch sein, dass sich kein Abkommen über die Regulierung eines Themenfeldes finden lässt, dem alle Staaten zuzustimmen bereit sind. Wird das Themenfeld dagegen breiter definiert oder werden mehrere Themenfelder gemeinsam verhandelt, so kann sich ein Abkommen ergeben, in dem „für alle etwas" dabei ist. Wie sich in Kapitel 4 über die Verhandlung von WTO-Abkommen zeigen wird, gilt: Je mehr Staaten einem

---

[6] Chaudhuri, Mattoo und Self (2004).
[7] Biermann (2000), Charnovitz (2002a), Dunoff (1999), Leebron (2002), Pfahl (2000).

Abkommen zustimmen müssen, je heterogener die Interessen dieser Staaten sind und je schwieriger sich Abkommen marginal modifizieren lassen, um unzufriedenen Staaten entgegen zu kommen, desto mehr muss die Verhandlungsbasis ausgeweitet werden.

Die Logik dahinter lässt sich einfach am Beispiel einer Familie nachvollziehen, die einen gemeinsamen Urlaub plant. Je mehr Mitglieder die Familie hat, je unterschiedlicher ihre Freizeitvorstellungen sind und je schlechter sich die Wünsche kombinieren lassen, desto mehr mögliche Ziele müssen bedacht werden, um sich auf einen gemeinsamen Urlaubsort zu einigen. In der WTO entwickeln sich alle drei Faktoren derart, dass eine breitere Verhandlungsbasis notwendig wird: Die Zahl und die Heterogenität der relevanten Staaten nimmt zu; die Verteilungswirkung der Abkommen kann im Hinblick auf ihre Zustimmungsfähigkeit schlechter austariert werden, weil Effizienzgesichtspunkte bei größerer Integrationstiefe der WTO-Abkommen höhere Anforderungen an die inhaltliche Konsistenz stellen.

(2) Einseitige Erweiterung der Verhandlungsbasis: Ein oder mehrere Staaten können die Verhandlungsbasis auch einseitig ausweiten, um ein blockiertes Anliegen voranzutreiben. Beispielsweise wünschen sich viele Industrieländer globale Sozial- und Umweltstandards, denen sich die Entwicklungsländer jedoch weitgehend verweigern. Daher versuchten die USA 1999 in Seattle, Sozial- und Umweltstandards in der WTO zu verankern. Dies geschah nicht aus der Erwägung heraus, dass die WTO für solche Standards der geeignete Platz sei, sondern um Druck auf die Entwicklungsländer ausüben zu können. Sozial- und Umweltstandards konnten dadurch nämlich direkt an die in der WTO debattierte Liberalisierung des Agrar- und Textilmarktes in den Ländern des Nordens geknüpft werden, einem Kernanliegen der Entwicklungsländer.

Solche Verknüpfungen werden in Zukunft häufiger vorkommen, da die Staaten sich mehr und mehr vom Verhalten anderer Staaten betroffen fühlen und dieses in ihrem Sinne beeinflussen wollen. Dies kann an zunehmenden grenzüberschreitenden Auswirkungen des Verhaltens anderer Staaten liegen, etwa grenzüberschreitende Luftverschmutzung, aber auch an einer gewachsenen Anteilnahme an den Verhältnissen in anderen Staaten an sich, wie etwa deren Umgang mit Kinderarbeit.

(3) Innenpolitisches Kalkül: Regierungen können innenpolitisch mehr Rückhalt finden, wenn sie mehrere Themenfelder gemeinsam verhandeln beziehungsweise neue Themen in etablierte Institutionen einfügen. Beispielsweise erhoffte sich die US-Regierung in Seattle von dem Schachzug, Sozial- und Umweltstandards in WTO-Verhandlungen hinein zu nehmen, nicht nur Druck auf die Entwicklungsländer auszuüben, sondern auch den Widerstand der politischen Linken gegen ein weiteres WTO-Abkommen mildern zu können. Da WTO-Verhandlungen innenpolitisch umstrittener werden, gewinnen derartige Erwägungen an Bedeutung. Insbesondere solange die internationalen Institutionen, die soziale und ökologische Anliegen regeln, wesentlich schwächer ausgeprägt sind als die WTO, wird die Zivilgesellschaft Druck auf die WTO ausüben, sich dieser Anliegen anzunehmen.

2.3 Integrationstiefe

WTO-Abkommen mischen sich immer weitreichender in die inländische Politik der Mitgliedsstaaten ein, indem sie vermehrt Inlandsmaßnahmen regulieren und positive Integration anstreben.[8]

(1) Inlandsmaßnahmen: Ursprünglich konzentrierte sich die WTO darauf, Handelsmaßnahmen wie Zölle, Importkontingente und Exportsubventionen zu regulieren. Nationalstaatliche Regulierung, die formell nicht mit Handel in Verbindung steht, wurde lediglich beanstandet, wenn sie in krass ungerechtfertigter Weise, insbesondere mit wirtschaftlichen Absichten, zwischen Anbietern unterschiedlicher Herkunft diskriminierte. Nun wendet sich die WTO verstärkt Inlandsmaßnahmen zu.

(2) Positive Integration: Früher dominierte die so genannte *negative Integration*, bei der Staaten bestimmte Verbote auferlegt werden. Beispielsweise dürfen WTO-Mitgliedsstaaten im Allgemeinen Importe nicht quantitativ beschränken, keine Zölle oberhalb einer vereinbarten Höhe erheben und nicht ungerechtfertigt zwischen Anbietern unterschiedlicher Herkunft diskriminieren. Hinzu tritt nun verstärkt die *positive Integration*, bei der Staaten bestimmte Verhaltens*gebote* einhalten müssen, wie etwa beim Schutz intellektuellen Eigentums. Während Verbote nur greifen, wenn Staaten regulieren wollen, bestimmen Gebote immer das staatliche Handeln, solange Staaten sich nicht von sich aus genau im Sinne der Gebote betätigen wollen. Ein weiterer Unterschied besteht darin, dass Verbote meist einfacher zu spezifizieren sind als Gebote, die umfangreiche Standards verlangen, um das eingeforderte Verhalten zu detaillieren.[9]

Hinter diesem Trend zu tiefergehender Integration stehen drei Antriebskräfte.

(1) Abnehmender Grenznutzen oberflächlicher Integration: Mehrere Entwicklungen senken die Wirksamkeit weiterer oberflächlicher Integration und machen so tiefergehende Integration attraktiver.

Die *relative* Bedeutung von handelshemmenden Inlandsmaßnahmen nimmt zu, je mehr Handelsmaßnahmen beseitigt werden. Wenn ein Gesetz über Verpackung und Recycling ausländischen Anbietern mehr Mühe bereitet als inländischen und so das ausländische Produkt um 1% gegenüber dem inländischen verteuert wird, spielt diese Benachteiligung keine Rolle, solange die Zölle bei 20, 30 oder 40

---

[8] Heiskanen (2004), Hoekman und Kostecki (2001), Ostry (2001), Zampetti (2001).
[9] Zur Definition negativer und positiver Integration siehe Scharpf (1999) und Sbraiga (2002).

Prozent liegen. Liegen die Zölle dagegen bei 4%, wie es bei Güterimporten in Industrieländern im Schnitt der Fall ist, macht das fragliche Gesetz über Verpackung und Recycling einen spürbaren Teil der gesamten Handelshemmnisse aus.

Mit dem Verbot von Handelsmaßnahmen nehmen tendenziell die Inlandsmaßnahmen auch *absolut* zu. Je mehr einfache protektionistische Instrumente wie Zölle und Importkontingente nämlich verboten werden, desto mehr weichen Staaten auf indirekte Handelsbeschränkungen aus, indem sie beispielsweise Produktstandards auf die einheimische Industrie zuschneiden.

Außerdem stört die mangelhafte Entwicklung nationaler, der weltwirtschaftlichen Integration zuträglicher Institutionen stärker, je weniger Handelsmaßnahmen den freien Warenfluss erschweren. Hierunter sind zum Beispiel schlecht ausgebaute Zollbehörden zu verstehen, so dass sich die Importwaren an den Grenzen stauen, oder schwache Gesetze zum Schutz unternehmerischen Wettbewerbs, so dass inländische Monopolisten ihre ausländische Konkurrenz von ihrem Heimatmarkt fernhalten können. Deswegen wird mit umfangreicherer negativer Integration der Bedarf nach tiefergehender Integration angeregt, um die Mitgliedsstaaten anzuhalten, der wirtschaftlichen Integration dienende Institutionen zu fördern.

(2) Ausgleichsbedürftige Nachteile oberflächlicher Integration: Die Beseitigung von Handelshemmnissen schafft eine Nachfrage nach tiefergehender Integration, welche die nachteiligen Auswirkungen der Handelsliberalisierung behebt.

Aus einer wirtschaftlichen Perspektive gilt es, Wettbewerbsverzerrungen einzudämmen, die unterschiedliche nationale Regulierung nach sich zieht.[10] Solange konkurrierende Anbieter aus verschiedenen Ländern durch substantielle Handelshemmnisse getrennt sind, haben Unterschiede in der Wettbewerbspolitik beispielsweise geringe Relevanz. Fallen nun aber die Handelsbarrieren, so kann ein Anbieter, der auf seinem Heimatmarkt Monopolgewinne erzielt, andere Anbieter auch auf ausländischen Märkten in Bedrängnis bringen.

Daneben weckt Handelsliberalisierung zusätzliche Nachfrage nach tiefergehender Integration, um mit politischer Zielsetzung Marktergebnisse zu korrigieren.[11] Denn die Beseitigung von Handelshemmnissen beschleunigt die Integration der Nationalökonomien in den Weltmarkt. Darunter leidet die Fähigkeit von Nationalstaaten, autonom ihre politischen Ziele zu erreichen.[12] Wenn Unternehmen Kosten aufgebürdet werden, um politische Ziele zu erreichen, so verlieren diese Unternehmen tendenziell Marktanteile oder verlagern Arbeitsplätze ins Ausland. Daher werden verstärkt Forderungen nach marktkorrigierender Politik an internationale Organisationen gestellt. Obwohl die WTO politischen Zielen wie

---

[10] Dunoff (1999).
[11] Beck (1998b), Gehring (2002), Zürn (1998).
[12] Altvater und Mahnkopf (1999), Raustiala (2003), Weiss (1999), Zürn (1998).

Menschenrechts-, Gesundheits- und Umweltschutz nicht primär verpflichtet ist, wird sie sich diesen Forderungen vermutlich nicht entziehen können. Da die WTO über ein einzigartig wirkungsvolles Streitschlichtungssystem sowie harte Sanktionsmöglichkeiten verfügt und an der (Selbst-) Entmachtung der National-staaten ursächlich beteiligt ist, wird die Zivilgesellschaft und ein Teil der Mit-gliedsstaaten nachdrücklich versuchen, nicht-wirtschaftliche Ziele in der WTO zu verankern.

(3) Zuwendung zu neuen Themenfeldern: Die WTO reguliert staatliche Maßnahmen in Themenfeldern, die nur indirekt mit Handel in Bezug stehen (siehe Kap. 2.2). Dies betrifft beispielsweise den Schutz geistigen Eigentums. Dabei geht es im Gegensatz zu traditioneller Marktöffnung nicht darum, Höchstgrenzen für handelshemmende Maßnahmen festzulegen – seien es Zölle oder nicht-wirtschaftliche Standards, beispielsweise zum Konsumentenschutz. Stattdessen setzt die WTO Mindeststandards bezüglich der Rechte an geistigem Eigentum, die Mitgliedsstaaten zu gewähren haben, und bezüglich der Vorkeh-rungen, mit denen sie den Schutz dieser Rechte zu bewerkstelligen haben.

Ein weiteres neues Themenfeld der WTO, das tiefergehende Integration ver-langt, ist der Dienstleistungsverkehr. Dieser ist dicht reguliert, da Konsumenten – als Patienten, Versicherungsnehmer oder Bankkunden – vielfach schutzbedürf-tig sind und da Dienstleistungen häufig auf den stark regulierten Personenver-kehr angewiesen sind. Somit bieten sich zahlreiche Möglichkeiten, ausländische Dienstleistungsanbieter durch Regeln, die formell inländischen, nicht-wirtschaftlichen Zielen dienen, vom Markt fern zu halten.

Aufgrund seiner wachsenden wirtschaftlichen Bedeutung rückt des Weiteren der Handel mit kulturellen Leistungen wie Musik und Film ins Blickfeld der WTO. In diesem Sektor existieren besondere wirtschaftliche und kulturell-ideelle Anrei-ze, der eigenen Produktion durch Inlandsmaßnahmen unter die Arme zu greifen, wie etwa durch staatliche Mittel zur Filmförderung oder durch Quoten über den Anteil im Inland erstellter Filme, die in Kinos zu zeigen sind.[13]

Außerdem bestehen in einigen Dienstleistungssektoren wie etwa Telekommuni-kation und Energie natürliche Monopole. Ein Netz für die Übertragung von Daten oder Energie bereit zu halten, verursacht fixe Kosten, unabhängig von der Dichte des Verkehrs auf diesem Netz. Da der Anbieter mit dem größten Volu-men an Daten oder Energie seine Fixkosten auf die meisten Kunden aufteilen kann, ist es ihm möglich, seine Leistung zum geringsten Preis anzubieten. Ohne eine aktive Wettbewerbspolitik hindert der monopolistische Anbieter die auslän-dischen Konkurrenten daran, in seinen Heimatmarkt einzutreten und Daten oder Energie über sein Netz zu übertragen.

---

[13] Francois und Ypersele (2002).

Im Dienstleistungshandel führen also insbesondere das Schutzbedürfnis der Konsumenten, die Regulierungsbedürftigkeit des grenzüberschreitenden Personenverkehrs und die kulturelle Sensibilität zu handelshemmenden Inlandsmaßnahmen, während die Anfälligkeit für unternehmerische Wettbewerbsbeschränkung zusätzliche marktliche Handelshemmnisse hervorbringt. Deswegen muss die WTO inländische Politik regulieren – auch mit Hilfe positiver Integration –, um den Dienstleistungshandel zu liberalisieren. Da die Öffnung des Dienstleistungshandels immense Effizienzgewinne verspricht, ist hier mit intensivierten Liberalisierungsbemühungen zu rechnen.

Diese drei Faktoren – abnehmender Grenznutzen oberflächlicher Integration, ausgleichsbedürftige Nachteile fortschreitender wirtschaftlicher Integration sowie die Zuwendung zu neuen Themen – treiben die WTO an, vermehrt auch Inlandsmaßnahmen zu regulieren und Verhaltensverbote durch positive Integration in Form von Verhaltensgeboten zu ergänzen. Dieser Zusammenhang ist in Abbildung 1 zusammengefasst.

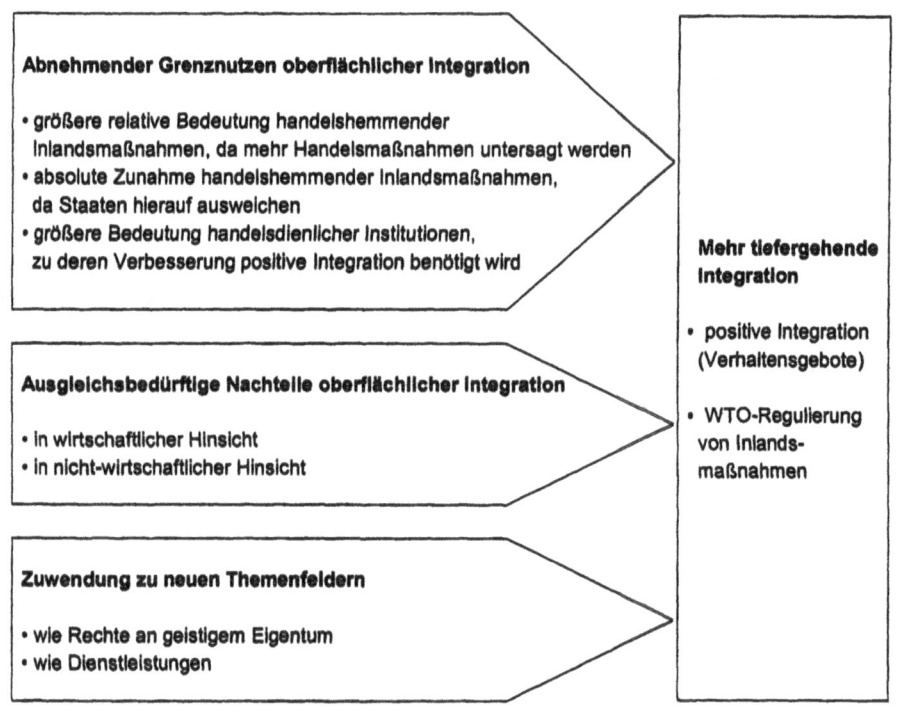

Abbildung 1: Triebkräfte tiefergehender Integration

2.4 Beteiligung der Zivilgesellschaft

Nach allgemeinüblichem Verständnis bezieht sich Regieren auf die Tätigkeit von nationalstaatlichen Regierungen. Dieser Vorstellung liegt ein Idealbild des Nationalstaats zu Grunde, das von der Übereinstimmung gesellschaftlicher und politischer Räume ausgeht. Die gesellschaftlichen Ereignisse und Abläufe spielten sich früher weitgehend innerhalb der Grenzen des Nationalstaats ab, ebenso wie die Formulierung, Legitimation und Implementation von Politik.

Da diese Kongruenz nun erodiert, indem sich gesellschaftliche Räume entlang neuer Koordinaten ausrichten und vielfach nationale Grenzen überschreiten, sinkt die Fähigkeit von Nationalstaaten, die an sie gestellten Erwartungen durch eigenständige, nationale Politik zu erreichen. Gleichzeitig erwächst den Nationalstaaten Konkurrenz in Form von zivilgesellschaftlichen Akteuren, die Regierungsfunktionen jenseits des Nationalstaats übernehmen. Beispielsweise können sich Forschungseinrichtungen oder multinationale Unternehmen auf Verhaltenskodices einigen, deren Einhaltung sodann von Nichtregierungsorganisationen überwacht wird. Unter Zivilgesellschaft sind alle jene Kräfte zu verstehen, die Politik zu gestalten versuchen, ohne eine staatliche Funktion auszuüben oder nach finanziellem Gewinn zu streben. Die Bandbreite der Zivilgesellschaft reicht von schwach strukturierten Basisbewegungen über professionelle Nichtregierungsorganisationen (NGOs) und unabhängige Forschungseinrichtungen bis hin zu kirchlichen Organisationen. Diese verschiedenen Akteure bilden verstärkt grenzüberschreitende Netzwerke, so dass eine globale Zivilgesellschaft entsteht.

Dennoch werden Nationalstaaten in den kommenden Jahren nicht nur innerhalb ihrer Grenzen die zentralen Träger des Regierens bleiben, sondern auch jenseits dieser Grenzen, wie etwa in der WTO. Hierfür sprechen mehrere Erwägungen:

- Nationalstaaten verfügen über administrative Strukturen und finanzielle Ressourcen, die für die Formulierung und vor allem Umsetzung globalen Regierens unerlässlich sind.

- Nationalstaaten können globales Regieren legitimieren. Denn ein Nationalstaat kann trotz heterogener, gesellschaftlicher Ansichten eine einheitliche und zugleich legitime Position für internationale Verhandlungen finden – dank der kulturellen Gemeinsamkeiten, des Gemeinsinns und des hoch entwickelten innenpolitischen Diskurses, welche zwischen den gegensätzlichen Interessen in einem Nationalstaat zu vermitteln erlauben.

- Nationalstaaten können die Herausforderung der Globalisierung meistern, indem sie international zusammenarbeiten und nicht-staatliche Akteure an der zwischenstaatlichen Kooperation partizipieren lassen, wie dies unter Beteiligung von Gewerkschaften und Arbeitgebervertretern insbesondere in der Internationalen Arbeitsorganisation (ILO) praktiziert wird.

- Nationalstaaten haben in der Vergangenheit hartnäckigen Überlebenswillen bewiesen und sich über Jahrhunderte an immer neue Gegebenheiten angepasst.

Wenngleich zu erwarten ist, dass Staaten auf absehbare Zeit die zentralen Akteure globalen Regierens bleiben und die zwischenstaatlichen internationalen Organisationen nicht durch zivilgesellschaftliche Netzwerke abgelöst werden, so legen doch mehrere Gesichtspunkte nahe, dass die Zivilgesellschaft in Zukunft einen bedeutsameren Einfluss auf WTO-Verhandlungen ausüben wird.

Hierfür spricht zunächst der Druck von Seiten der Zivilgesellschaft, die ein gewichtigeres Mitspracherecht in der WTO verlangt.[14] Spätestens seit dem Nachhaltigkeitsgipfel von Rio 1992 hat sich die Zivilgesellschaft dem Thema „Global Governance" zugewandt; seit der Ausweitung des GATT zur WTO steht diese Institution mit im Zentrum der Aufmerksamkeit. Der zivilgesellschaftliche Druck wird aus mehreren Gründen weiter zunehmen.

(1) Demokratisierung: Da die Demokratie sich auf vormals totalitäre Staaten ausbreitet und die zivilgesellschaftliche Aktivität in bereits demokratischen Staaten zunimmt, sammeln immer mehr Menschen Erfahrung mit direkter politischer Einflussnahme auf nationaler Ebene. Die Erwartung, bei wichtigen Entscheidungen mitreden zu dürfen, wird auf die WTO übertragen.

(2) Individuelle Betroffenheit: Die Entscheidungen, die innerhalb der WTO getroffen werden, betreffen die Menschen stärker und offensichtlicher, da die Kooperation in der WTO wirtschaftlich vorteilhafter und infolgedessen umfangreicher wird, tiefer in die inländische Politik eingreift und mehr Werte und Normen berührt. Daher fordern die Bürger engagierter ihr Mitspracherecht ein. Niemand geht auf die Straße, damit die eigene Regierung Zölle senkt, so dass andere Regierungen im Gegenzug ebenfalls zu Zollsenkungen bereit sind, auf dass die einheimische Exportindustrie floriere. Der Schaden, der Bauern in den Entwicklungsländern aus der protektionistischen europäischen Agrarordnung entsteht, ist zwar klarer ersichtlich, motiviert aber nur wenige Idealisten zu spürbarem Protest. Im Gegensatz hierzu wehren sich viele Menschen heftig gegen ein drohendes Urteil der WTO-Streitschlichtung, das die EU-Schutzmaßnahmen gegen gentechnisch veränderte Lebensmittel als unvereinbar mit WTO-Recht erklären könnte.

(3) Gleichberechtigung nicht-wirtschaftlicher Anliegen: Solange der Eindruck besteht, dass die WTO andere internationale Organisationen dominiert und einseitig wirtschaftliche Interessen auf Kosten sozialer und ökologischer Anliegen vertritt, liegt es nahe, dass sich die Zivilgesellschaft als Verfechterin der

---

[14] Charnovitz (2002b), Keohane und Nye (2001).

Nachhaltigkeit besonders für diese vernachlässigten Aspekte engagieren wird. Hierbei ist zu beachten, dass sich die WTO weg entwickelt von einem „Kuhhandel" zwischen Staaten über gegenseitige Marktöffnung hin zur Wahrung individueller, ökonomischer Rechte – auf diskriminierungsfreien Marktzutritt oder auf den Schutz geistigen Eigentums und unternehmerischer Direktinvestitionen im Ausland. Dieser individualrechtliche Ansatz bietet der Zivilgesellschaft einen Ansatzpunkt, als Pendant zu den wirtschaftlichen Rechten auch auf anderen Menschenrechten zu pochen.[15]

(4) Interne Stärkung: Erfolgserlebnisse, technologischer Fortschritt und organisationelle Entwicklung – insbesondere entstehen auch im Süden vermehrt professionelle NGOs – treiben die globale Zusammenarbeit der Zivilgesellschaft weiter an.

Der Bedarf seitens der WTO nach vielseitigem Expertenrat und gesellschaftlicher Legitimität, die aus der Beteiligung der Zivilgesellschaft folgen kann, spricht dafür, dass die WTO diesem Druck partiell nachgeben und die Zivilgesellschaft intensiver beteiligen wird. Das Verhältnis von Vor- und Nachteilen einer stärkeren Einbindung der Zivilgesellschaft wird sich künftig verbessern, insbesondere da die WTO und die globale Zivilgesellschaft Regeln für die Zusammenarbeit einüben – etwa hinsichtlich der Akkreditierung, Transparenz und Verantwortlichkeit von NGOs – und da sich in Entwicklungsländern ebenfalls NGOs formieren, so dass die globale Zivilgesellschaft nicht als einseitige Vertretung des Nordens dasteht.

Schließlich folgt aus der Partizipation der Zivilgesellschaft in internationalen Institutionen eine Dynamik, bei der besonders transparente und offene internationale Institutionen ihre Reformen hervorheben, während sich der Unmut der Zivilgesellschaft an jenen internationalen Institutionen entlädt, die auf Forderungen nach zivilgesellschaftlicher Partizipation verhalten bis abwehrend reagieren. Mit jeder weiteren internationalen Institution, die sich der Zivilgesellschaft öffnet, wächst der Druck auf jene internationalen Institutionen, die sich nach wie vor als geschlossene Diplomaten-Clubs verstehen.

Die Triebkräfte hinter einer stärkeren Beteiligung der Zivilgesellschaft, aber auch die Grenzen zivilgesellschaftlichen Regierens angesichts der Rolle der Staaten, sind in Abbildung 2 zusammengetragen.

---

[15] Petersmann (2001).

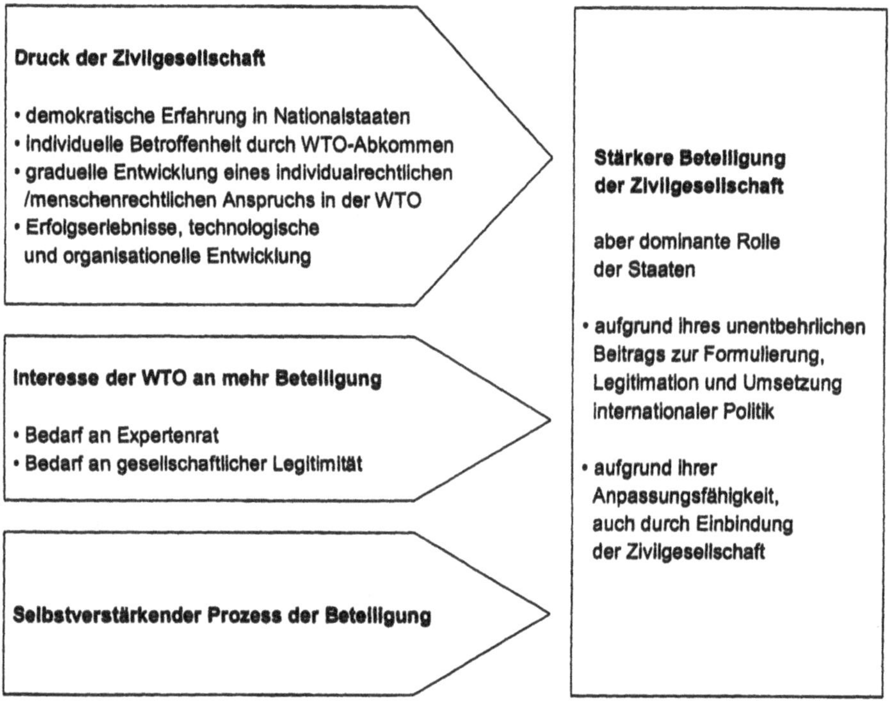

Druck der Zivilgesellschaft

- demokratische Erfahrung in Nationalstaaten
- individuelle Betroffenheit durch WTO-Abkommen
- graduelle Entwicklung eines individualrechtlichen /menschenrechtlichen Anspruchs in der WTO
- Erfolgserlebnisse, technologische und organisationelle Entwicklung

Interesse der WTO an mehr Beteiligung

- Bedarf an Expertenrat
- Bedarf an gesellschaftlicher Legitimität

Selbstverstärkender Prozess der Beteiligung

Stärkere Beteiligung der Zivilgesellschaft

aber dominante Rolle der Staaten

- aufgrund ihres unentbehrlichen Beitrags zur Formulierung, Legitimation und Umsetzung internationaler Politik

- aufgrund ihrer Anpassungsfähigkeit, auch durch Einbindung der Zivilgesellschaft

Abbildung 2: Beteiligung der Zivilgesellschaft

2.5   Beteiligung der Mitgliedsstaaten

Die mitgliedstaatliche Beteiligung an der WTO nimmt quantitativ und qualitativ zu.[16] Rein zahlenmäßig wird die Mitgliedschaft kontinuierlich erweitert, so dass heute nahezu alle Staaten der WTO angehören oder die Mitgliedschaft beantragt haben.

Aus einer qualitativen Perspektive ist zu verzeichnen, dass sich auch Staaten, die traditionell eine Randstellung eingenommen haben, aktiver an der WTO beteiligen. An der Uruguay-Runde, wie auch an den Ministerkonferenzen in Seattle und Cancún, lässt sich ein umfassender Wandel in der Rolle der Entwicklungsländer feststellen.

In WTO-Verhandlungen vor der Uruguay-Runde tauschten vor allem die Industrieländer untereinander Konzessionen über verbesserten Marktzugang aus. Da in der WTO sämtliche Handelsbegünstigungen, die einem Land eingeräumt

---

[16] Zu Entscheidungsprozessen in der WTO und der traditionell schwachen und nun aktiveren und einflussreicheren Rolle von Entwicklungsländern siehe Cho (2004), Drahos (2003), Ford (2002), Keohane und Nye (2001), Singh (2000), Steinberg (2002).

werden, automatisch allen Mitgliedern zugestanden werden müssen, gewannen Entwicklungsländer mit WTO-Mitgliedschaft – obwohl sie in den Verhandlungen passiv blieben und kaum eigene Konzessionen zugestanden – als Trittbrettfahrer begrenzten Zugang zu den Märkten der Industrieländer. Die Handelsliberalisierung richtete sich jedoch nach den Bedürfnissen der Industrieländer, so dass der Gewinn für die Entwicklungsländer mäßig ausfiel.

In der Uruguay-Runde hingegen machten die Entwicklungsländer relevante Konzessionen, etwa bei der Liberalisierung des Dienstleistungsverkehrs und beim Schutz intellektuellen Eigentums. Im Gegenzug konnten sie den Industrieländern die Marktöffnung in jenen Sektoren abverhandeln, in denen sie einen Wettbewerbsvorteil genießen, wie Textilien und Landwirtschaft. Mit dieser neuen Rolle der Entwicklungsländer auf internationaler Ebene ging ein innenpolitischer Wandel einher; die politischen und wirtschaftlichen Einflussgruppen in den Entwicklungsländern drängen ihre Regierungen heftiger, ihre Interessen in der WTO zu vertreten.

Neben dem Bemühen traditionell marginalisierter Mitgliedsstaaten, sich aktiver an der WTO zu beteiligen, liegt ein weiterer qualitativer Wandel darin, dass diese Staaten tatsächlich Einfluss in der WTO gewinnen. Üblicherweise werden Entscheidungen in der WTO *minilateral* – das heißt informell zwischen wenigen, mächtigen Staaten – getroffen und anschließend mit geringfügigen Modifikationen *multilateral* – also durch die formalen Entscheidungsmechanismen im Ministerrat – verabschiedet. Vier Entwicklungen stören diesen minilateralen Entscheidungsprozess.

(1) **Wirtschaftskraft:** Ausgeschlossene Mitgliedsstaaten, die sich gegen minilaterale Entscheidungen wenden, werden durch Drohungen gefügig gemacht. Drohungen bestehen insbesondere darin, internationale wirtschaftliche Zusammenarbeit nicht mehr im Rahmen der WTO zu betreiben, sondern diese innerhalb regionaler Abkommen wie der EU und des Nordamerikanischen Freihandelsabkommens (NAFTA) oder in separaten, themenspezifischen Abkommen zwischen den Mächtigen und Willfährigen auszuhandeln. Derartige Drohungen werden für die mächtigen Staaten kostspieliger. Denn mit der engeren weltwirtschaftlichen Integration und der wachsenden Bedeutung der Märkte in den (ehemaligen) Entwicklungsländern sind Abkommen, die auf den Kreis hoch entwickelter Industrieländer beschränkt bleiben, weniger wert.

(2) **Verhandlungsgeschick:** Daneben haben Entwicklungsländer ihre Verhandlungsfähigkeiten weiterentwickelt und insbesondere bestärkende Erfahrungen darin gemacht, dass sie in gemeinsamen Interessensgruppen ihre Positionen am wirkungsvollsten vertreten können – auch unter Einschluss einiger Industrieländer wie beispielsweise in der Cairns Group. Diese Gruppe, der so unterschiedliche Staaten wie Argentinien, Kanada, Ungarn, Indonesien und Australien angehörten, brachte den Stein zur Liberalisierung der Landwirtschaft in der Uruguay-Runde ins Rollen.

(3) Neue Akteure: Wie insbesondere die Ministerkonferenz in Cancún gezeigt hat, resultiert eine weitere Schwächung des minilateralen Entscheidungsprozesses aus der Aufnahme weiterer Entwicklungs- und Schwellenländer, vor allem Chinas, und der Einmischung der globalen Zivilgesellschaft, die auf eine angemessene Beteiligung der Entwicklungsländer drängt.

(4) Interne Dissonanzen: Den regeren Widerstand der wachsenden Zahl ausgeschlossener Staaten zu überwinden, während gleichzeitig Drohungen mit fortschreitender weltwirtschaftlicher Integration kostspieliger werden, bringt einen unverhältnismäßigen Aufwand für die minilateral kooperierenden Staaten mit sich. Daher sind diese darauf angewiesen, mehr Staaten in einem früheren Stadium der Verhandlungen mit ins Boot zu nehmen, um mit mehr Druck auf eine kleinere Zahl ausgeschlossener Staaten einwirken zu können. Der verstärkte Einbezug großer Entwicklungsländer wie Brasilien und Indien – und zunehmende Spannungen zwischen den beiden Führungsakteuren USA und EU – schwächt jedoch den inneren Zusammenhalt der minilateralen Gruppe, so dass sie weniger geschlossen und wirkungsvoll gegenüber den übrigen Mitgliedsstaaten auftreten können. All dies führt dazu, dass die Beteiligung der relativ schwachen Mitgliedsstaaten in Zukunft mehr zählt.

2.6   Heterogenität der Mitgliedsstaaten

Die Mitgliedsstaaten werden in Belangen, die für die Zusammenarbeit in der WTO relevant sind, heterogener und diese Heterogenität beeinflusst die Kooperation stärker.

(1) Materielle Heterogenität: Dies betrifft zum einen die materiellen Voraussetzungen der Mitgliedsstaaten. Beispielsweise kann ein Teil der Staaten ihren Haushalt durch Steuern bestreiten, einige finanzieren sich durch die Rohstoffförderung, insbesondere von Erdöl, während andere Regierungen von Zolleinnahmen abhängen. Entsprechend sind die Staaten unterschiedlich betroffen, wenn Zolleinnahmen in Folge der Liberalisierung des Handels ausfallen. Ein anderes Beispiel betrifft den Entwicklungsgrad bestehender Institutionen, die der weltwirtschaftlichen Integration dienen, und die finanziellen Möglichkeiten der Staaten, diese auszubauen. Demgemäß fällt es Industrieländern wesentlich leichter als Entwicklungsländern, positive Leistungsanforderungen zu erfüllen – etwa umfassend über ihre handelshemmenden Maßnahmen zu informieren, die Rechte am geistigen Eigentum wirkungsvoll zu schützen oder den unternehmerischen Wettbewerb zu fördern.

Umfang und Relevanz materieller Heterogenität in der WTO wachsen, da mehr Mitgliedsstaaten aktiver und einflussreicher an der WTO partizipieren und die tiefergehende Integration sie vielfältiger berührt als oberflächliche Integration.

(2) Ideelle Heterogenität: Zum anderen betrifft die zunehmende Heterogenität auch die ideellen Charakteristika der Mitgliedsstaaten. Hierzu zählen Werte, die besagen, welche Güter erstrebenswert sind, und Normen, die angemessene Verhaltensformen vorschreiben. Hierzu zählt auch Wissen, also Vorstellungen über den Zustand der Welt und die gültigen Ursache-Wirkungs-Zusammenhänge, die Staaten beachten müssen, um ihre Ziele zu erreichen.

Hier ist erstens zu verzeichnen, dass ein bestehendes Maß an Heterogenität zwischen den Mitgliedsstaaten größere Bedeutung für die Funktionsfähigkeit der WTO erlangt. Grund ist die verstärkte Beteiligung der Entwicklungsländer und der Zivilgesellschaft, die ihre eigenen Vorstellungen einbringen und darauf beharren, dass diese in Abkommen Beachtung finden.

Zweitens nimmt das Maß an ideeller Heterogenität zu. Ein Grund hierfür ist schlichtweg die steigende Zahl von Mitgliedsstaaten. Ein zweiter Grund liegt in der unterschiedlichen Natur traditioneller Handelsliberalisierung einerseits und tiefgehender Integration in angrenzenden wirtschaftlichen und nicht-wirtschaftlichen Themenfeldern andererseits.

Hinsichtlich *traditioneller Handelsliberalisierung* legt der gegenwärtig dominierende Zweig der Volkswirtschaftslehre – einer weltweiten Wissenschaft ohne wesentliche nationale Eigenarten – allen Staaten eine ähnliche, liberale Handelspolitik nahe. Spezifische politische Ziele der Staaten sollen durch inländische Politikinstrumente erreicht werden, die den Handel nicht verzerren. Entsprechend dieser Sichtweise kann auch die inländische Einkommensverteilung gesteuert werden, ohne den Handel zu tangieren; insbesondere steht es Staaten frei, die inländischen Verlierer von WTO-Abkommen zu entschädigen. Dadurch bleiben die zwischen den Mitgliedsstaaten verschiedenartigen Werte und Normen, die zu unterschiedlichen politischen Zielsetzungen führen, für Verhandlungen innerhalb der WTO marginal, ebenso wie die voneinander abweichenden Vorstellungen, wie diese Zielsetzungen am Besten zu erreichen sind.

Ein solcher einheitlicher, klarer Rat, der unabhängig von nationalen Werten, Normen und Wissen besteht, lässt sich dagegen kaum für *angrenzende wirtschaftliche Themenfelder* finden, derer sich die WTO in wachsendem Maße annimmt. So gibt es beispielsweise nicht *eine* wissenschaftlich etablierte Konzeption effizienter Wettbewerbspolitik, sondern mehrere, vernünftig vertretbare und in der Praxis etablierte Ansätze, die bei Verhandlungen aufeinander prallen. Zudem bestehen Zielkonflikte zwischen wirtschaftlichen Themenbereichen. Das Recht auf geistiges Eigentum kann beispielsweise das Recht enthalten, den Handel mit Produkten, die eigenes geistiges Eigentum beinhalten, zu untersagen, um unterschiedliche Preise in verschiedenen Märkten durchzusetzen – etwa höhere Preise in der EU als in Afrika. Dieses Recht steht dem Freihandelsgedanken entgegen. Solche Zielkonflikte können auf unterschiedliche Art gelöst werden.

Wo *nicht-ökonomische Themenfelder* betroffen sind, wird die Heterogenität der Mitgliedsstaaten noch gravierender. Der Handel mit gentechnisch veränderten Lebensmitteln beispielsweise berührt Werte und Normen hinsichtlich Gesundheit, Umwelt und Religion und erfordert wissenschaftliche Folgeabschätzungen. All diese Aspekte variieren zwischen den Staaten grundlegend.

Neue Regelungsgegenstände, engere Verknüpfungen zu angrenzenden Themenfeldern und die Tendenz zu tiefergehender Integration lassen also heterogene Vorstellungen über normative Angemessenheit und Ursache-Wirkungs-Zusammenhänge relevanter werden. Es gilt anzumerken, dass die Unterschiede bei Werten, Normen und Wissen, die sich in den Positionen der Mitgliedsstaaten zeigen, nicht den kulturellen Unterschieden zwischen der Bevölkerung verschiedener Mitgliedsstaaten entsprechen müssen. Teilweise können divergierende Positionen auch von unterschiedlichen willensbildenden, politischen Institutionen herrühren. Beispielsweise scheint es, dass in den Ländern der EU Sorgen in der Bevölkerung über die Umweltverschmutzung und die Risiken der Technologieentwicklung eher in die politische Entscheidungsfindung eingehen als in den USA, wo der Rat von (tendenziell optimistischen) Technik-Experten eher Gehör findet.

Infolge der größeren ideellen Heterogenität müssen die Mitgliedsstaaten weiter von jener Politikvorstellung abweichen, die sie aufgrund ihrer Werte, ihrer Normen und ihres Wissens für richtig halten, um sich auf ein gemeinsames Abkommen zu einigen. Solche Zugeständnisse werden im Folgenden als normative Konzessionen bezeichnet, da dabei nicht vom eigenen (materiellen) Interesse abgerückt wird, sondern von einer für angemessen gehaltenen Vorstellung.

2.7   Zusammenfassung

Die WTO sieht sich, insbesondere seit der Uruguay-Runde 1994, fundamentalen Entwicklungen hinsichtlich ihrer Akteure, ihres Gegenstandes und ihrer Bedeutung gegenüber. Diese sind in Tabelle 2 zusammengefasst.

So grundlegend dieser Wandel ist, darf doch nicht übersehen werden, dass sich die WTO weiterhin in erster Linie negativer Integration widmet, um den Handel zu liberalisieren, dass mächtige Staaten nach wie vor die WTO-Verhandlungen dominieren und dass der Kurs der WTO weit überwiegend von den Mitgliedsstaaten vorgegeben wird, während die Zivilgesellschaft nur eine Nebenrolle einnimmt. Dennoch wirkt sich dieser Wandel in entscheidender Weise auf Legitimität, Verhandlungen, Durchsetzung und Risiken in der WTO aus. Welche Konsequenzen die Entwicklungen im Umfeld der WTO für die Probleme internationaler Kooperation haben, wird in den folgenden Kapiteln aufgezeigt.

Tabelle 2: Entwicklungen im Umfeld der WTO

Gegenstand	Wesentliche Elemente
Wirtschaftliche Vorteilhaftigkeit und Umfang	Abnehmende Effektivität eigenständigen, nationalstaatlichen Regierens führt zu umfassenderer und intensiverer internationaler Kooperation
Themenübergreifende Interdependenzen	Die Bedeutung inhaltlicher und strategischer Verknüpfung von Handel mit anderen wirtschaftlichen und nicht-wirtschaftlichen Themenfeldern nimmt zu
Integrationstiefe	Die WTO geht zu mehr positiver Integration über und reguliert verstärkt inländische Maßnahmen, aufgrund abnehmenden Grenznutzens und zum Ausgleich nachteiliger Nebenwirkungen oberflächlicher Integration sowie aufgrund neuer Themen wie Dienstleistungen
Beteiligung der Zivilgesellschaft	Die Zivilgesellschaft drängt darauf, sich intensiver direkt auf WTO-Ebene zu beteiligen; die WTO wird diesem Wunsch entgegenkommen, da die Einbindung der Zivilgesellschaft Qualität und Legitimität von WTO-Abkommen erhöht und ein selbstverstärkender Prozess ist
Beteiligung der Mitgliedsstaaten	Neue Mitglieder treten der WTO bei, passive Mitglieder beteiligen sich aktiver und die Beteiligung schwacher Mitgliedsstaaten zählt mehr
Heterogenität der Mitgliedsstaaten	Die Heterogenität der Mitgliedsstaaten in Bezug auf materielle und ideelle Charakteristika nimmt zu und wird für die Kooperation in der WTO relevanter

Herausforderungen der WTO

3   Legitimität von WTO-Abkommen

Zwar sind die Mitgliedsstaaten die Herren der WTO und können diese gemein-schaftlich gestalten, doch ist jeder Staat für sich in begrenztem Umfang der von ihm mit geschaffenen Autorität der WTO unterworfen. Die WTO als Ganzes besitzt somit (beschränkte) Macht über die einzelnen Mitgliedsstaaten, die der Legitimation bedarf. Wann Macht legitim ist, kann auf zwei Wegen definiert werden. Der objektivistische Ansatz zielt auf allgemeingültige Kriterien gerechter Herrschaft ab, die von der Beurteilung derjenigen, die dieser Herrschaft unter-worfen sind, abweichen können. Im Sinne des subjektivistischen Ansatzes ist Macht legitim, wenn sie von den ihr Unterworfenen als gerecht anerkannt wird, so dass sich die Unterworfenen der Autorität aus einem Gefühl normativer Verpflichtung beugen. Diese subjektive Verpflichtung kann sowohl einzelnen Normen gelten – also Regeln, die normativ angemessenes Verhalten beschreiben – als auch Institutionen wie dem Streitschlichtungssystem der WTO oder der WTO insgesamt.

Die folgenden Betrachtungen stützen sich auf das subjektivistische Legitimitäts-verständnis. So verstandene Legitimität besitzt nicht nur einen Selbstwert, da Menschen neben materiellem Wohlstand auch nach legitimer Regierung verlan-gen, sondern beeinflusst zudem die Effektivität der WTO. Die Mitgliedsstaaten sind umso williger, in der WTO zu kooperieren und Kompetenzen an die WTO zu delegieren, je größer die Legitimität der WTO ist. Auch halten sie legitime Regeln getreulicher ein. Darüber hinaus gewinnt die WTO mehr Rückhalt in der Zivilgesellschaft, die jenseits nationalstaatlicher Repräsentation globale Politik mitzuprägen versucht, wenn die Legitimität der WTO wächst.

Eine Reihe von Faktoren bestimmt, ob die WTO als legitim erachtet wird.

- **Prozess-Legitimität der Vertragsentstehung:** Abkommen werden als legitim empfunden, wenn sie aus konstruktiver Diskussion entspringen. Soweit Abkommen aus dem Kräftemessen zwischen den Mitgliedsstaa-ten hervorgehen, sollten zumindest alle Staaten angemessenen Einfluss haben.

- **Rechtfertigbarkeit von Normverletzungen:** Wenn WTO-Regeln normativ angemessenes Verhalten klar und bestimmt umreißen, so dass Normverletzungen nur schwerlich gerechtfertigt werden können, fühlen sich Staaten stärker verpflichtet, die Regeln zu achten.

- **Prozess-Legitimität der Vertragsanwendung:** Streitigkeiten über die Auslegung von WTO-Abkommen sollten gemäß geeigneten Prinzipien kohärent geschlichtet und WTO-Schiedssprüche gegenüber allen Staaten gleichermaßen durchgesetzt werden, damit die Vertragsanwendung als legitim empfunden wird.

- **Ergebnis-Legitimität:** Wenn die Mitgliedsstaaten die Ergebnisse ihrer Kooperation in der WTO günstig bewerten, gestehen sie der WTO Legitimität zu.

- **Verhältnis zu weiteren Normen:** WTO-Regeln wird mehr Legitimität zugebilligt, wenn sie mit weiteren nationalen und internationalen Normen, die ihren Ursprung außerhalb der WTO haben, im Einklang stehen.

- **Wertschätzung in der internationalen Gemeinschaft:** Wenn Konformität mit WTO-Normen als gängiges Verhaltensmuster in der internationalen Gemeinschaft erwartet wird, möchten Staaten sich die Anerkennung als kooperatives Mitglied der WTO erwerben.

Ehe diese Faktoren ausführlich durchgesprochen werden, sollen sie am Beispiel einer häuslichen Familie – anstelle der internationalen „Familie der Staaten" – verdeutlicht werden. Man stelle sich vor, eine Familie plane ihre Freizeitgestaltung für den nächsten Tag (so, wie die WTO auch Regeln für das zukünftige Verhalten ihrer Mitglieder festlegt). Bei gutem Wetter soll eine Wanderung unternommen werden, bei Regen ein Kinobesuch. Diese Abmachung und die am nächsten Tag folgende Entscheidung, was denn nun tatsächlich zu machen ist, wird von den Familienangehörigen als legitim empfunden,

- wenn die Familie sich gütlich darauf geeinigt und nicht das Familienoberhaupt selbstherrlich entschieden hat (Prozess-Legitimität der Vertragsentstehung);

- wenn klar vereinbart worden ist, was „Regen" bedeutet, so dass kein Familienmitglied die Verabredung dem Geiste nach brechen und sich mit einer eigenwilligen Interpretation des Wetterzustandes herausreden kann (Rechtfertigbarkeit von Normverletzungen). Wie stark und beständig muss es regnen, wie düster müssen die Wetteraussichten sein, damit von Regen gesprochen werden kann?

- wenn die Familie das Wetter am nächsten Tag nach gemeinsamem Augenschein und Wetternachrichten beurteilt, um den verbleibenden Interpretationsspielraum zu beseitigen (Prozess-Legitimität der Vertragsanwendung);

- wenn die Abmachung am nächsten Tag zu einer sinnvollen Entscheidung führt – brütende Hitze fällt eher unter „gutes Wetter" als unter „Regen", ist aber zum Wandern ungeeignet (Ergebnis-Legitimität);

- wenn die Familie sich prinzipiell an die Regel hält, dass die Freizeitgestaltung sich aus Gesundheitsgründen am Wetter zu orientieren habe (Verhältnis zu weiteren Normen). Diese allgemeine Norm legt bei gutem Wetter die Wanderung mit frischer Luft und Bewegung nahe, bei Regen das trockene, warme Kino. Die allgemeine Norm schreibt bei gutem Wetter wie bei Regen also das gleiche Verhalten vor wie die spezielle Abmachung des Vortags, sie unterstützt also die spezielle Abmachung;

- wenn alle anderen Familienangehörigen die Abmachung respektieren (Wertschätzung in der Gemeinschaft). Schließlich wird keiner als einziger eine Abmachung nicht einhalten und alleine dastehen wollen.

3.1 Prozess-Legitimität der Vertragsentstehung

Insbesondere zwei Demokratie-Theorien thematisieren die Legitimität nationalstaatlicher Entscheidungsprozesse und die Bedingungen, die herzustellen sind, damit nationalstaatliche Politik dem Willen der Bevölkerung entspricht.

Die republikanische Demokratie-Theorie sieht die Gesellschaft als eine durch Gemeinschaftssinn verbundene Wertegemeinschaft. Die politische Entscheidungsfindung soll ausgehend von diesen Gemeinsamkeiten möglichst unmittelbar in der Gemeinschaft selbst erfolgen, so dass möglichst wenige Kompetenzen an staatliche Organe delegiert werden müssen.

Die liberale Demokratie-Theorie betont das Individuum innerhalb der Gesellschaft und stellt die Gesellschaft als Menge von Individuen dem Staat gegenüber. Die Gesellschaft wählt nun Vertreter, die nach dem Mehrheitsprinzip Entscheidungen treffen und den Staat kontrollieren.

Auf globaler Ebene stoßen beide Konzepte auf schwerwiegende Hindernisse.[17] Die republikanische Demokratie-Theorie ist mit der Größe und kulturellen Heterogenität der Weltbevölkerung und ihrem mangelnden Gemeinschaftssinn nicht vereinbar. Der liberale Demokratie-Ansatz ist für die Ausweitung auf die Weltebene ebenfalls ungeeignet. Obwohl dieser Ansatz eine gemeinschaftsorientierte, politisch aktive Gesellschaft nicht voraussetzt, gewinnen Entscheidungen dennoch an Legitimität, wenn sie aus einem gesellschaftspolitischen Diskurs hervorgehen, der die Interessen aller Beteiligten berücksichtigt hat. Mehrheitsentscheidungen in der internationalen Gemeinschaft, in der die Staaten nur

---

[17] Beck (1998b), Eriksen und Fossum (2000), Höffe (1999), Keohane und Nye (2001), Zürn (1998).

schwach durch politischen Diskurs und Gemeinschaftssinn verbunden sind, genießen daher nur eingeschränkte Legitimität. Vor allem aber schwächt die vielstufige Repräsentation – vom Wähler über das Parlament, über die Regierung bis hin zum Vertreter der Regierung bei der WTO – die Legitimationsbasis. Bei wirtschaftlich weniger bedeutenden Staaten als Deutschland sitzen deren Vertreter meist nicht einmal mit an den wichtigsten Verhandlungstischen, sondern werden ihrerseits von Regierungsvertretern anderer Länder „repräsentiert" – beispielsweise übernehmen Brasilien und Indien diese Funktion für viele Entwicklungsländer.

Daher müssen bestehende Demokratie-Modelle an die Bedingungen globalen Regierens in internationalen Organisationen angepasst werden. Einen wesentlichen Beitrag hierzu leistet die so genannte *deliberative Kommunikation*.[18] Bei dieser Form konsensorientierter Entscheidungsfindung können alle Akteure ihren argumentativen Beitrag leisten, der ohne Rücksicht auf die Stellung des Vortragenden von der Diskurs-Gemeinschaft nach seiner inhaltlichen Qualität beurteilt wird. Wie beim liberalen Modell werden die Akteure als heterogene Individuen wahrgenommen; die Entscheidung fällt jedoch nicht, indem die diversen Stimmen zu einer Mehrheitsmeinung zusammengezählt werden, sondern indem ein gemeinsamer Wille entwickelt wird. Dieser Wille ergibt sich allerdings im Gegensatz zum republikanischen Modell nicht aus grundlegenden Gemeinsamkeiten und Gemeinsinn, den die Beteiligten in die Entscheidungsfindung mit einbringen, sondern aus dem deliberativen Kommunikationsprozess selbst. Im Laufe der Diskussion wird das Eigennützige vom Gemeinnützigen getrennt und der geeignete Weg gefunden, den gemeinsamen Nutzen zu fördern. Erfahrungen auf vielen Feldern internationaler Politik, wie auch in der EU, zeigen, dass selbst jene Akteure, die sich zunächst gegen eine offene Erörterung gewehrt haben, sich nach und nach auf solche deliberativen Prozesse einlassen. Eingangs mögen lediglich die eigenen Positionen selbstgefällig vorgebracht werden, mit der Zeit gehen die Beteiligten dann aber auf die Argumente der Gegenseite ein, um diese zu überzeugen, und lassen sich schließlich gelegentlich auch selbst überzeugen.

Inwieweit Verhandlungen deliberativ geführt werden, hängt von mehreren Faktoren ab. Die Entwicklungen im Umfeld der WTO beeinflussen diese Faktoren – und damit den zukünftigen Grad deliberativer Kommunikation – auf unterschiedliche Weise.

(1) Aktivere Beteiligung der Entwicklungsländer: Die aktivere Beteiligung der wachsenden Zahl von Mitgliedsstaaten in der WTO erschwert deliberatives Verhandeln. Kommunikation wird redundanter, wenn auf formellen Sitzungen viele das Gleiche sagen und wenn in informellen Runden vielen nacheinander die immergleiche Position erläutert werden muss. Zudem wird ein größerer Teil der

---

[18] Finnemore und Sikkink (1998), Habermas (1998), King (2003), Risse (2000), Verweij und Josling (2003).

Zeit auf die praktischen Herausforderungen der „Mammut-Veranstaltungen" – wie den Transport der Regierungsvertreter – und auf die Einhaltung des Protokolls verwendet. Wenn dagegen wenige Beteiligte miteinander diskutieren, wird die Kommunikation persönlicher, intensiver, zielführender und daher auch deliberativer. Auch kann in kleinem Kreis Sozialkapital entstehen, wie Vertrauen in die guten Absichten und die sachliche Kompetenz von Verhandlungspartnern.[19]

(2) Einflussreichere Beteiligung der Entwicklungsländer: Die Verlagerung von Macht zu Gunsten der (ehemaligen) Entwicklungsländer mindert das Ungleichgewicht zwischen den Mitgliedsstaaten. Damit wird der Graben zwischen der machtpolitischen Wirklichkeit und den idealen Ausgangsbedingungen deliberativer Kommunikation zwischen gleichberechtigten Partner geschmälert. Mächtige Staaten haben infolgedessen einen größeren Anreiz, ihre Vorstellungen durch Überzeugungsarbeit statt durch Drohungen zu realisieren.

(3) Unsicherheit über die Auswirkungen von WTO-Abkommen: Die Auswirkungen von WTO-Abkommen werden in Folge tiefergehender Integration und zunehmender themenübergreifender Interdependenzen unsicherer (siehe Kap. 4.3). Dies veranlasst Regierungen dazu, Experten intensiver in die interne Meinungsbildung zu involvieren.[20] Die wissenschaftliche Gemeinschaft ist nun global eng vernetzt und ihr Austausch entspricht in hohem Maße deliberativen Voraussetzungen. Daher gehen in die nationalen Verhandlungspositionen Vorstellungen über den Zustand der Welt und die Wirkungsweise von politischen Instrumenten ein, die bereits zuvor im wissenschaftlichen, deliberativen Austausch global angenähert wurden.

(4) Politisierung auf nationaler Ebene: Nicht nur der Einfluss von Experten wächst gegenüber dem Einfluss parteipolitischer Präferenzen und unternehmerischer Interessensvertretung. Wichtiger noch ist der Bedeutungsgewinn der WTO im interministeriellen und öffentlichen Politikprozess auf nationaler Ebene.[21] Die nationale Verhandlungsposition entsteht zusehends weniger im diskreten Zwischenspiel von Außen- und Wirtschaftsministerien, sie wird vielmehr öffentlich zwischen verschiedenen Ministerien – also auch den Ressorts für Umweltschutz, Verbraucherschutz und Landwirtschaft, Familie, Bildung und Kultur etc. – und gesellschaftlichen Strömungen ausgehandelt. Die sich aus diesem Meinungsbildungsprozess ergebenden Kompromisse binden Regierungen und ihre WTO-Vertreter, so dass diesen weniger Manövrierraum bleibt. Für Regierungsvertreter, die sich in WTO-Verhandlungen von der Gegenseite überzeugen lassen und ihrerseits ihre neue Position in der eigenen Regierung verbreiten können, wird es schwieriger, diese neue Richtung gegen die zuvor innenpolitisch vereinbarten Kompromisse durchzusetzen.

---

[19] Checkel (2001), Checkel (2003), Joerges und Neyer (1998), Wendt (1999).
[20] Haas (1992).
[21] Esty (2002), Keohane und Nye (2001), Shaffer (2004).

(5) Beteiligung der Zivilgesellschaft: Die globale Zivilgesellschaft, die sich engagierter in die internationale Politik einschaltet, kann einen wertvollen Dienst für deliberative Kommunikation leisten.[22] Zum einen hilft ihre Antriebskraft, festgefahrene Themen gründlich – und somit mühevoll – aufs Neue zu diskutieren. Zum anderen bringt die Zivilgesellschaft eine universelle, wertorientierte Perspektive in die Verhandlungen, die deliberativer Kommunikation dienlicher ist als die an nationalen Interessen ausgerichteten Positionen der Mitgliedsstaaten. Allerdings kann die zivilgesellschaftliche Beteiligung in der WTO deliberative Kommunikation auch erschweren, wenn Regierungsvertreter nicht – geschützt im diskreten, nicht-öffentlichen Raum – ungeschminkt ihre Interessen abklären, sondern im öffentlichen Rampenlicht verleitet sind, innenpolitischen Vorteil auf internationalem Parkett zu suchen.[23]

In Anbetracht der Vielzahl gegensätzlicher Effekte, welche die Entwicklungen im Umfeld der WTO auslösen, lässt sich nicht abschätzen, ob Verhandlungen in Zukunft deliberativer geführt werden.

Auf jeden Fall werden Entscheidungen weiterhin nicht ausschließlich aus deliberativer Kommunikation, sondern auch aus dem Zusammenwirken von institutionellen Entscheidungsmechanismen und der Machtpositionen der Mitgliedsstaaten resultieren. Daher ist für die Prozess-Legitimität von WTO-Verhandlungen bedeutsam, inwieweit die Mitgliedsstaaten auf die nicht-deliberativ zustande gekommenen Abkommen gleichen oder nach kohärenten Kriterien unterschiedlichen Einfluss haben – oder aber ob die Macht der einzelnen Mitgliedsstaaten bestimmend ist. Hier zeichnet sich aufgrund der Stärkung der (ehemaligen) Entwicklungsländer eine größere Legitimität des WTO-Entscheidungsprozesses ab.

3.2   Rechtfertigbarkeit von Normverletzungen

Wenn Staaten Normen als legitim anerkennen, wollen sie ihr Handeln an diesen Normen ausrichten und empfinden den Bruch mit den legitimen Normen als emotionale Belastung.[24] Um sich normativ angemessen verhalten zu können, müssen Staaten zunächst feststellen, was normativ angemessenes Verhalten in einer konkreten Situation ausmacht. Dabei neigen sie dazu, ihren Interessen dienliches Verhalten als normativ angemessen zu empfinden und darzustellen.

Wenn Regierungen in nicht klar definierten Fällen vor sich selbst stichhaltig argumentieren können, dass sie sich angemessen verhalten haben, dann vermeiden sie die emotionalen Belastungen, die von Normverletzungen ausgelöst werden. Zudem kann es Regierungen gelingen, die inländische Gesellschaft und die internationale Gemeinschaft zu überzeugen, dass ihr rechtlich fragwürdiges

---

[22] Arts (2003), Finnemore und Sikkink (1998), Price (1998), Risse (2000).
[23] Checkel (2001), Checkel (2003).
[24] Finnemore und Sikkink (1998), Franck (1990), Shannon (2000).

Verhalten normativ angemessen ist. Dann mildern sie auch die nachteiligen Konsequenzen, die Normverletzungen für ihre innenpolitische Popularität, für ihre internationale Reputation und für die Effektivität der WTO mit sich bringen können. Deswegen berufen sich Regierungen, denen Normverletzungen vorgeworfen werden, auf mildernde Umstände.

Solche Rechtfertigungen werden in Zukunft glaubwürdiger, beziehungsweise zumindest schwieriger zu widerlegen sein.

(1) Rechtliche Unklarheit: Da kein Anwendungsfall eines Abkommens einem anderen vollkommen gleicht, können Abkommen die Vielzahl der Anwendungsfälle weder voraussehen noch erschöpfend regeln. Vollständige Bestimmtheit von WTO-Regeln ist folglich unerreichbar. Die Mitgliedsstaaten verabschieden sogar bewusst vage Formulierungen, um sich mühevolle Verhandlungen über Details oder besonders umstrittene Aspekte zu ersparen. Vage Formulierungen ermöglichen es den Mitgliedsstaaten zudem, die Auslegung der Regeln an neue Erkenntnisse und Entwicklungen anzupassen, statt schwierige Neuverhandlungen aufnehmen zu müssen. Aus all diesen Gründen werden Regeln auf Gruppen ähnlicher Anwendungsfälle ausgerichtet, für die jeweils eine rechtliche Bestimmung gelten soll.[25] Um zu beurteilen, ob eine staatliche Maßnahme WTO-Normen entspricht, müssen die Regeln daher im konkreten Kontext ausgelegt werden. Zunächst müssen die in der Norm enthaltenen Beschreibungen jener Situationen, für welche die Verhaltensvorschriften gelten sollen, gedeutet und mit der konkreten Situation abgeglichen werden. Sodann müssen die Verhaltensvorschriften einer Norm interpretiert und mit der fraglichen staatlichen Maßnahme verglichen werden. Dieser rechtliche Formulierungs- und Auslegungsprozess wird von den Entwicklungen im Umfeld der WTO erschwert. Tiefergehende Integration und engere Interdependenzen zwischen Handel und anderen Themenfeldern führen dazu, dass die Regelungsgegenstände der WTO komplexer werden. Da die WTO-Abkommen nicht entsprechend detaillierter werden, wächst die Grauzone in der Vertragsauslegung und ein eindeutiges Urteil über die Vertragseinhaltung wird erschwert.

(2) Implementationsprobleme: Um Eigentumsrechte zu schützen, Wettbewerb sicherzustellen, die Notwendigkeit nicht-wirtschaftlicher Maßnahmen – zum Beispiel im Gesundheitsschutz – wissenschaftlich zu untermauern, also um tiefergehende Integration zu realisieren, bedürfen die Mitgliedsstaaten nennenswerter finanzieller und administrativer Fähigkeiten. Ist eine Vertragsverletzung nicht abzustreiten, können Regierungen daher immerhin argumentieren, dass sie trotz guten Willens (noch) nicht in der Lage waren, ihre WTO-Verpflichtungen umzusetzen.[26]

---

[25] Trachtman (1999).
[26] Chayes und Chayes (1995).

(3) Schäden in Folge der Einhaltung von WTO-Verpflichtungen: Regierungen können sich bemühen, glaubhaft zu machen, dass ihrem Land aus der Einhaltung von WTO-Verpflichtungen nicht hinnehmbarer Schaden erwachsen würde. Insbesondere da die WTO vermehrt nicht-wirtschaftliche Ziele und Normen beeinträchtigt, können Regierungen sich leichter auf die Priorität dieser Anliegen berufen. Eine solche Erklärung krankt daran, dass die Staaten ihre WTO-Verpflichtungen in Kenntnis ihrer anderweitigen Ziele und normativen Überzeugungen eingegangen sind. Allerdings begünstigt die zunehmende Unsicherheit über die langfristigen Auswirkungen von WTO-Abkommen den Hinweis, der Konflikt mit alternativen Anliegen sei (in diesem Ausmaß) nicht vorhersehbar gewesen. Beispielsweise haben afrikanische Staaten die Legitimität des TRIPs-Abkommens in Frage gestellt, das es ihnen verwehrte, billige Generika gegen Seuchen wie AIDS zu produzieren oder zu importieren, so dass sie auf die teueren Medikamente der großen Pharma-Unternehmen aus den Industrieländer hätten zurückgreifen müssen. Diese Konsequenz hatten sie bei Abschluss der Uruguay-Runde nicht hinreichend antizipiert und fühlten sich daher an das Abkommen nicht normativ gebunden.

Verweise auf rechtliche Unklarheit, Implementationsprobleme sowie unerwartete und nicht hinnehmbare Schäden in Folge der Einhaltung von WTO-Verpflichtungen können somit Vertragsverletzungen häufiger rechtfertigen, so dass sich ein Staat durch eine Vertragsverletzung nicht prinzipiell gegen die zugrunde liegende Norm oder die WTO stellt und damit ihre Legitimität weniger untergräbt.

Ein positiver Aspekt ist, dass Vertragsverstöße dadurch weniger schädlich sind. Problematisch ist hingegen, dass Staaten sich leichter vormachen können, dass sie sich normativ angemessen verhalten, auch wenn sie rechtliche Grauzonen bis zum Äußersten ausloten oder gar gegen WTO-Recht verstoßen. Die Mitgliedsstaaten fühlen sich daher in konkreten Situationen weniger normativ verpflichtet, WTO-Regeln einzuhalten, ohne dass sie die prinzipielle Legitimität der WTO – gemäß dem objektivistischen Ansatz – anzweifeln würden. Die WTO-Legitimität als politisch wirksame, subjektiv-normative Verpflichtung geht jedoch zurück.

3.3   Prozess-Legitimität der Vertragsanwendung

Im vorangegangenen Abschnitt wurde dargelegt, dass die Mitgliedsstaaten konträre Ansichten über die korrekte Anwendung von WTO-Abkommen haben können. Wenn sie eigene Verstöße gegen WTO-Normen *vor sich selbst* rechtfertigen können, befreien sie sich von der subjektiven normativen Verpflichtung, diese Regeln einzuhalten. Nun geht es um die Auslegung und Durchsetzung umstrittener WTO-Normen *in der Interaktion der Mitgliedsstaaten.*

Diesbezüglich betrachten die Mitgliedsstaaten die Anwendung von WTO-Abkommen erstens als legitim, wenn Streitigkeiten über die richtige Auslegung von WTO-Regeln in Bezug auf eine konkrete Situation auf legitime Weise gelöst werden. Dies kann im Rahmen eines informellen Streitschlichtungsverfahrens oder über einen formellen Rechtsweg erfolgen. Zweitens erwarten die Mitgliedsstaaten, dass die Ergebnisse eines legitimen Streitschlichtungsverfahrens konsequent durchgesetzt werden. Legitime Streitschlichtung allein nützt wenig, wenn sich mächtige Staaten dem Vollzug des Schiedsspruches entziehen können.

Wie kann eine Streitschlichtungsinstanz Abkommen so auslegen und Rechtfertigungsgründe für vertragsverletzende Maßnahmen so würdigen, dass ihre Tätigkeit in der internationalen Gemeinschaft als legitim empfunden wird? Ein entscheidender Faktor ist Kohärenz, dass also die Streitfälle beständig nach den gleichen, geeigneten Prinzipien beurteilt werden.[27] Geeignete Prinzipien zeichnen sich dadurch aus,

- dass gemäß ihrer Auslegung die einzelnen Vertragsbestandteile sinnvoll zusammenwirken, um das Vertragsziel zu erreichen,

- dass sie in der internationalen Gemeinschaft verbreitet sind, um Probleme zu klären, und mit anderen verbreiteten Prinzipien im Einklang stehen,

- dass sie mit den Werten und Zielen der internationalen Gemeinschaft vereinbar sind.

Abkommen sollen also weder ohne Prinzip angewandt werden noch nach Prinzipien, die auf Eigenschaften der Vertragsparteien wie ihre Machtposition oder ihr Verhältnis zum streitschlichtenden Gremium abstellen. Ob eine Subvention beispielsweise WTO-konform ist, soll nach der Art der Subvention beurteilt werden, nicht danach, ob das subventionierende Land klein oder groß, arm oder reich, in Amerika, Europa oder Asien gelegen ist.

Die Vertragsanwendung wird des Weiteren als legitim erachtet, wenn Abkommen nicht lediglich Mittel zum Zweck sind, deren Gehalt und Gültigkeit nach den Erfordernissen der jeweiligen Situation ausgerichtet werden, sondern wenn Abkommen auch als (moralisches) Recht mit einer bestimmten Bedeutung anerkannt werden, die bei Vertragsabschluss feierlich festgelegt und mit einem dauerhaften moralischen Anspruch auf Einhaltung versehen wurde.[28]

Da tiefergehende Integration und größere Interdependenz zwischen Handel und anderen Themenfeldern die Komplexität und Normativität der Vertragsanwendung erhöhen, wird es schwieriger, Abkommen kohärent und unter adäquater Beachtung des Willens der Mitgliedsstaaten bei Vertragsabschluss anzuwenden:

---

[27] Franck (1990), Chayes und Chayes (1995).
[28] Franck (1990), Chayes und Chayes (1995).

Da die Gerichte komplexe und normative Rechtfertigungen der Mitgliedsstaaten erwägen müssen, droht zum einen die Kohärenz der Streitschlichtung im Dickicht vielschichtiger bis ambivalenter Entscheidungen verloren zu gehen. Zum anderen versperren unklarere und widersprüchlichere Absichten der Mitgliedsstaaten bei Vertragsabschluss die Berufung auf den legitimen ursprünglichen Vertragswillen.

3.4 Ergebnis-Legitimität

Die Prozess-Legitimität richtet sich danach, ob Verträge auf legitime Weise entstanden sind und angewendet werden. Sie ist verknüpft mit hehren Idealen wie Gleichheit, Gerechtigkeit und Demokratie. Eine andere Frage ist, welche Ergebnisse aus Abkommen hervorgehen. Die Zufriedenheit über gute Resultate kann Bedenken über illegitime Entstehungs- und Anwendungsprozesse überlagern. Die Legitimität der WTO hängt somit direkt davon ab, wie gut es ihr gelingt, Abkommen auszuhandeln und durchzusetzen, die im Ergebnis – auch unter Beachtung der eingeschlossenen Risiken – allgemein als positiv angesehen werden.

In erster Linie werden WTO-Abkommen danach beurteilt, welchen wirtschaftlichen Gewinn sie einbringen, indem sie die Handelsordnung liberaler und verlässlicher gestalten, und indem sie Rechte am geistigen Eigentum schützen. Wichtig ist aber auch, inwieweit die WTO entwicklungspolitischen, gesundheitlichen, sozialen und ökologischen Zielen dienlich oder abträglich ist. In Anbetracht zunehmender Interdependenzen zwischen den Themenfeldern, werden die Mitgliedsstaaten immer weniger bereit sein, die WTO als Organisation mit rein wirtschaftlicher Wirkung zu sehen und sie nach derart eingeschränkten Kriterien zu bewerten.

Zwar begünstigt die wachsende wirtschaftliche Vorteilhaftigkeit internationaler Kooperation gegenüber autonomem, einzelstaatlichem Handeln die Legitimität der WTO. Der erste, pessimistische Problembefund über Verhandlungen, Durchsetzung und Risiken in der WTO, zusammen mit der gegenwärtigen Vernachlässigung nicht-wirtschaftlicher Ziele, deutet jedoch darauf hin, dass sich die WTO ohne Reformen künftig weniger mit Verweis auf ihre Leistungen legitimieren kann.

3.5 Verhältnis zu weiteren Normen

Ergebnis- und Prozess-Legitimität gründen in der normativen Qualität der WTO; Staaten halten bestimmte Resultate und bestimmte Wege, diese zu erreichen, für erstrebenswert. Demgegenüber gründen die folgenden beiden Legitimitätskriterien – Verhältnis zu weiteren Normen und Wertschätzung in der internationalen Gemeinschaft – in der menschlichen Natur: Die Politiker, Beamten und Bürger eines Staates achten WTO-Normen, die mit ihrer anderweitigen normativen Überzeugung im Einklang stehen, und sie wünschen, dass ihr Staat auf internationaler Ebene geschätzt wird.

Staaten fühlen sich nicht nur WTO-Normen verpflichtet, sondern auch einer Vielzahl weiterer Normen auf internationaler und nationaler Ebene. Dabei stehen Normen unterschiedlichen Ursprungs miteinander in Beziehung, insoweit sie staatliches Verhalten in ein und derselben Situation regeln.[29] Normen bestärken sich wechselseitig, wenn sie einem Akteur in einer bestimmten Situation gleiches oder gleichgerichtetes Verhalten vorschreiben. Daher stützen sich WTO-Schiedssprüche beispielsweise ausdrücklich auf die Deklarationen des Weltnachhaltigkeitsgipfels, der 1992 in Rio de Janeiro stattfand, um den Einklang zwischen ihrem Urteil und etablierten Umweltschutznormen zu gewährleisten und zu betonen. Umgekehrt verlieren Normen an Legitimität, wenn sie widersprüchliche Verhaltensanweisungen geben. Zum Beispiel besteht ein potentieller Konflikt zwischen dem Abkommen über biologische Sicherheit, bekannt unter dem Titel „Cartagena-Protokoll", das Staaten das Recht zuerkennt, bei ungewissen Auswirkungen des Imports gentechnisch veränderter Organismen vorsorglich einzugreifen, und der WTO, die tendenziell strengere Maßstäbe an den Nachweis einer Gefährdung anlegt.

Aus mehreren Gründen wird die Legitimität der WTO leiden, falls sie nicht Normen mit nicht-wirtschaftlichem Anliegen sowie die normative Heterogenität zwischen den Mitgliedsstaaten klarer berücksichtigt.

(1) **Konflikt mit internationalen Normen:** Mit zunehmender Interdependenz zwischen verschiedenen Themenfeldern und der aufholenden Entwicklung internationaler Institutionen mit nicht-wirtschaftlicher Agenda werden internationale Normen häufiger gleichzeitig wirtschaftliche, soziale und ökologische Verhaltensanforderungen an Staaten stellen.

(2) **Konflikt mit nationalen Normen:** Zudem werden bei tiefergehender Integration verstärkt nationale Normen berührt, da die WTO nicht nur Handelshemmnisse untersagt, sondern sich unmittelbar normativ sensibler Themen wie Gesundheits- und Umweltschutz annimmt.

(3) **Konflikt mit inländischer normgeleiteter Politik:** Selbst wenn WTO-Vorkehrungen nicht direkt gegen nationale Normen verstoßen, so können sie doch flankierende Maßnahmen einer inländischen Politik unterbinden, die nationalen Normen entspricht. Zum Beispiel ist es möglich, dass eine umweltbewusste Gesellschaft eine Öko-Steuer einführen möchte, die sich praktisch nur mit Hilfe von Grenzausgleichsmaßnahmen umsetzen lässt. Auf ausländische Güter,

---

[29] Cortell und Davis (2000), Ehlermann (2003), Howse und Nicolaidis (2003), Payne (2001), Shelton (2000).

die in einem Land ohne Öko-Steuer mit billiger Energie hergestellt wurden, wird demnach ein Zoll erhoben, um inländische, energie-intensive Industriezweige zu schützen. Solche Ausgleichsmaßnahmen droht die WTO als diskriminierend zu untersagen. Denn der Zoll wird in Abhängigkeit vom Herstellungsprozess erhoben – ein Produkt mit gleichen Merkmalen wird unterschiedlich behandelt, je nachdem ob auf die dazu verwendete Energie eine ökologische Lenkungssteuer erhoben wurde oder nicht. Erkennt die WTO eine ausnahmsweise Rechtfertigung dieser diskriminierenden Maßnahme aus Umweltschutzgründen nicht an, so gerät sie indirekt mit nationalen Umweltschutzvorstellungen in Konflikt.

(4) Konflikt mit grenzüberschreitend wirksamer normgeleiteter Politik: WTO-Regeln können nationale Politik behindern, die im Einklang mit nationalen Normen versucht, das Verhalten anderer Staaten zu beeinflussen, um negative grenzüberschreitende Effekte und die Übernutzung globaler Güter zu vermindern. In diesem Sinne könnte die EU die Einfuhr von Tropenhölzern untersagen, die im Raubbau gewonnen wurden, um das globale Klima und die weltweite Artenvielfalt als gemeinsame Güter der Menschheit zu schützen. Mit vermehrten grenzüberschreitenden Wechselwirkungen nehmen derartige Anliegen – und damit potentiell auch Konflikte mit WTO-Vorschriften – zu. Außerdem können sich Staaten aus normativen Beweggründen auch in die Zustände in anderen Ländern einmischen wollen, die sie materiell nicht berühren. Die EU könnte etwa in Verstoß gegen WTO-Recht den Import von Teppichen verbieten, die unter Missachtung gewisser Arbeitsstandards gewebt wurden. Die normative Betroffenheit über Zustände in anderen Ländern steigt, da die Menschheit im Zuge der Globalisierung zu einem „globalen Dorf" zusammenwächst.

3.6 Wertschätzung in der internationalen Gemeinschaft

Das Gefühl normativer Verpflichtung fußt teilweise auf bewusster, normativer Betrachtung, bei der ein jeder Staat für sich festlegt, was moralisch richtiges und was falsches Handeln ist. Der Wunsch, sich normativ angemessen zu verhalten, ist aber auch ein soziales Phänomen, das in der internationalen Gemeinschaft auftritt. Wenn ein Staat die Normen der internationalen Gemeinschaft respektiert, so wird er von anderen Staaten geschätzt. Damit kann er sich selbst leichter achten. Dieses Bedürfnis nach Selbstachtung und Zustimmung der internationalen Gemeinschaft teilen Regierung, Beamte und Bürger eines Staates; es beeinflusst also das Handeln dieses Staates.[30] Dieses Motiv der Normbefolgung wird bedeutsamer, weil die internationale Gemeinschaft auf politischer Ebene enger zusammen wächst und sich zugleich der soziale Austausch zwischen den nationalen Gesellschaften intensiviert.

---

[30] Finnemore und Sikkink (1998), Price (1998), Shannon (2000), Wendt (1999).

Des Weiteren ist das Bedürfnis nach Übereinstimmung mit den Normen der WTO umso stärker, je geschlossener die Mitgliedsstaaten hinter diesen Normen stehen. Werden die Normen von anderen Mitgliedsstaaten ohnehin häufig verletzt, so ist die eigene Vertragsverletzung aus Sicht eines Staates eher verzeihlich und in der internationalen Gemeinschaft weniger verpönt.[31] Auf diesem Weg beeinflusst der Grad, zu dem WTO-Verpflichtungen durchgesetzt werden, die Legitimität der WTO.

3.7 Zusammenfassung

Als legitime Autorität anerkannt zu werden, ist eine entscheidende Herausforderung für die WTO. Denn die Legitimität des Regierens besitzt Wert an sich, und Staaten kooperieren aus demokratischen Erwägungen, wie aus innerem Antrieb heraus, bereitwilliger, wenn sie die WTO als legitim einstufen.

Staaten bewerten die Legitimität der WTO – bewusst und unbewusst – anhand einer Vielzahl von Kriterien. Die Entwicklungen im Umfeld der WTO beeinflussen diese Kriterien der Legitimität in vielfacher und oftmals gegenläufiger Weise. In Tabelle 3 sind die diversen Legitimitätskriterien aufgeführt, ebenso wie die der Legitimität der WTO zuträglichen beziehungsweise abträglichen Auswirkungen der Entwicklungen im Umfeld der WTO. Das Gesamtbild stimmt eher skeptisch. Jedoch steht die Analyse noch aus, wie sich die anderen Probleme internationaler Kooperation auf die Legitimität der WTO auswirken.

---

[31] Jackson (1997), Legro (1997), Wendt (1999).

Tabelle 3: Legitimität

Legitimitätskriterien		Auswirkungen der Entwicklungen im Umfeld der WTO
Prozess-Legitimität der Vertrags-entstehung	zuträglich	Stärkung der Verhandlungsmacht von Entwicklungsländern, mehr deliberative Kommunikation aufgrund der Stärkung der Entwicklungsländer, größerer Unsicherheit über die Auswirkungen von Abkommen und der Katalysator-Wirkung der Zivilgesellschaft
	abträglich	Weniger deliberative Kommunikation aufgrund der wachsenden Zahl relevanter Mitgliedsstaaten, geringerer Offenheit der Verhandlungsführer, da die WTO als innenpolitische Bühne dient, und reduziertem Verhandlungsspielraum infolge der inländischen Politisierung der WTO-Politik
Rechtfertigbarkeit von Norm-verletzungen	abträglich	Leichtere Rechtfertigung über rechtliche Unklarheit, Implementationsprobleme sowie unerwartete und nicht hinnehmbare Schäden in Folge der Einhaltung von WTO-Verpflichtungen
Prozess-Legitimität der Vertrags-anwendung	abträglich	Größere Komplexität und Normativität erschwert kohärente Rechtsprechung mit Bezug auf den ursprünglichen Vertragswillen
Ergebnis-Legitimität	zuträglich	Größere wirtschaftliche Vorteilhaftigkeit internationaler Kooperation
	abträglich	Stärkere Bewertung der WTO nach nicht-wirtschaftlichen Anliegen
Wechselseitiges Verhältnis von Normen	abträglich	Vermehrte Konflikte mit nationalen und anderen internationalen Normen
Wertschätzung in der internationalen Gemeinschaft	zuträglich	Graduelles Zusammenwachsen der internationalen Gemeinschaft zu einer Weltgesellschaft

4 Verhandlung von WTO-Abkommen

Trotz der zahlreichen Vorzüge des Freihandels und mehrerer multilateraler Verhandlungsrunden halten die Mitgliedsstaaten Maßnahmen aufrecht, die den Handel mit Gütern und Dienstleistungen beeinträchtigen. Aus Kapitel 1 lassen sich hiefür drei Erklärungen ablesen:

- Vollkommen freier Handel ist *grundsätzlich* nicht erstrebenswert. Denn um nicht-wirtschaftliche Ziele zu erreichen, müssen Regierungen zu Maßnahmen greifen, die den Handel unvermeidlich hemmen.

- Die Liberalisierung des Handels bringt *gegenwärtig* in besonderem Maße nicht-wirtschaftliche Nachteile mit sich. Angesichts mangelhafter politischer Rahmenbedingungen auf nationaler und internationaler Ebene werden soziale und ökologische Probleme durch die Liberalisierung des Handels verschärft.

- Selbst wenn mehr Handelsliberalisierung die Wohlfahrt eines Staates erhöht, können sich die inländischen Verlierer von WTO-Abkommen der weiteren Liberalisierung mit derartiger Kraft widersetzen, dass die Regierungen aus innenpolitischen Erwägungen heraus vor dem volkswirtschaftlich optimalen Maß an Marktöffnung zurück schrecken.

Allerdings kann es sein, dass sich Regierungen in internationalen Verhandlungen auch nicht auf jenes Maß an wirtschaftlicher Integration einigen können, das sie trotz obiger Vorbehalte anstreben. *Der Verhandlungsprozess selbst kann zu ineffizienten Ergebnissen führen.* Um festzustellen, wie die Entwicklungen im Umfeld der WTO – zunehmende themenübergreifende Interdependenzen, tiefergehende Integration, stärkere Beteiligung von Zivilgesellschaft und von Mitgliedsstaaten, sowie größere Heterogenität der Mitgliedsstaaten – die Effizienz der Verhandlungen beeinflussen, werden vier Aspekte analysiert.

Zunächst wird die Menge der zustimmungsfähigen Abkommen behandelt – all jenen Abkommen, denen hinreichend viele Staaten zuzustimmen bereit wären, so dass dieses Abkommen zustande kommen könnte (Abschnitt 4.1). Diese Menge ist vom Verhandlungsprozess auf WTO-Ebene abhängig, da die formalen Abstimmungsregeln und die tatsächliche Verhandlungspraxis bestimmen, wie viele und welche Staaten zustimmen müssen, damit ein Abkommen verabschiedet werden kann.

Sodann werden jene Probleme thematisiert, die aus der strategischen Interaktion im Verhandlungsprozess resultieren (Abschnitt 4.2). Diese Probleme entstehen, da die Mitgliedsstaaten sich auf ein konkretes Abkommen einigen müssen, dabei jedoch jeder Mitgliedsstaat einen möglichst großen Vorteil für sich beansprucht.

Daraufhin wird betrachtet, wie die Komplexität von Verhandlungen die Staaten überfordern kann (Abschnitt 4.3). Offensichtlich besteht ein Zusammenhang zwischen der Menge der zustimmungsfähigen Abkommen und der Komplexität von Verhandlungen: Je weiter ein Abkommen gefasst wird, je mehr Themen also zu einem Gesamtpaket zusammengefasst werden, desto eher lassen sich zustimmungsfähige Abkommen entwickeln, desto komplexer gestaltet sich aber die Aushandlung.

Schließlich wird untersucht, welchen Beitrag Normen über die angemessene Verhandlungsführung in Zukunft leisten können. Solche Verhandlungsnormen bieten der internationalen Gemeinschaft Orientierung, indem sie umreißen, welche Konzessionen von welchen Mitgliedsstaaten erwartet werden (Abschnitt 4.4).

4.1 Menge der zustimmungsfähigen Abkommen

Damit ein nutzenmaximierender Staat einem Abkommen zustimmt, muss er sich durch seine Zustimmung besser stellen als durch eine Ablehnung. Wenn die Menge der individuell vorteilhaften Abkommen vereinfacht als Kreis dargestellt wird, so ergibt sich bei drei Verhandlungspartnern A, B und C die Abbildung 3.

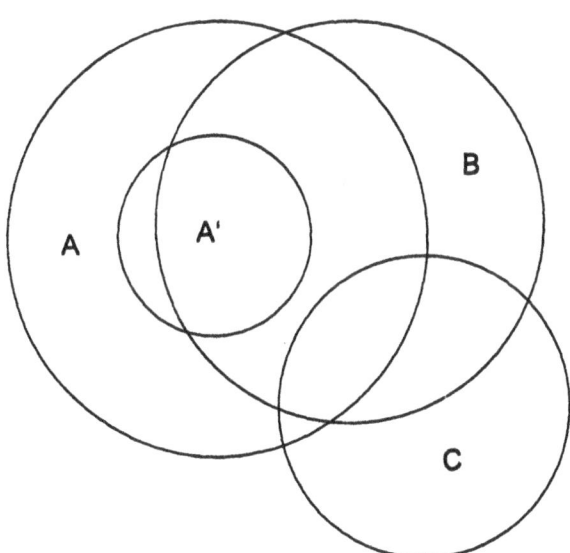

Abbildung 3: Menge zustimmungsfähiger Abkommen

Die Menge der zustimmungsfähigen Abkommen ist die Schnittmenge der individuell für all jene Staaten vorteilhaften Abkommen, die einem Abkommen zustimmen müssen, damit dieses wirksam wird. Deren Größe hängt von drei Faktoren ab.

- Je größer die Zahl der Staaten, deren Zustimmung benötigt wird, desto kleiner wird die Schnittmenge. A und B allein können sich auf mehr Abkommen einigen, als wenn sie auch auf die Zustimmung von C angewiesen sind.

- Je heterogener die Präferenzen der Staaten, desto kleiner wird die Schnittmenge. Wenn die Interessen von C schwerpunktmäßig nicht weit von denen von A entfernt lägen, sondern innerhalb der von A und B abgedeckten Fläche, so würde die Zustimmungserfordernis von C die Schnittmenge nicht schmälern.

- Je kleiner die Menge individuell vorteilhafter Abkommen wird, desto kleiner wird auch die Schnittmenge. Würde A „wählerischer" und sich seine Menge individuell vorteilhafter Abkommen auf A' verringern, so wäre kein Abkommen zwischen A und C mehr möglich.

Daraus folgt, dass es angesichts wachsender Beteiligung der Mitgliedsstaaten – in Form von mehr Mitgliedern sowie aktiverer Beteiligung und größerem Einfluss insbesondere der (ehemaligen) Entwicklungsländer – sowie angesichts ihrer zunehmenden Heterogenität schwieriger wird, zustimmungsfähige Abkommen zu finden.

Die Menge individuell vorteilhafter Abkommen wächst mit der größeren wirtschaftlichen Vorteilhaftigkeit internationaler Kooperation – lieber ein Abkommen, das den eigenen wirtschaftlichen Interessen nur mäßig entspricht, als gar kein Abkommen. Andere Entwicklungen hingegen lassen die Menge der individuell vorteilhaften Abkommen schrumpfen.

(1) Erfordernis normativer Konzessionen: Tiefergehende Integration, die auch nicht-wirtschaftliche Themenfelder berührt, betrifft vermehrt Werte und Normen. Angesichts wachsender Heterogenität der Mitgliedsstaaten ist daher vermehrt mit normativen Konflikten zu rechnen, und mehr normative Konzessionen sind vonnöten, um Abkommen zu schließen.[32] Bei der Einigung auf einen rein technischen Standard, etwa eine Zollformalität, übersteigt der materielle Gewinn im Allgemeinen die materiellen Kosten der Anpassung. Es entsteht somit verhältnismäßig leicht ein verteilungsfähiger Überschuss. Wenn hingegen normative Konzessionen die Vorteilhaftigkeit von Abkommen zusätzlich mindern, erachten Regierungen weniger Abkommen als dem nationalen oder parteipolitischen Interesse dienlich. Selbst wenn ein Abkommen, das Normen und

---

[32] Albrow (1998), Dunning (2000), Dunoff (1999), Esty (2002), Howse und Nicolaidis (2003) und Zampetti (2001).

Werte berührt, für eine Regierung vorteilhaft ist und sie zu den notwendigen normativen Abwägungen bereit ist, können nationale Gesetze – und insbesondere Verfassungen – normative Kompromisse auf internationaler Ebene verhindern.

(2) Politisierung auf nationaler Ebene: Tiefergehende Integration ist innenpolitisch umstrittener als traditionelle Handelspolitik. Insbesondere da Regierungen bemüht sind, keine politisch einflussreiche Interessensgruppe massiv zu verärgern, können innenpolitische Auseinandersetzungen die Kompromissbereitschaft von Regierungen auf internationaler Ebene lähmen. Zudem versuchen neben dem Handels- und Wirtschaftsministerium auch andere Ministerien – mit potentiell konfligierenden Zielen – Einfluss auf die Verhandlungsposition ihres Landes auszuüben.[33] Auch wenn aus diesem schwierigen Aushandlungsprozess auf nationaler Ebene eine Position resultiert, welche die Regierung engagiert international vertritt, so verfügen ihre Verhandlungsführer auf internationaler Ebene über weniger Spielraum, als wenn Regierungen ihre Verhandlungspositionen ohne breit angelegten innenpolitischen Diskurs vorgeben und anpassen können.

(3) Normative Selbstbindung: Schließlich sind Regierungen versucht, sich normativ an eine bestimmte Position zu binden, um ihre Stellung im internationalen Verhandlungspoker zu stärken oder innenpolitisch Popularität zu gewinnen. Eine glaubwürdige Bindung entsteht daraus, dass Regierungen politisch kostspielige Konflikte mit der inländischen und globalen Zivilgesellschaft austragen müssen, wenn sie von ihren normativ fundierten Positionen abweichen. Da internationale Verhandlungen normativer und transparenter werden und die Zivilgesellschaft an politischer Relevanz gewinnt, steigen die politischen Kosten für Regierungen, die eine normative Selbstbindung aufgeben. Damit wird die normative Selbstbindung für Regierungen attraktiver. Aus der innenpolitischen Dynamik, die eine normative Selbstbindung entfalten kann, ergibt sich die Gefahr, dass der internationale Verhandlungsprozess blockiert wird.

Da die Zahl und Heterogenität der Mitgliedsstaaten deutlich am Steigen ist, während die Menge der individuell vorteilhaften Abkommen zumindest nicht wesentlich wächst, schrumpft die Menge der für alle Mitgliedsstaaten zustimmungsfähigen Abkommen. Daher wird es wahrscheinlicher, dass kein zustimmungsfähiges Abkommen im Rahmen der verhandelten Themen und unter den herrschenden Abstimmungsverfahren existiert. Die Mitgliedsstaaten können daraufhin mehr Themen gleichzeitig verhandeln, um ein umfangreicheres Abkommen zu entwickeln, das hinreichend Zustimmung findet – allerdings erhöhen sie damit die Komplexität der Verhandlungen.

---

[33] Shaffer (2001), Shaffer (2004).

4.2 Strategische Interaktion bei Verhandlungen

Innerhalb der Menge der zustimmungsfähigen Abkommen müssen sich die Mitgliedsstaaten auf konkrete Abkommen einigen. Dabei stellen sich Probleme bezüglich der strategischen Interaktion der Mitgliedsstaaten. Diese halten Konzessionen zurück und verzögern möglicherweise ihre Zustimmung zu einem sich abzeichnenden Abkommen, um in weiteren Verhandlungen ihren Vorteil zu Lasten der anderen Akteure zu erhöhen.

Je mehr bei Verhandlungen auf dem Spiel steht und je geringer die Kosten einer Verzögerung ausfallen, desto länger verzögern die Mitgliedsstaaten Konzessionen und Zustimmung aus strategischen Gründen.[34] Auf dem Spiel steht nun die Verteilung von Vor- und Nachteilen der Kooperation; jede Regierung beansprucht möglichst viele Vorteile für das eigene Land und will möglichst wenige Konzessionen machen. Dahingegen entsprechen die Kosten der Verzögerung dem entgangenen Gewinn, also den Vorteilen abzüglich der Nachteile für den Zeitraum der Verzögerung. Dieser Zusammenhang lässt sich vereinfacht folgendermaßen darstellen:

$$\text{Härte der strategischen Interaktion} = \frac{\text{Vorteile} + \text{Nachteile}}{\text{Vorteile} - \text{Nachteile}}$$

Dass internationale Kooperation mit fortschreitender weltwirtschaftlicher Integration größere wirtschaftliche *Vorteile* einbringt, erhöht sowohl den auf dem Spiel stehenden Betrag als auch die Kosten der Verzögerung. Daher lassen sich hieraus keine eindeutigen Schlüsse hinsichtlich der Kompromissbereitschaft der Mitgliedsstaaten ziehen.

Den wirtschaftlichen Vorteilen stehen in Zukunft zunehmend *Nachteile* gegenüber. Denn zum einen wächst die Heterogenität der Staaten, weswegen die Staaten mehr Konzessionen machen müssen, um auf einen gemeinsamen Nenner zu kommen. Zum anderen können Mitgliedsstaaten nachteilige Auswirkungen internationaler Abkommen schlechter ausgleichen, da die Globalisierung ihre Handlungsfähigkeit schwächt und da die WTO ihren Handlungsspielraum einengt.[35] Bei traditionellen Vereinbarungen zur Marktöffnung durch den Abbau von Zollschranken blieb der Umgang mit den inländischen ökonomischen, sozialen und ökologischen Auswirkungen der Liberalisierung in der Hand der Mitgliedsstaaten, solange sie die vereinbarte Marktöffnung nicht unmäßig untergruben. Bei tiefergehender Integration werden den Mitgliedsstaaten weniger

---

[34] Fearon (1998).
[35] Dunoff (1999).

Möglichkeiten eingeräumt, die Auswirkungen internationaler Abkommen an ihre spezifischen Bedürfnisse anzupassen.

Das Übereinkommen über die Anwendung gesundheitspolizeilicher und pflanzenschutzrechtlicher Maßnahmen (SPS) beispielsweise schwächt das Recht der Mitgliedsstaaten, Importe aus Gesundheits-, Tier- oder Umweltschutzgründen einzuschränken. Basierend auf dem SPS können WTO-Streitschlichtungsinstanzen unter anderem überprüfen, ob Importbeschränkungen in ungerechtfertigter Weise zwischen Anbietern diskriminieren oder ob sie den Handel stärker hemmen als zur Erreichung des politischen Ziels notwendig ist. Auch wenn diese Regelungen den Mitgliedsstaaten keine gesundheitlichen, tierrechtlichen oder ökologischen Standards vorschreiben, so üben sie doch einen indirekten Harmonisierungsdruck aus, da nationalstaatlichen Regelungen, die von der verbreiteten Praxis der Mitgliedsstaaten und den Empfehlungen standardsetzender Institutionen abweichen, anfechtbar werden.[36] Zudem besteht die Gefahr einer zukünftig restriktiveren gerichtlichen Auslegung der nationalstaatlichen Regelungsbefugnis durch die WTO.

Neben einer solchen indirekten Harmonisierung von Standards durch die Rechtsprechung legt die globale wirtschaftliche Integration auch eine direkte, globale Harmonisierung nationaler Standards nahe.[37] Die weltweite Vereinheitlichung des Rechts geistigen Eigentums beispielsweise würde die Kosten eindämmen, die Ersteller geistigen Eigentums zu dessen Schutz auf sich nehmen müssen. Diese fallen an, wenn die Ersteller sich bemühen, weltweit abzuklären, welchen Schutz sie für ihr geistiges Eigentums beanspruchen können, diesen Schutz zu erlangen und tatsächlich durchzusetzen. Auch bei der Verwaltung und in der Rechtsprechung ließen sich wesentliche Einsparungen erzielen, wenn der rechtliche Flickenteppich in ein weltweit gültiges Recht am geistigen Eigentum überführt werden würde. Einem diesbezüglichen Abkommen stehen zum einen materiell-wirtschaftliche Verteilungsstreitigkeiten im Wege, etwa darüber, wie ein globales Eigentumsrecht auszugestalten wäre – wobei jeder Staat eine für die eigene Volkswirtschaft günstige Lösung anstrebt – und wie die Erlöse aus der Gewährung globaler Eigentumsrechte zu verwenden wären. Zum anderen kommen ideelle Streitpunkte hinzu – die Staaten praktizieren unterschiedliche Ansätze zum Schutz geistigen Eigentums, die sie für besonders geeignet oder normativ angemessen halten. Um zu einer Einigung zu gelangen, sind Kompromisse unumgänglich: Die USA mögen sich bei einem globalen Abkommen sorgen, dass der Anreiz zu medizinischer Forschung zu Lasten der Patienten unverhältnismäßig geschwächt würde, der EU mag die Patentierung des genetischen Codes von Lebewesen aus gesundheitlichen und ökologischen Besorgnissen heraus widerstreben, und die Entwicklungsländer mögen die soziale Befürchtung hegen, dass Kleinbauern von multinationalen Saatgut-Konzernen abhängig gemacht

---

[36] Heiskanen (2004).
[37] Barton (2004).

werden. Wie auch immer die konkreten normativen Konzessionen ausfallen mögen, führt kein Weg an ihnen vorbei, wenn Standards über einen engen Bereich rein technischer Absprachen hinaus weltweit harmonisiert werden.

Die größere Heterogenität der Mitgliedsstaaten erfordert also mehr Konzessionen, während die abnehmende autonome Regelungsfähigkeit und -berechtigung es den Mitgliedsstaaten erschwert, aus WTO-Regelungen hervorgehende Nachteile zu mindern. Mit anderen Worten, die Nachteile der Kooperation nehmen zu. Das bedeutet, dass mehr auf dem Spiel steht und gleichzeitig Verzögerungen weniger kosten. Verhandlungen ziehen sich entsprechend länger hin, bringen weniger weitreichende Ergebnisse hervor und scheitern eher.

Der traditionelle minilaterale Entscheidungsprozess – der nur auf die Einigung zwischen einigen mächtigen Staaten angewiesen war, woraufhin die minilaterale Einigung, notfalls über Drohungen, multilateralisiert wurde – minderte diese Problematik strategischer Interaktion, indem die Anzahl der zu harten Verhandlungen fähigen Staaten, die eine Einigung blockieren können, gering gehalten wurde. Die Entwicklungen im Umfeld der WTO haben jedoch gezeigt, dass eine breitere Beteiligung der Mitgliedsstaaten an die Stelle des minilateralen Entscheidungsprozesses tritt und somit mehr Staaten beziehungsweise Gruppen von Staaten in der Lage sind, aus strategischem Kalkül Verzögerungen herbeizuführen.

4.3   Komplexität von Verhandlungen

Eigene zustimmungsfähige Vorschläge zu entwickeln, die Menge der unterbreiteten Vorschläge zu evaluieren und sich sodann auf einen Vorschlag zu einigen, ist ein hochgradig komplexes Unterfangen. Dies kann Verhandlungsführer in ihrer Fähigkeit, Informationen zu speichern, zu verarbeiten und zu kommunizieren, überfordern. Daher können Abkommen selbst dann hinter den vorteilhaftesten Lösungen zurückbleiben, wenn sich alle Mitgliedsstaaten kooperativ verhalten. Tatsächlich erhöhen mehrere Faktoren die Komplexität von WTO-Verhandlungen und führen so zu verstärkten Ineffizienzen: die Unsicherheit über die Auswirkung von Abkommen nimmt zu, in sich kohärente Abkommen zu entwickeln wird gleichzeitig wichtiger und schwieriger, die Zahl relevanter Vorschläge wächst und Kommunikationsprobleme verschärfen sich.

(1) Unsicherheit über die Auswirkung von Abkommen: Ursächlich für die wachsende Unsicherheit über die Auswirkung von Abkommen sind tiefergehende Integration und vermehrte themenübergreifende Interdependenzen.

Zum einen bringen Abkommen, die Standards setzen oder Normen und Werte berühren, nicht mehr notwendigerweise allen Mitgliedsstaaten Gewinne, wie es die traditionelle Handelstheorie für Freihandelsabkommen verspricht.[38] Zugleich lässt tiefergehende Integration den Staaten weniger Spielraum, negative Auswirkungen von WTO-Abkommen durch Inlandsmaßnahmen auszugleichen. Unerwartete, nachteilige Auswirkungen schlagen also stärker auf die nationale Wohlfahrt durch.

Zum Beispiel verlieren Entwicklungsländer zumindest kurzfristig durch das Abkommen über den Schutz intellektuellen Eigentums (TRIPs), aufgrund dessen sie Lizenzgebühren zahlen oder Güter, die geschütztes geistiges Eigentum enthalten, zu erhöhten Preisen importieren müssen. Unter dem Import von hormonbehandelten Fleischprodukten aus den USA leiden in den Augen der EU unmittelbar die Gesundheit der Konsumenten sowie langfristig die Möglichkeit, die europäische Fleischproduktion unter gesundheitspolitischen Aspekten zu regulieren. Die Skala möglicher Auswirkungen von WTO-Abkommen weitet sich folglich aus und umfasst verstärkt auch die Verlustseite.

Zum anderen wird es schwieriger einzuschätzen, welche Auswirkungen innerhalb der sich weitenden Skala eintreten werden.[39]

- Die ökonomischen Effekte tiefergehender Integration in neuen Regulierungsgebieten der WTO sind komplizierter als die ökonomischen Effekte oberflächlicher Integration, die Handelsmaßnahmen in Bezug auf traditionelle Industrien verbietet. Beispielsweise sind die Auswirkungen TRIPs-Abkommens auf den Biotechnologie-Sektor schwieriger einzuschätzen als die Auswirkungen von Zollabbau auf die Stahlindustrie.

- Nicht-wirtschaftliche Anliegen werden von WTO-Abkommen stärker betroffen – und lassen sich naturgemäß kaum kalkulieren.

- Schließlich müssen die Verhandlungspartner das Wechselspiel zwischen WTO-Abkommen und den Abkommen anderer internationaler Institutionen vermehrt beachten. Vor allem multilaterale Umweltschutzabkommen stehen potentiell mit der WTO in Konflikt.

Der Grad an Unsicherheit macht sich auf drei Wegen bemerkbar:

- Risiko-averse Staaten halten sich in Verhandlungen zurück. Je stärker die Mitgliedsstaaten von der WTO abhängen, desto vorsichtiger werden risiko-averse Mitgliedsstaaten sein, wenn es darum geht, nur bedingt kalkulierbare, möglicherweise kostspielige Verpflichtungen einzugehen (siehe Kap. 6.1).

---

[38] Bhagwati (2001), Clive und Kirkpatrick (2004), Dunning (2000), Howse (2002).
[39] Haas (1992), Jackson (2002).

- Da jeder Staat die Auswirkungen auf die eigene Wohlfahrt am Besten einschätzen kann, besteht zudem der Anreiz, möglichst wenig eigene Informationen preiszugeben und die Verhandlungspartner zu täuschen. Dieser interessensgeleitete Umgang mit ungleich verteiltem Wissen verursacht weitere Ineffizienzen im Verhandlungsprozess.[40]

- Außerdem werden Verhandlungen nicht nur dadurch beeinträchtigt, dass die zukünftigen Auswirkungen der gegenwärtig auf dem Tisch liegenden Vorschläge unsicher sind, sondern auch dadurch, dass Staaten, die sich in vergangenen Verhandlungen verschätzt haben, in gegenwärtigen Verhandlungen Kompensation einfordern. So führten die Beschwerden vieler Entwicklungsländer, aus dem Uruguay-Abkommen zu wenig profitiert zu haben, zu Forderungen, die zum Scheitern der Ministerkonferenzen in Seattle und Cancún beitrugen.[41]

(2) **Kohärenz der Abkommen:** Ein weiterer Aspekt zunehmender Komplexität besteht in dem wachsenden Anspruch an die Verhandlungsführer, in sich kohärente Abkommen auszuhandeln.[42] Im Fall von traditionellen Marktöffnungsverhandlungen lässt sich der Abbau von verschiedenen Handelsbarrieren für verschiedene Güter frei kombinieren, um zu einem zustimmungsfähigen Vorschlag zu gelangen. Aus Effizienzgesichtspunkten gilt der einfache Leitfaden: Je weniger Barrieren, desto größer die globale Wohlfahrt. Bei tiefergehender Integration wirken die einzelnen Bestandteile eines Abkommens auf komplexere Weise zusammen. Daher muss die Auswirkung auf die Effizienz des Gesamtabkommens beachtet werden, wenn in einem Bereich Änderungen vorgenommen werden, um einen Vorschlag für widerstrebende Mitgliedsstaaten akzeptabel zu machen.

Das Abkommen über das öffentliche Beschaffungswesen, dem nur ein Teil der WTO-Mitgliedsstaaten angehört, bietet ein Beispiel, wie die Lösung von Verteilungsstreitigkeiten die Effektivität der Regelungen beeinträchtigen kann. Damit etwa die EU verpflichtet ist, bei öffentlichen Beschaffungen eine bestimmte Vergabepraxis gegenüber US-amerikanischen Unternehmen einzuhalten, müssen die USA ihrerseits entsprechende Vergabeverfahren gegenüber europäischen Unternehmen verwenden. Dies stellt zwar sicher, dass kein Staat ein Recht gewähren muss, das ihm nicht selbst eingeräumt wird. Jedoch ist das Abkommen umständlich und wenig wirksam – es ist zu intransparent, um Transparenz in das öffentliche Beschaffungswesen zu bringen.[43]

---

[40] Fudenberg und Tirole (1991), Muthoo (1999).
[41] Raghavan (2000).
[42] Esty (2002), Heiskanen (2004).
[43] Gaedtke (2003).

(3) Zahl relevanter Vorschläge: Zudem steigt die Komplexität von Verhandlungen mit der Zahl relevanter Vorschläge. Diese war in der Vergangenheit verhältnismäßig gering. In den Nachkriegsjahrzehnten basierte das Weltwirtschaftssystem auf der (im westlichen Lager) weithin geteilten Vorstellung, dass der Handel durch multilaterale Abkommen liberalisiert werden sollte, ohne weitreichend in die Souveränität der Mitgliedsstaaten einzugreifen. Dadurch war Handelsliberalisierung mit unterschiedlichen marktwirtschaftlichen Gesellschaftsmodellen vereinbar. Diese Vorstellungen gaben Richtung und Modus der Verhandlungen in den Grundzügen vor.[44]

Heute kann dieses Paradigma wenig Orientierung bieten, da internationale Abkommen auf tiefergehende Integration abzielen und themenübergreifende Interdependenzen handhaben müssen, während der Nationalstaat – dessen Souveränität gemäß des veralteten Paradigmas bewahrt werden sollte – von der Globalisierung aufgeweicht wird. Kein alternatives Paradigma kann gegenwärtig die Nachfolge antreten; die Idee der Nachhaltigkeit ist zu umstritten, sobald es nicht um allgemeine Absichtserklärungen, sondern um prioritäre Ziele und Maßnahmen geht. Daher gelangen verschiedenartige Vorstellungen, die unterschiedliche Ziele und Maßnahmen rechtfertigen können, parallel in die WTO. An die Stelle des kollektiven Credos, multilateral Zölle zu senken, tritt die Diskussion um institutionelle Strukturen, um Mindest- und Höchststandards, sowie um konträre Konzepte, wie tiefergehende Integration umzusetzen sei.

Eine größere Bandbreite von Vorschlägen kann daher mit stichhaltigen Argumenten vertreten werden. Die wachsende Beteiligung und Heterogenität der Mitgliedsstaaten bedeutet, dass ein steigender Anteil der vertretbaren Vorschläge auch tatsächlich unterbreitet wird. Zusätzlich werden die Vorschläge komplexer und tangieren stärker Werte und Normen, so dass es aufwendiger wird, Vorschläge zu verarbeiten.

(4) Kommunikation: Ein letzter Gesichtspunkt wachsender Komplexität von Verhandlungen betrifft die Kommunikation zwischen den Verhandlungsführern. In der Vergangenheit war die WTO von spezialisierten Diplomaten geprägt, die über viele Jahre hinweg abseits des öffentlichen Interesses informelle Netzwerke und eine gemeinsame, bürokratisch-elitäre Identität entwickelten.[45] Diese Organisationskultur und das daraus hervorgehende Sozialkapital, das Verhandlungen erleichterte, geht mit tiefergehender Integration, zunehmenden themenübergreifenden Interdependenzen, stärkerer Beteiligung der Zivilgesellschaft und fortschreitender Verrechtlichung der WTO verloren.[46] Das Spektrum derjenigen, die Verhandlungen führen oder diese einflussreich begleiten, weitet sich und umfasst vermehrt Politiker und Vertreter der Zivilgesellschaft sowie Bürokraten aus anderen Ministerien als nur aus dem Wirtschafts- und Außenministerium. Somit

---

[44] Heiskanen (2004), Howse (2002), Jackson (1997), Ruggie (1992).

[45] Keohane und Nye (2001), Weiler (2001).

[46] Esty (2002), Keohane und Nye (2001), Petersmann (2001).

treffen Verhandlungsführer und -positionen aufeinander, die unterschiedliche, teilweise entgegengesetzte Weltanschauungen und Diskussionsstile aufweisen. Da das Feilschen um Konzessionen beziehungsweise die Suche nach Lösungen erst beginnen kann, wenn die Akteure eine gemeinsame Wissensbasis als Grundlage geschaffen und eine Verhandlungsform gefunden haben, verzögern sich so die Verhandlungen.[47]

Andererseits können prinzipielle Meinungsverschiedenheiten deliberative Kommunikation anregen, wenn die Akteure nicht in gewohnten Bahnen ihren „Kuhhandel" abwickeln können, sondern grundsätzlich diskutieren müssen. Deliberative Kommunikation ist nicht nur eine besonders legitime Form der Verhandlungsführung, wie in Kapitel 4 im Zusammenhang legitimer Vertragsentstehung ausgeführt wurde, sondern auch eine besonders effektive. Die gemeinsame, gleichberechtigte Suche aller Mitgliedsstaaten nach geeigneten Lösungen lässt die strategische Interaktion in den Hintergrund treten und erlaubt, die Komplexität von Verhandlungen besser zu bewältigen.

Insgesamt lässt sich angesichts der Entwicklungen, die das künftige Ausmaß deliberativer Kommunikation beeinflussen, nicht vorhersagen, in welchem Umfang diese effektive Verhandlungsform in der WTO zukünftig mehr oder weniger zum Tragen kommt. Wie in Kapitel 4 gesehen, erschwert die aktivere Beteiligung der wachsenden Zahl von Mitgliedsstaaten in der WTO den persönlichen, zielgerichteten und interaktiven Meinungsaustausch als Grundlage deliberativer Kommunikation. Zudem verhindert die verstärkte Politisierung der WTO auf nationaler Ebene, dass Regierungen ihre Vorstellungen im Rahmen deliberativer Verhandlungen ändern und ihre Verhandlungsposition entsprechend anpassen könnten. Demgegenüber schafft die Machtverlagerung zu Gunsten der (ehemaligen) Entwicklungsländer günstigere Voraussetzungen für deliberative Kommunikation. Auch die zunehmende Unsicherheit über die Auswirkungen von WTO-Abkommen stimuliert deliberative Kommunikation. Dass sich die Zivilgesellschaft selbstbewusster auf WTO-Ebene einmischt, erzwingt einerseits normative Debatten und begünstigt eine globale Perspektive anstelle nationalen Vorteilsdenkens. Andererseits schrecken Verhandlungsführer im öffentlichen Rampenlicht eher vor offener Ausdrucksweise zurück.

4.4 Orientierung an Verhandlungsnormen

Im Verlauf der WTO-Verhandlungsrunden hat die internationale Gemeinschaft Normen darüber entwickelt, wie Verhandlungen angemessen zu führen sind. Insbesondere umreißen Normen – auf eher spezifische oder eher allgemeine Weise – welche Konzessionen von den Mitgliedsstaaten erwartet werden. Wenn solche Verhandlungsnormen von den Mitgliedsstaaten respektiert werden,

---

[47] Haas (1992), Sjöstedt (1994), Young (1999).

erleichtern sie WTO-Verhandlungen, indem Staaten ihre eigenen Konzessionen und die der anderen daran messen können. Die Mitgliedsstaaten können die Verhandlungsnormen befolgen, weil sie diese für legitim halten, oder sie halten sich an Verhandlungsnormen, weil sie der konkreten Erwartungshaltung der internationalen Gemeinschaft, die sich aus diesen Normen ableitet, nicht widersprechen wollen.

Ein Beispiel für eine eher *spezifische* Verhandlungsnorm ist die Erwartung der internationalen Gemeinschaft in der Uruguay-Runde, dass die Industrieländer ihre Handelshemmnisse um ein Drittel und die Entwicklungsländer die ihrigen um ein Viertel reduzierten. Jedoch ist es bereits bei der Beseitigung von Handelsmaßnahmen kompliziert, spezifische Verhandlungsnormen in der Praxis anzuwenden.

- Wie sollen Zollsenkungen und die Beseitigung mengenmäßiger Importbeschränkungen miteinander verrechnet werden?

- Wie soll die Reduktion von Handelshemmnissen für verschiedene Güter und Verarbeitungsstufen auf einen Nenner gebracht werden?

- Wie soll das bestehende Niveau an Handelshemmnissen in den Forderungen nach zusätzlicher Marktöffnung berücksichtigt werden?

In Anbetracht derartiger Unklarheiten fällt es den Mitgliedsstaaten schwer, spezifische Verhandlungsnormen gemeinsam zu definieren und ihre Einhaltung zu gewährleisten. In vergangenen WTO-Handelsrunden haben spezifische Verhandlungsnormen dennoch eine hilfreiche Rolle gespielt. Diese Unterstützung versagt bei Verhandlungen über tiefergehende Integration. Wenn WTO-Vereinbarungen beispielsweise nationale Investitions- oder Wettbewerbspolitik kontrollieren sollen, ist es nicht möglich, aus einer Verhandlungsnorm für jeden Staat eine Zielvorgabe abzuleiten und ihm Freiraum bei der Erfüllung zu lassen.

Bei den *allgemeinen* Leitvorstellungen, wie Verhandlungen normativ angemessen zu führen sind, ist die Vorstellung hervorzuheben, dass Staaten das Allgemeinwohl der internationalen Gemeinschaft achten sollen.[48] Sobald ein bestimmter Vorschlag ein gewisses Maß an Zustimmung in der internationalen Gemeinschaft gefunden hat, konkretisiert sich diese allgemeine Leitvorstellung in der normativen Erwartung, dass sich alle Staaten diesem Vorschlag anschließen.[49]

Staaten, die sich dieser Erwartungshaltung widersetzen, müssen internationalem Druck widerstehen. Dieser beruht zum einen darauf, dass die internationale Gemeinschaft gegenüber einem Staat, der eine kränkelnde, importkonkurrierende Industrie schützt, überzeugend darlegen kann, dass andere Regierungen durch ein Abkommen über Handelsliberalisierung vergleichbare

---

[48] Finger, Reincke und Castro (1999), Ruggie (1992).
[49] Drahos (2003), Kahler (1992).

polit-ökonomische Probleme auf sich nehmen. Zum anderen beruht der Druck darauf, dass die internationale Gemeinschaft aufzeigen kann, dass der betreffende Staat seine Wohlfahrt erhöhen könnte, würde er dem internationalen Liberalisierungsabkommen zustimmen und gleichzeitig inländische Programme für einen effizienten und sozial abgefederten Strukturwandel durchführen. Wenn eine Regierung ihre Kooperation dennoch verweigert, scheint ihr Verhalten, aus Kurzsichtigkeit oder innenpolitischer Schwäche heraus, gegen die Staatengemeinschaft gerichtet. Diese Regierung durch internationalen Druck zur Räson zu bringen, wird somit legitim.

Eine solche plausible Argumentation, die als Grundlage für kollektiven Druck dienen könnte, wird dadurch kompliziert, dass Werte, Normen und Wissen für internationale Abkommen an Relevanz gewinnen und die Unsicherheit über die Auswirkung von Abkommen wächst. Das Argument, dass andere Staaten ähnliche Konzessionen machen müssen, wird somit anfechtbar, da sich normative Konzessionen schwer vergleichen lassen. Auch lässt sich in Anbetracht der Unsicherheit, wie sich Abkommen auswirken werden, nicht eindeutig identifizieren, wann ein Staat opportunistisch seinen Gewinn aus einem Abkommen vergrößern möchte, und wann er berechtigterweise versucht, eine Benachteiligung aus einem Abkommen abzuwenden. Daher fällt es der internationalen Gemeinschaft zunehmend schwerer, normativ begründeten Druck auf solche Staaten auszuüben, die Konzessionen oder ihre Zustimmung zu Abkommen verweigern.

4.5   Zusammenfassung

Aus den genannten Gründen ist zu schließen, dass die gegenwärtigen Probleme einer neuen Welthandelsrunde strukturell angelegt sind. Die gescheiterten Verhandlungen in Seattle und Cancún sind nicht allein auf schlechte Verhandlungsvorbereitung oder das Zusammentreffen unglücklicher Umstände zurückzuführen, sondern sind als Alarmzeichen aufzufassen, die auf fundamentale Schwierigkeiten des gegenwärtigen Systems hinweisen. Auch die Wiederaufnahme der Doha-Runde in Genf 2004 ist kein Zeichen für eine Trendwende. Um lediglich einen Rahmen für die noch anstehenden konkret-inhaltlichen Verhandlungen festzulegen, wurde ein beträchtlicher Teil der Verhandlungsagenda aufgegeben. Außerdem kam das Ergebnis unter besonderen Umständen zustande, die nicht dauerhaft bestehen bleiben werden:[50] Die Entwicklungsländer und die Zivilgesellschaft erwarteten nach ihrer Machtdemonstration in Cancún nicht, dass in Genf erwähnenswerte Entscheidungen getroffen würden, und waren „überrumpelt". Dahingegen hatten die USA und die EU mit harten Bandagen eine Entscheidung in Genf vorbereitet, beispielsweise indem die Bildung von regionalen

---

[50] The Seattle to Brussels Network (2004).

Integrationsabkommen und der Fluss von Entwicklungshilfegeldern von der Nachgiebigkeit der Entwicklungsländer abhängig gemacht wurden.

Die Entwicklungen im Umfeld der WTO lassen die Menge der für alle Mitgliedsstaaten zustimmungsfähigen Abkommen schrumpfen. Da die Beteiligung und Heterogenität der Mitgliedsstaaten steigt, wird es immer schwieriger, Abkommen zu finden, von denen sämtliche Mitgliedsstaaten profitieren, deren Zustimmung benötigt wird. Daneben hängt die Menge der kollektiv zustimmungsfähigen Abkommen von der Menge der individuell vorteilhaften Abkommen ab. Wenn es aus der Perspektive der einzelnen Staaten jeweils eine Vielzahl von Abkommen gibt, durch die sie individuell besser gestellt würden, so lässt sich einfacher ein für alle gewinnbringendes Abkommen finden, als wenn die einzelnen Staaten auf wenige Optionen festgelegt sind. Wie sich die Menge der individuell vorteilhaften Abkommen entwickeln wird, ist unklar. Sie wird zumindest nicht so weit zunehmen, dass sie den Effekt wachsender Beteiligung und Heterogenität der Mitgliedsstaaten kompensiert.

Zudem führen die Entwicklungen im Umfeld der WTO eher dazu, dass die Mitgliedsstaaten beim Versuch, sich auf eines der möglichen Abkommen zu einigen, Verzögerungen, ineffiziente Ergebnisse oder gar ein Scheitern hinnehmen müssen.

Dies liegt zum Teil an der verschärften strategischen Interaktion der Mitgliedsstaaten, von denen meist ein jeder einen möglichst großen Vorteil für sich herauszuschlagen versucht. Ursache für die heftigeren Konflikte sind die größere Heterogenität der Mitgliedsstaaten, ihre reduzierte autonome Regelungsfähigkeit und -berechtigung, sowie der Wandel von einem minilateralen Entscheidungsprozess hin zu einer breiteren Beteiligung der Mitgliedsstaaten in der WTO.

Eine weitere Schwierigkeit, sich auf ein Abkommen zu einigen, liegt in der steigenden Komplexität der WTO-Verhandlungen begründet. Die zunehmende Unsicherheit über die Auswirkung von Abkommen, der wachsende Anspruch an die Verhandlungsführer, in sich kohärente Abkommen auszuhandeln, die gestiegene Zahl relevanter Vorschläge und die aufkommenden Kommunikationsprobleme erschweren die Verhandlungen.

Schließlich bieten sowohl spezifische wie auch allgemeine Verhandlungsnormen weniger Unterstützung im Aushandlungsprozess. Diese Hindernisse effizienter, internationaler Verhandlungen sind in Tabelle 4 zusammengefasst.

Tabelle 4: Probleme bei Verhandlungen

Entwicklungen	Ursachen
Reduzierte Menge zustimmungsfähiger Abkommen	Zunehmende Beteiligung der Mitgliedsstaaten, größere Heterogenität der Mitgliedsstaaten, nicht wesentlich steigende Menge der individuell vorteilhaften Abkommen
Härtere strategische Interaktion	Größere Heterogenität der Mitgliedsstaaten, reduzierte autonome Regelungsfähigkeit und -berechtigung, zunehmende Beteiligung der Mitgliedsstaaten
Größere Komplexität von Verhandlungen	Mehr Unsicherheit über die Auswirkung von Abkommen, wachsender Anspruch an die Verhandlungsführer, in sich kohärente Abkommen auszuhandeln, wachsende Zahl relevanter Vorschläge, aufkommende Kommunikationsprobleme
Verminderte Orientierung an Verhandlungsnormen	Erschwerte Entwicklung und Anwendung spezifischer und allgemeiner Verhandlungsnormen

5 Durchsetzung von WTO-Abkommen

Weit überwiegend halten die Mitgliedsstaaten ihre WTO-Verpflichtungen ein. Doch gelegentlich errichten Regierungen Handelshemmnisse, die gegen WTO-Recht verstoßen. Seitdem das Streitschlichtungssystem im Zuge der WTO-Gründung vor zehn Jahren reformiert wurde, sind weit über 200 Fälle von Regelverstößen vor den WTO-Streitschlichtungsinstanzen verhandelt worden.[51] Dabei erweist sich, dass Regelverstöße weniger unlösbaren Implementationsproblemen, als vielmehr bewussten Regierungsentscheidungen geschuldet sind.

Wieso Regierungen ihren WTO-Verpflichtungen manchmal willentlich nicht nachkommen, lässt sich entlang von drei Perspektiven erklären. Diesen drei Erklärungsansätzen fällt je nach Regierung und Situation ein unterschiedliches Gewicht zu.

(1) Nationales Interesse: Regierungen können sich als verantwortliche Vertreter ihres Landes sehen und dessen Interessen für die ihrigen halten. Um über die Einhaltung von WTO-Verträgen zu entscheiden, saldieren Regierungen entsprechend die wirtschaftlichen und nicht-wirtschaftlichen Vor- und Nachteile von Vertragsverletzungen sowie die durch Vertragsverletzungen hervorgerufenen Schäden am Ansehen ihres Landes in der internationalen Gemeinschaft und am systemischen Interesse ihres Landes an der WTO. Letzteres folgt aus den Vorteilen, welche die effektive und stabile Funktionsfähigkeit des WTO-Systems langfristig bietet.

(2) Innenpolitischer Druck: Regierungen können sich von innenpolitischen Interessen, wie gesellschaftlicher Anerkennung, Zustimmung in der eigenen Partei und Wiederwahl, leiten lassen. Wie Regierungen diesen Interessen am Besten dienen können, hängt vom polit-ökonomischen und gesellschaftspolitischen Druck ab, der auf sie einwirkt. Ob der Druck von polit-ökonomischen Interessensvertretern auf Einhaltung oder Missachtung der WTO-Regeln abzielt, ergibt sich aus dem Kräftemessen zwischen import-konkurrierenden und exportorientierten Unternehmen. In welche Richtung der gesellschaftspolitische Druck weist, hängt von den Interessen und normativen Überzeugungen der inländischen Gesellschaft ab.

(3) Normative Überzeugung: Regierungen können sich nach ihrer normativen Überzeugung richten. Einerseits wollen sie legitime WTO-Abkommen befolgen, andererseits fühlen sie sich berechtigt und verpflichtet, WTO-Regeln zu missachten, die ihren eigenen Normen zuwiderlaufen. Die Normen der Regierenden können beispielsweise vorschreiben, bestimmte nicht-wirtschaftliche Güter zu schützen oder die Meinung der internationalen Gemeinschaft zu achten.

---

[51] Leitner und Lester (2004).

Das nationale Interesse, der innenpolitische Druck und die normative Überzeugung der Regierenden können sowohl für als auch gegen einen Regelverstoß sprechen. Die Perspektiven beziehen sich dabei weitgehend auf die Konsequenzen, welche Regeleinhaltung beziehungsweise -verstoß auf die eigene Volkswirtschaft, das Ansehen in der internationalen Gemeinschaft, die systemische Funktionsfähigkeit der WTO und die eigenen nicht-wirtschaftlichen Anliegen haben würden.

Beispielsweise kann der Verlust an Ansehen in der internationalen Gemeinschaft Regierungen sowohl dadurch zur Regeleinhaltung bewegen, dass ein hohes Ansehen im nationalen Interesse liegt, dem Regierungen dienen wollen, als auch dadurch, dass sich innenpolitischer Widerstand gegen Vertragsverletzungen regt, die dem internationalen Ansehen des eigenen Landes schaden. Dieser Zusammenhang ist in Abbildung 4 dargestellt.

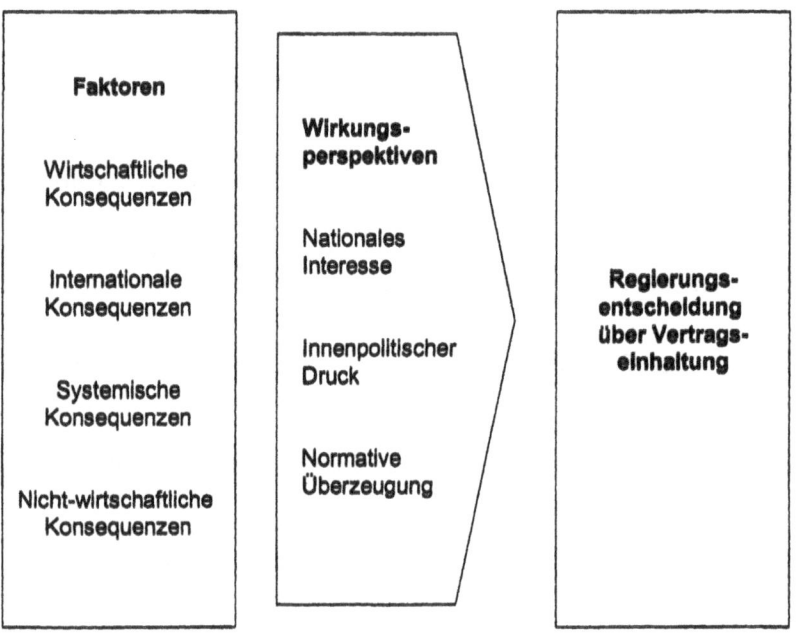

Abbildung 4: Durchsetzung von WTO-Abkommen

Im Folgenden wird zunächst analysiert, wie die Entwicklungen im Umfeld der WTO die Regierungsentscheidungen über die Einhaltung von WTO-Verpflichtungen entlang dieser drei Perspektiven beeinflussen (Abschnitt 5.1-5.3).

Im Anschluss richtet sich die Aufmerksamkeit auf unerwartete Auswirkungen von WTO-Abkommen und Situationen, in denen sich die Präferenzen der Regierungen oder der inländischen Gesellschaften überraschend wandeln (Abschnitt 5.4). Hier liegt ein wichtiger Beitrag zur Erklärung von Vertragsverletzungen, da WTO-Abkommen allgemein in gutem Glauben geschlossen werden – also mit der Absicht, die freiwillig akzeptierten Verpflichtungen einzuhalten. Es bedarf damit einer unvorhergesehenen Entwicklung, damit Regierungen gegen WTO-Regeln verstoßen.

Abschließend wird die optimale Regeleinhaltung betrachtet (Abschnitt 5.5). Einerseits ist ein möglichst hoher Grad an Regeleinhaltung günstig, um die Kosten von Vertragsverletzungen für die internationale Gemeinschaft zu minimieren. Andererseits sind derart starke Durchsetzungsmechanismen, dass alle Staaten ihre Verpflichtungen uneingeschränkt erfüllen, nicht wünschenswert, weil die Mitgliedsstaaten Freiraum brauchen, um auf unerwartete Entwicklungen reagieren zu können. Es gilt zu klären, wie die Entwicklungen im Umfeld der WTO den Grad optimaler Regeleinhaltung verändern.

Inwieweit die Durchsetzung von WTO-Abkommen künftig problematisch sein wird, ergibt sich aus dem Vergleich optimaler und tatsächlicher Regeleinhaltung, wie sie in Folge der Entwicklungen im Umfeld der WTO zu erwarten sind. Dieser Zusammenhang ist in Abbildung 5 dargestellt.

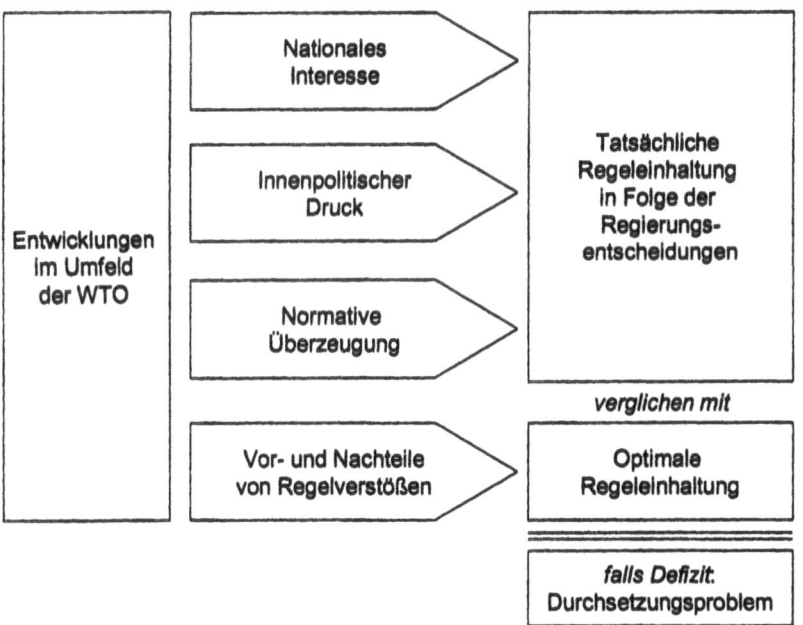

Abbildung 5: Einfluss der Entwicklungen im Umfeld der WTO auf die Durchsetzung

Das Verhältnis von optimaler und tatsächlicher Regeleinhaltung ist zentral für die Ausgestaltung von Reformvorschlägen: Falls die Durchsetzung der Abkommen ein kritisches Problem darstellt, müssen die Strukturen der WTO vorrangig mit dem Ziel verändert werden, die Durchsetzungskraft der WTO zu erhöhen. Falls die Durchsetzung der Abkommen hingegen ein Selbstläufer ist, können die Strukturen an anderen Zielen ausgerichtet werden.

Handelssanktionen gegenüber vertragsbrüchigen Staaten, zu denen geschädigte Staaten von der WTO ermächtigt werden können, werden in diesem Kapitel nicht angesprochen. Diese stellen zwar einen wesentlichen Aspekt der Durchsetzung von WTO-Abkommen dar. Da exportorientierte Unternehmen Sanktionen fürchten, die ihnen den Zugang zu ihren Märkten erschweren, üben sie Druck auf ihre Regierungen aus, sich an die WTO-Abkommen zu halten. Außerdem verstärken Sanktionen das nationale Interesse an Regeleinhaltung, an das sich Regierungen gebunden fühlen können. Allerdings sind Sanktionen primär von der institutionellen Ausgestaltung der WTO und nicht von den Entwicklungen im Umfeld der WTO abhängig. Daher werden Sanktionen erst im Zusammenhang mit der geeigneten Ausgestaltung der Durchsetzungsmechanismen in Kapitel 10 diskutiert.

5.1   Nationales Interesse

Das nationale Interesse an Einhaltung oder Bruch von WTO-Abkommen beruht im Wesentlichen auf vier Pfeilern: dem unmittelbaren wirtschaftlichen Interesse, dem Interesse am eigenen Ansehen in der internationalen Gemeinschaft, dem systemischen Interesse an der Funktionsfähigkeit der WTO und dem nicht-wirtschaftlichen Interesse.

(1) **Wirtschaftliche Interessen:** Wie im Eingangskapitel angesprochen, bringt Freihandel zahlreiche wirtschaftliche Vorteile. Dennoch können handelshemmende Maßnahmen eines Landes in seinem wirtschaftlichen Interesse liegen.

Zum einen können Handelshemmnisse die Austauschverhältnisse auf dem Weltmarkt zugunsten des Inlandes beeinflussen. Wenn Regierungen nämlich ausländische Anbieter bezollen, senken diese im Allgemeinen ihre Einfuhrpreise, um nicht durch die zollbedingte Verteuerung ihres Produktes einen zu großen Marktanteil zu verlieren. Damit kann das Inland die ausländischen Produkte im Austausch für weniger eigene Leistung beziehen. Zum anderen können Regierungen strategische Industriepolitik mit der Absicht betreiben, ihren Unternehmen durch Subventionen und Zölle einen langfristigen Wettbewerbsvorteil zu verschaffen.

Ob sich handelshemmende Maßnahmen auszahlen, hängt wesentlich vom Grad der weltwirtschaftlichen Verflechtung ab. Mit der fortschreitenden weltwirtschaftlichen Integration spezialisieren sich die einzelnen Staaten mehr und mehr auf die Produktion bestimmter Güter für den Weltmarkt, Deutschland zum Beispiel auf Autos oder Windkraftanlagen. Außerdem erobern sich einzelne Unternehmen, vor allem Hersteller von Markenprodukten, eine eigenständige Position auf dem Weltmarkt, obwohl ihr Heimatland Netto-Importeur dieser Gattung von Produkten ist. Zum Beispiel verkauft Hugo Boss Bekleidung im Ausland, obwohl Deutschland insgesamt ein Bekleidungsimporteur ist. Die weltwirtschaftliche Integration bewirkt nun, dass WTO-konforme, liberale Handelspolitik verstärkt im nationalen Interesse liegt.

Die Erfolgsaussichten strategischer Industriepolitik werden durch die weltwirtschaftliche Integration geschmälert. Dabei stand die Argumentation für strategische Industriepolitik schon immer auf wackligen Füssen:

- Regierungen verzeichnen Informationsdefizite – Ministerien sind sich darüber unklar, welche Industriezweige auf welche Weise und für welche Dauer gefördert werden sollen.

- Unternehmen setzen Mittel unproduktiv ein, um in den Vorzug von industriepolitischen Vergünstigungen zu kommen. Wenn ihre Einflussnahme erfolgreich ist, werden staatliche Mittel nicht mehr nach bestem Wissen – so unzureichend dies ohnehin ist –, sondern nach politischen Vorgaben verteilt.

- Selbst wenn strategische Industriepolitik umsichtig und unvoreingenommen umgesetzt wird, ist fraglich, ob der damit erzielte Gewinn die staatlichen Verwaltungsausgaben für die Industriepolitik, die unproduktiven Aufwendungen der lobbyierenden Unternehmen sowie die unbeabsichtigten wirtschaftlichen Verzerrungen, die Zölle und Subventionen (sowie die zur Finanzierung benötigten Steuern) auslösen, übertrifft.

Strategische Industriepolitik wird im Zuge der wirtschaftlichen Globalisierung weiter entwertet:

- Der Vorteil, den Unternehmen aus einem geschützten Heimatmarkt ziehen, sinkt, da ausländische Märkte graduell in einen hochgradig kompetitiven und innovativen Weltmarkt aufgehen. Die außerordentlichen Gewinne im Inland reichen somit nicht, um die immensen Investitionen aufzubringen, die notwendig sind, um mit der Konkurrenz auf dem Weltmarkt Schritt zu halten.

- „Global players" treten an die Stelle nationaler Firmen. Früher profitierten deutsche Arbeitnehmer, Kapitalbesitzer und Zulieferer, wenn der deutsche Staat deutschen Unternehmen industriepolitisch unter die Arme griff. Je mehr Unternehmen ihre Tätigkeiten – wie Forschung und

Entwicklung, Fertigung, Buchführung und Controlling – auf verschiedene Länder aufteilen und je mehr Unternehmenskapital in ausländischen Händen liegt, desto weniger Vorteile der industriepolitischen Förderung verbleiben im Inland.

Hinzu kommt, dass die globalen Märkte negativ auf die Verletzung internationalen Wirtschaftsrechts reagieren. Wenn ein Staat im Ruf steht, gegen seine internationalen Verpflichtungen zu verstoßen, erheben ausländische Kapitalgeber und Unternehmen einen Risiko-Zuschlag auf Investitionen in seinem Territorium und auf Geschäfte unter seiner Jurisdiktion.[52] Mit fortschreitender Integration in den Weltmarkt wächst der Schaden, den ein bestimmter Risiko-Zuschlag auf dem Weltmarkt einem Staat beibringt. Vor allem kapitalschwache oder krisengebeutelte Staaten sind verstärkt auf ihr Ansehen auf den Weltmärkten angewiesen.

(2) Internationales Ansehen: Staaten haben ein Interesse daran, in der internationalen Gemeinschaft wohlwollend betrachtet und als verlässlich eingestuft zu werden.[53] Ein Beispiel dafür, wie ein Staat durch rücksichtsloses Verhalten auf internationaler Bühne seinen Ruf schädigen kann, liefern die USA unter der Regierung George W. Bush. Hier zeigt sich zugleich, wie ein ramponiertes internationales Ansehen selbst eine Supermacht in ihrer Politik behindern und wie in weiten Kreisen der Bevölkerung Unmut über die weltweite Ablehnung des eigenen Landes laut werden kann. Zwar ist internationales Ansehen in seinem Bestand und seiner Entwicklung diffus: Das Verhalten eines Staates in den diversen internationalen Organisationen und sein unilaterales Vorgehen summieren sich unter den Augen der internationalen Gemeinschaft über längere Zeiträume; es ist nicht möglich, aus einem bestimmten Verhalten eine bestimmte Rufschädigung und daraus einen konkreten Nachteil in einer internationalen Angelegenheit abzuleiten. Dennoch lässt sich feststellen, dass die im Widerspruch zum WTO-Recht stehenden Zölle, mit denen die Bush-Regierung die US-amerikanische Stahlindustrie geschützt hat, zum negativen Bild der Bush-Regierung im Ausland beigetragen und damit die Wahrnehmung von US-amerikanischen Interessen in internationalen Angelegenheiten erschwert haben.

Wie schwerwiegend Vertragsverletzungen das internationale Ansehen eines Staates beschädigen, hängt besonders von der allgemeinen Durchsetzung der WTO-Regeln ab. Ein einzelnes schwarzes Schaf kann ausgesondert und herablassend behandelt werden. Wenn Vertragsverletzungen hingegen gang und gäbe sind, verliert dieser Mechanismus an Durchschlagskraft. In der Tendenz kommt dem guten Ruf größere Bedeutung zu, da die wirtschaftliche Bedeutung der internationalen Kooperation wächst, so dass jeder Vorteil, den ein Staat aus seiner internationalen Stellung bezieht, ebenfalls schwerer wiegt.

---

[52] Ho (2002), Simmons (2000).
[53] Chayes und Chayes (1995).

(3) Systemisches Interesse: Die Mitgliedsstaaten verbindet ein gemeinsames, systemisches Interesse an der Funktionsfähigkeit der WTO. Der Regeleinhaltung aus systemischem Interesse liegen folgende Überlegungen zugrunde:

- Wenn ein Staat eine Regel missachtet, so verliert diese Regel an Legitimität und insbesondere der vertragsbrüchige Staat kann sich weniger wirksam auf diese Regel berufen, wenn die Einhaltung dieser Regel zu einem späteren Zeitpunkt in seinem eigenen Interesse liegt.

- Jede Vertragsverletzung untergräbt die Legitimität der WTO und schwächt die Regelbefolgung im Allgemeinen.

- Der Schaden, den die WTO aus einer einzelnen Vertragsverletzung erleidet, lässt sich nicht kalkulieren. Der Zusammenbruch internationaler Institutionen ist ein Phänomen, das sich ab einer kritischen Masse ereignet – wenn eine bestimmte Menge von Vertragsverletzungen einer bestimmten Schwere und ausgehend von bestimmten Staaten vorgefallen ist, setzt eine Abwärtsbewegung ein, die zum raschen Kollaps der Institution führen kann. Kein Staat kann prognostizieren, wie viele Vertragsverletzungen die WTO hinnehmen kann, inwieweit andere Staaten – auch als Reaktion auf den eigenen Regelbruch – WTO-Regeln missachten werden, welche Belastungen in der Ferne auf die WTO zukommen und inwieweit sich die WTO bis dahin von gegenwärtigen Querelen erholt haben wird. Daher ist Vorsicht geboten.

Mit zunehmender wirtschaftlicher Vorteilhaftigkeit internationaler Kooperation sind die Staaten mehr auf die Effektivität und Stabilität der WTO angewiesen; ihr systemisches Interesse an der WTO nimmt folglich zu.

(4) Nicht-wirtschaftliche Interessen: WTO-Abkommen beschränken die Möglichkeit der Mitgliedsstaaten, eine ihren nicht-wirtschaftlichen Interessen entsprechende Politik zu betreiben. Beispielsweise müssen die Mitgliedsstaaten ihre nicht-wirtschaftlichen Maßnahmen so ausgestalten, dass sie nicht willkürlich zwischen Anbietern aus verschiedenen Ländern diskriminieren oder den Handel unnötig beeinträchtigen. Wie in Kapitel 9 thematisiert, gestehen WTO-Abkommen den Mitgliedsstaaten zwar erhebliche Gestaltungsfreiheit bei der Wahl ihrer nicht-wirtschaftlichen Maßnahmen zu. Dennoch können Staaten von den in ihren Augen wirksamsten – und dabei auch technisch und politisch umsetzbaren – Maßnahmen abgehalten werden. Da die Integrationstiefe der WTO und die Interdependenz zwischen wirtschaftlichen und nicht-wirtschaftlichen Themenfeldern zunehmen, geraten WTO-Regeln häufiger mit gesundheitspolitischen, sozialen, kulturellen und ökologischen Anliegen in Konflikt. Dadurch entsteht häufiger ein Anreiz, gegen WTO-Abkommen zu verstoßen.

5.2 Innenpolitischer Druck

Der *polit-ökonomische Druck* entfaltet sich von Seiten all jener, die in besonderer Weise als Unternehmer, Kapitaleigentümer oder Arbeitnehmer von WTO-Abkommen betroffen sind. Regierende können sich unter Umständen innenpolitische oder persönliche Vorteile verschaffen, wenn sie dem protektionistischen Drängen import-konkurrierender Unternehmen (sowie der darin vertretenen Kapitaleigentümer und Arbeitnehmer) nachgeben. Allerdings führt die weltwirtschaftliche Integration zu einer politischen Gewichtsverlagerung – die Lobby der import-konkurrierenden Unternehmen kann gegen den Willen der gestärkten exportorientierten Unternehmen weniger Druck in Richtung einer protektionistischen Politik ausüben.

Gesellschaftspolitischer Druck geht von der inländischen Gesellschaft eines Landes aus, welche die Einhaltung von WTO-Regeln in ihren verschiedenen Lebensbereichen – als Eigentümer, als Konsument, als Bürger – allgemein betrifft.

Ob sich eine inländische Gesellschaft für oder gegen die Einhaltung von WTO-Regeln ausspricht und entsprechenden gesellschaftspolitischen Druck auf ihre Regierung ausübt, hängt von dem nationalen Interesse, der normativen Selbstverpflichtung der Regierung und der normativen Überzeugung der Bevölkerung ab.

(1) Nationales Interesse: Wie zuvor ausgeführt, resultiert das nationale Interesse an Einhaltung oder Bruch von WTO-Abkommen vor allem aus den wirtschaftlichen Konsequenzen, aus den Auswirkungen auf das internationale Ansehen und die systemische Funktionsfähigkeit der WTO sowie aus den Rückwirkungen auf die nicht-wirtschaftlichen Interesse eines Landes.

- Die wirtschaftlichen Interessen der Gesellschaft neigen sich zugunsten der Einhaltung von WTO-Verpflichtungen. Sowohl die Optimalzoll-Politik, welche die Austauschverhältnisse auf dem Weltmarkt beeinflusst, als auch die strategische Industriepolitik büßen an Wirksamkeit ein. Die Mehrzahl der Bürger enthält sich solcher volkswirtschaftlicher Überlegungen und verfolgt nicht im Einzelnen, welche Handelspolitik im eigenen Interesse liegt. Stattdessen nimmt die Gesellschaft die von der WTO monierten Verletzungen internationalen Rechts vermehrt als Zeichen einer wirtschaftlich fehlgeleiteten Politik der Regierung wahr.[54]

- Außerdem hat jede nationale Gesellschaft ein zunehmendes Interesse daran, dass sich ihre jeweilige Regierung internationalem Recht beugt, damit das internationale Ansehen und das systemische Interesse ihres Landes nicht geschädigt werden.

---

[54] Mansfield, Milner und Rosendorff (2002).

- Die nicht-wirtschaftlichen Interessen hingegen stehen in Zukunft häufiger mit der Einhaltung von WTO-Abkommen in Konflikt.

(2) Normative Selbstverpflichtung der Regierungen: Inländische Gesellschaften schätzen konsistentes Regierungsverhalten.[55] Sie halten es für normativ angemessen, dass Regierungen sich an ihre Aussagen halten, und sie haben ein Interesse an der Verlässlichkeit ihrer Regierungen. Dies gilt insbesondere für Regierungsaussagen, die ihre Gültigkeit und Bedeutung aus einem starken Bezug zu Werten herleiten. Obwohl sich Regierungen dieser Bindewirkung bewusst sind, geben sie wertbezogene Stellungnahmen ab, weil sie an die zugrunde liegenden Werte glauben oder weil ihnen der Wertebezug in der nationalen oder internationalen Diskussion nützlich ist. Wenn zu einem späteren Zeitpunkt die Kosten steigen, die aus der Einhaltung der mit Werten kommunikativ verbundenen Regel erwachsen, so dass eine Regierung die Regel gerne brechen würde, sieht sie sich gesellschaftlichem Druck ausgesetzt.

Beispielsweise kann eine Regierung ihre innenpolitisch umstrittene Position, Exportsubventionen für Agrarprodukte auf Wunsch der Entwicklungsländer abzubauen, wenn diese dafür ihren Dienstleistungssektor für ausländische Anbieter weiter öffnen, mit der normativen Pflicht begründen, den Armen dieser Welt eine Chance auf eigenständigen Lebensunterhalt zu geben. Wenn ein solches Abkommen erzielt wird, sich aber der Widerstand der Agrarlobby im Nachhinein als politisch schmerzhafter als erwartet erweisen sollte, wäre es möglich, dass die Regierung einknicken und die Landwirtschaft durch Zölle wieder großzügiger schützen wollen würde. Jedoch würde sie sich dann der gesellschaftlichen Kritik aussetzen, dass sie sich über die von ihr selbst zuvor anerkannten und betonten Rechte der Armen in den Entwicklungsländern hinwegsetze.

In der Zukunft werden sich Regierungen durch wertbezogene Aussagen häufiger selbst an WTO-Regeln binden und die nationalen Gesellschaften damit zu Wächtern der WTO-Verträge machen. Denn zum einen berührt die WTO aufgrund der verstärkten Interdependenz zwischen verschiedenen Themenfeldern mehr Normen. Zum anderen werden tangierte Normen, aufgrund der inländischen Politisierung der Handelspolitik und der verstärkten Einmischung der Zivilgesellschaft auf internationaler Ebene, von den Regierungen intensiver thematisiert. Insbesondere dürfte der positive Beitrag freien Handels zur Armutsbekämpfung, zur politischen Stabilisierung (und unter geeigneten Umständen auch zum Umweltschutz) in den Entwicklungsländern sowie infolgedessen zur Eindämmung von Terrorismus und Migration in Zukunft stärker diskutiert werden.

(3) Normative Überzeugung der inländischen Gesellschaft: Wenn die inländische Gesellschaft normative Maßstäbe anlegt, um sich eine Meinung über Für und Wider von Vertragsverletzungen zu bilden, beurteilt sie diese zum Teil nach dem normativen Gehalt der spezifischen Regel, deren Einhaltung oder

---

[55] Schimmelpfennig (2001).

Verletzung zur Disposition steht. Beispielsweise wird die Bevölkerung eine in der WTO festgeschriebene Verpflichtung zur Marktöffnung gegenüber Entwicklungsländern befürworten, wenn sie „faire" Handelschancen für Entwicklungsländer gutheißt. Andererseits wird sie sich gegen den von WTO-Recht ausgehenden Druck wenden, hormonbelastetes Rindfleisch zu importieren, wenn sie dieses aus gesundheitlichen Gründen ablehnt und eine durchgängige und verlässliche Kenntlichmachung nicht möglich ist.

Unabhängig von dem konkreten, normativen Gehalt einer WTO-Regel betrachten rechtsstaatliche Gesellschaften die Einhaltung von nationalem und internationalem Recht als normativ richtiges Verhalten.[56] Die normativen Bedenken gegenüber einem Vertragsbruch wachsen mit der zu erhoffenden und zu erwartenden weltweiten Zunahme der Rechtsstaatlichkeit. In vielen Ländern ist darüber hinaus der Grundsatz, dass internationale Verträge einzuhalten sind, im nationalen Recht festgeschrieben, so dass eine Verletzung internationaler Verpflichtungen zugleich den Bruch nationalen Rechts bedeutet.

Daneben verspüren Staaten den Wunsch, ein geachtetes Mitglied der internationalen Gemeinschaft zu sein und deren Regeln zu befolgen, um ihr Selbstwertgefühl zu heben. Auch dieses Motiv der Regeleinhaltung wird bedeutsamer, weil die internationale Gemeinschaft auf politischer Ebene enger zusammen wächst und sich zugleich der soziale Austausch zwischen den nationalen Gesellschaften intensiviert.

Alle drei Aspekte normativ motivierter Regeleinhaltung – bezüglich des konkreten normativen Gehalts einer WTO-Regel, hinsichtlich des abstrakten Aktes der Rechtseinhaltung oder des Rechtsbruchs und hinsichtlich der Wertschätzung in der internationalen Gemeinschaft – werden bedeutsamer.

Zusammenfassend lässt sich feststellen, dass die nationalen Gesellschaften vermehrt die Einhaltung von WTO-Verpflichtungen unterstützen, in bestimmten Fällen allerdings aus nicht-wirtschaftlichem Interesse und entsprechenden normativen Gründen entschieden gegen WTO-Verpflichtungen opponieren. Gleichzeitig nimmt ihr Einfluss auf die Regierungen zu, unter anderem da zivilgesellschaftliche Organisationen über verschiedene Kanäle wie Pressearbeit, öffentliche Protestaktionen oder Wahlempfehlungen intensiveren Druck ausüben.

5.3 Normative Überzeugung

Regierungen müssen sich nach dem nationalen Interesse und der innenpolitischen Situation richten, um in ihrer Amtsperiode konstruktiv arbeiten zu können und um anschließend wieder gewählt zu werden. Dennoch besitzen Regierungen

---

[56] Abbott und Snidal (2000).

einen begrenzten politischen Spielraum, ihre Politik nach ihren eigenen normativen Überzeugungen auszurichten.

Es ist möglich, dass die normative Überzeugung von Regierung und Bevölkerung in Bezug auf eine konkrete Entscheidung über Einhaltung und Verletzung von WTO-Regeln auseinander fallen. Die normative Einschätzung einer Regierung gründet jedoch grundsätzlich auf den gleichen Erwägungen, die für die inländische Gesellschaft ausschlaggebend sind: dem konkreten normativen Gehalt einer WTO-Regel, dem abstrakten Akt der Rechtseinhaltung oder des Rechtsbruchs sowie der Wertschätzung in der internationalen Gemeinschaft.

Dementsprechend trifft auch die gleiche Einschätzung bezüglich der zukünftigen Rolle normativer Erwägungen zu: Regierungen werden vermehrt die Einhaltung von WTO-Verpflichtungen befürworten, sich in bestimmten Fällen allerdings aus normativen Gründen entschieden gegen WTO-Verpflichtungen wenden.

5.4   Unerwartete Umstände

Im Allgemeinen gehen Regierungen in WTO-Verhandlungen nur Verpflichtungen ein, die sie einzuhalten beabsichtigen. Sollten Regierungen entschlossen sein, bestimmte vorgeschlagene Verpflichtungen nicht mitzutragen, bietet es sich an, sich im Verhandlungsstadium von diesen dauerhaft ausnehmen zu lassen oder, falls dies nicht zu erreichen ist, die entsprechenden Vorschläge zu blockieren.

Wenn Regierungen dennoch gegen WTO-Regeln verstoßen, liegt es nahe, dass unvorhergesehene Umstände für diesen Sinneswandel verantwortlich sind. In Kapitel 4 über die Verhandlung von WTO-Abkommen hat sich gezeigt, dass Staaten unsicher sind, wie sich WTO-Verträge künftig auswirken werden, und dass diese Unsicherheit wächst. Wenn sich nun unvorhergesehene, nachteilige Auswirkungen abzeichnen, können sich Regierungen aus Sorge um das Wohlergehen ihres Landes wie auch auf innenpolitischen Druck hin zur Vertragsverletzung entschließen. Dies wird umso wahrscheinlicher, je mehr bei Abkommen auf dem Spiel steht, da unerwartet schlechte Resultate somit schmerzhafter werden.

Selbst wenn die Auswirkungen von WTO-Verträgen im Rahmen des Erwarteten liegen, kann es vorkommen, dass eine Regierung gegen die Verträge verstößt, sollten ihre eigenen Präferenzen oder jene der Gesellschaft nicht mit den Präferenzen übereinstimmen, von denen die Regierung bei Vertragsabschluss ausgegangen war.

Ein Regierungswechsel kann die Ursache für einen drastischsten Wandel der Regierungspräferenzen sein. Gegenwärtige Regierungen versuchen, ihre Nachfolger durch internationale Verträge an die eigenen Politikvorstellungen zu binden. Fesseln sie ihre Nachfolger zu eng an für diese unliebsame internationale Regeln, sind jene geneigt, sich durch einen Vertragsbruch zu befreien. Tiefergehende Integration gibt gegenwärtigen Regierungen mehr Ansatzpunkte, ihre Nachfolger zu verpflichten. Höhere Kosten des Vertragsbruchs machen die Bindung zudem wirkungsvoller und damit attraktiver. Daher ist anzunehmen, dass Regierungen ihre Nachfolger häufiger und restriktiver festlegen und damit (vermutlich) öfter die Toleranzgrenze ihrer Nachfolger überschreiten werden.

Auch die Wünsche der Gesellschaft können sich gegenüber dem Zeitpunkt des Vertragsschlusses gewandelt haben. Wenn man die Dynamik in den gesellschaftlichen Meinungsbildern gegenüber der jahrelangen Gültigkeit von WTO-Verträgen betrachtet, scheinen Dissonanzen unausweichlich. Ebenso können Regierungen die Präferenzen der Gesellschaft bereits während der Vertragsverhandlungen falsch eingeschätzt haben und sich später, wenn die Auswirkungen für die Bevölkerung spürbar werden, unerwartetem Widerstand ausgesetzt sehen. Weil WTO-Regeln mehr und mehr Normen tangieren, wird es wahrscheinlicher, dass sich relevante Präferenzen der Bevölkerung nicht eindeutig bestimmen, geschweige denn voraussagen lassen.

5.5   Optimale Regeleinhaltung

Inwieweit die Durchsetzung von WTO-Verpflichtungen als befriedigend oder problemträchtig angesehen wird, hängt nicht nur vom Grad der Regelbefolgung ab, sondern ebenso davon, wie die hinter Vertragsverletzungen stehenden Motive zu bewerten sind.

- Regelverstöße, die auf Optimalzoll-Politik oder strategische Industriepolitik zurückzuführen sind, schaden der internationalen Gemeinschaft und – so die Regierung nicht mit besonderem Geschick vorgeht – auch der Wohlfahrt des vertragsbrüchigen Landes.

- Durch polit-ökonomischen Druck motivierte Regelverstöße dienen import-konkurrierenden Unternehmen und den von ihnen unterstützten Regierenden, während in- und ausländische Wohlfahrtsverluste in Kauf genommen werden. Dennoch bringt die internationale Gemeinschaft ein berechtigtes partielles Verständnis für innenpolitisch bedrängte Regierungen auf, wenn sich diese durch Handelshemmnisse politisch Luft verschaffen. Diese Flexibilität ermöglicht es Regierungen nämlich, weiter reichende Abkommen zu schließen, ohne ihre innenpolitische Handlungsfähigkeit oder gar Wiederwahl aufs Spiel zu setzen.

- Wenn Vertragsverletzungen auf unerwartete Auswirkungen oder unerwartet veränderte Präferenzen zurückzuführen sind, so sind diese zwar unvermindert schädlich, können allerdings aus Sicht der internationalen Gemeinschaft eher hingenommen werden. Der Unterschied zu polit-ökonomisch motivierten Regelverstößen ist folgender: Im Fall polit-ökonomisch motivierter Regelverstöße haben sich die Regierungen dahingehend getäuscht, wie starken Druck import-konkurrierende Unternehmen aufbauen können. Aus volkswirtschaftlicher Perspektive sollte in dieser Situation an der liberalen Handelspolitik festgehalten und nicht gegen WTO-Recht verstoßen werden. Im Fall unerwarteter Auswirkungen oder veränderter Präferenzen hingegen führt der ursprüngliche Irrtum dazu, dass Regierungen WTO-Regeln umsetzen sollen, die nach Meinung der Bevölkerung für das eigene Land unangemessen sind. Hier kann ein Vertragsbruch aus demokratischer Perspektive gerechtfertigt sein und zugleich die globale Wohlfahrt erhöhen, da der Gewinn des vertragsbrüchigen Staates unter Umständen höher zu veranschlagen ist als der Verlust für die anderen Mitgliedsstaaten.

Wenn die unterschiedlichen Auswirkungen von Vertragsverletzungen – je nach zugrunde liegendem Motiv – und der zuvor diskutierte Wandel in den Motiven für Vertragsverletzungen zusammen gefügt werden, ergibt sich folgendes Bild: Regelverstöße aufgrund unerwarteter Auswirkungen und unerwartet veränderter Präferenzen schaden der globalen Wohlfahrt verhältnismäßig wenig und können sie in Ausnahmefällen sogar erhöhen. Regelverstöße mit solchen Motiven werden künftig häufiger vorkommen. Die schädlicheren Regelverstöße mit wirtschaftlichen Hintergründen hingegen nehmen ab.

Insgesamt sinkt somit der für die internationale Gemeinschaft optimale Grad der Regeleinhaltung. Einen zufrieden stellenden Grad der Regeleinhaltung zu erreichen, wird insofern weniger schwierig.

Allerdings werden Vertragsverletzungen in zunehmendem Maße heftig umstritten sein. Stehen wirtschaftliche Überlegungen hinter Vertragsverletzungen, sind die Verletzungen verhandelbar, da sie materielle Interessen berühren, die weder auf Seite der vertragsbrüchigen noch auf Seite der geschädigten Staaten lebenswichtig sind. Stoßen dagegen Staaten aufeinander, die jeweils ihren normativen Überzeugungen folgen, sind Kompromisse schwieriger zu finden und der Streit droht eher zu eskalieren, denn:

- Verhandlungen über normative Konzessionen in gütlichen Streitschlichtungsbemühungen gestalten sich schwierig. Wie grundsätzlich Regierungen und nationale Gesellschaften von bestimmten Normen überzeugt sind und wie schmerzlich kompromissdienliche Abweichungen davon wären, lässt sich nicht bemessen. Es zeichnet sich somit kein natürlicher Kompromiss ab, bei dem alle Seiten einen vergleichbaren Schritt aufeinander zu tun.

- Regierungen, die sich ihrer eigenen beziehungsweise der gesellschaftlichen Wertehaltung gemäß normativ auf einen bestimmten Kurs verpflichtet haben, geben auch bei hohen Kosten für den eigenen Staat und die internationale Gemeinschaft kaum nach.

- Normative Streitfälle verursachen tendenziell gravierende wirtschaftliche Verwerfungen – beispielsweise brachen die US-amerikanischen Getreideexporte in die EU ein, als die EU 1998 die Zulassungsverfahren für genetisch verändertes Getreide aussetzte.[57]

5.6 Zusammenfassung

Wie Tabelle 5 zeigt, stehen Regierungen mit ihren normativen Überzeugungen einem Geflecht aus nationalen Interessen sowie innenpolitischem Druck gegenüber, wenn sie über die Einhaltung von WTO-Regeln entscheiden.

Tabelle 5: Durchsetzung von WTO-Regeln

Faktoren		Auswirkung auf die Regeleinhaltung
Wirtschaftliche Interessen	*zuträglich*	Mehr Vorteile aus WTO-konformer Integration in den Weltmarkt, geringere Vorteile aus Optimalzoll- und strategischer Industriepolitik
Internationales Ansehen	*zuträglich*	Größere Bedeutung der Stellung in der internationalen Gemeinschaft
Systemisches Interesse	*zuträglich*	Verstärktes Interesse an effektiver und stabiler Kooperation in der WTO
nicht-wirtschaftliche Interessen	*abträglich*	Häufigere Konflikte zwischen WTO-Regeln und nicht-wirtschaftlichen Interessen
Innenpolitischer Druck	*zuträglich*	Geringerer polit-ökonomischer Druck, intensiverer gesellschaftspolitischer Druck tendenziell für Regeleinhaltung
	abträglich	Gelegentlich deutlicher Widerstand der inländischen Gesellschaft aus nicht-wirtschaftlichen, normativen Gründen
Normative Überzeugung	*zuträglich*	Normative Überzeugung wird wichtiger für WTO-Politik, sie spricht allgemein für die Regeleinhaltung
	abträglich	Gelegentlich spricht die normative Überzeugung deutlich gegen die Regeleinhaltung
Unerwartete Umstände	*abträglich*	Zunehmende Unsicherheit über Auswirkungen von WTO-Abkommen und zukünftige gesellschaftliche Präferenzen, vermehrt fehlschlagende Bindung von Nachfolgeregierungen

---

[57] Safrin (2002).

Die Übersicht zeigt, dass die Entwicklungen im Umfeld der WTO entlang der meisten Faktoren die Anreize zur Vertragseinhaltung stärken. Der Umstand, dass Regierungen häufiger selbst normativ involviert und intensiverem gesellschaftspolitischen Druck ausgesetzt sind, kann sowohl ein Argument für als auch gegen Regeleinhaltung sein. Dass Regierungen die Auswirkungen von Abkommen und die Präferenzen der Gesellschaft schlechter voraussehen können, ist der Regeleinhaltung eindeutig abträglich: Regierungen gehen infolgedessen wahrscheinlicher WTO-Verpflichtungen ein, die sie oder ihre Nachfolgeregierungen im Nachhinein aufgrund eigener Überzeugung beziehungsweise unter gesellschaftspolitischem Druck brechen.

Hieraus folgen vier zentrale Aussagen zur zukünftigen Durchsetzungsproblematik von WTO-Regeln:

- Die traditionelle Ursache von Vertragsverletzungen – wirtschaftliche Interessen und polit-ökonomischer Druck – wird seltener ausreichen, Regierungen zu zunehmend kostspieligerem Vertragsbruch zu verleiten.

- In den Fällen, in denen Regierungen ihre WTO-Verpflichtungen brechen, werden sie von schwerwiegenden und oft nur schwierig verhandelbaren normativen Gründen angetrieben.

- Diese neuen Gründe verfügen über größere Legitimität als wirtschaftlicher Opportunismus oder polit-ökonomisch motivierte Wankelmütigkeit von Regierungen. Die internationale Gemeinschaft sollte daher mehr Vertragsverletzungen zulassen, um nachteilig betroffenen Staaten und gesellschaftspolitisch unter Druck geratenen Regierungen (temporären) Spielraum zu verschaffen.

- Wenn den Mitgliedsstaaten mehr Gestaltungsfreiheit gewährt wird, um nicht-wirtschaftliche Anliegen im Einklang mit WTO-Recht zu verfolgen, werden sie seltener gegen WTO-Abkommen verstoßen und kritische Konflikte um die Durchsetzung von WTO-Abkommen werden vermieden.

6 Risiken von WTO-Abkommen

Der Grundstein des Völkerrechts, wie es sich im Lauf der Jahrhunderte heraus-gebildet hat, ist die Souveränität der Staaten. Zwar unterliegen die Staaten gemäß der UN-Charta und der Genfer Konvention zwingenden Einschränkungen, unter welchen Umständen und mit welchen Mitteln sie Krieg führen dürfen. Gegenwärtig wird (endlich) auch das Recht der Staaten in Frage gestellt, mit ihren Bürgern nach freiem Belieben zu verfahren. Im Grunde aber ist jeder Staat souverän; kein anderer Staat hat das Recht, sich in seine inneren Angelegenheiten einzumischen.

Diese Souveränität treten Staaten teilweise an internationale Organisationen ab, um auf zwischenstaatlicher Ebene besser kooperieren zu können. Drei Wege lassen sich ausmachen, wie die Mitgliedsstaaten Kompetenzen an die WTO abtreten, um die weltwirtschaftliche Integration weiterzuentwickeln und damit ihre Wohlfahrt zu erhöhen.

(1) Ausweitung des Umfangs von WTO-Abkommen: Die Mitgliedsstaaten können den Umfang der WTO-Abkommen erweitern, indem sie *zusätzliche* Themenfelder WTO-Regeln unterwerfen und die bereits in der WTO veranker-ten Themenfelder *intensiver* regulieren, also mehr und präzisere Vorschriften erlassen, die das Verhalten der Mitgliedsstaaten weitreichender zu beeinflussen suchen.

(2) Stärkung des Streitschlichtungssystems: Die Mitgliedsstaaten können das Streitschlichtungssystem stärken, so dass es kritischer prüfen und unabhängiger beurteilen kann, ob nationale Maßnahmen dem WTO-Recht entsprechen. Dies beschneidet den Spielraum der Staaten, WTO-Regeln zum eigenen Vorteil auszulegen und wirkt Vertragsverletzungen entgegen.

(3) Einsatz von Mehrheitsabstimmungen: Die Mitgliedsstaaten können WTO-Gremien wie die Ministerkonferenz berechtigen, Entscheidungen durch Mehrheitsabstimmungen statt einstimmig zu fällen. Das erleichtert die Aushand-lung von Abkommen wesentlich, da nicht mehr die Zustimmung aller Staaten benötigt wird.

Diese drei Fälle unterscheiden sich in der Art der Kompetenz, die an die WTO übertragen wird.

- Wenn Staaten den Umfang der WTO-Verpflichtungen ausweiten, die sie bei ihrer künftigen nationalen Regulierungstätigkeit einzuhalten haben, so geben sie verhältnismäßig genau begrenzte Kompetenzen ab.

- Wenn sie das Streitschlichtungssystem ausbauen, überlassen sie der WTO teilweise die Kompetenz, die Bedeutung der WTO-Verpflichtungen – und damit der bereits abgegebenen Zuständigkeiten – auszulegen.

- Wenn sie Mehrheitsabstimmungen zulassen, überantworten sie der WTO die Kompetenz, nach bestimmten Maßgaben bestehende Regeln abzuändern beziehungsweise neue Regeln aufzustellen.

Mehr Delegation von Kompetenzen an die WTO dürfte die *globale* Wohlfahrt fördern, indem sowohl die Vorzüge freien Handels besser verwirklicht als auch weitere Vorteile – etwa in den Bereichen Direktinvestitionen, Personenverkehr und Wettbewerbsrecht – erzielt werden könnten. Die Mitgliedsstaaten richten sich jedoch primär nach der erwarteten Auswirkung auf die *nationale* Wohlfahrt. Ob zusätzliche Kompetenzen für die WTO ihre nationale Wohlfahrt erhöht oder senkt, können die Staaten nun nicht mit Sicherheit voraussagen. Den drei Formen, wie die Kompetenzen der WTO vergrößert werden können, entsprechen somit drei Risiken für die Mitgliedsstaaten:

- Indem die WTO die Flexibilität der Mitgliedsstaaten einschränkt, entsteht das Risiko der Rigidität. Je größer der Umfang der WTO-Abkommen ist, desto wahrscheinlicher sind Staaten unerwartet von Vereinbarungen nachteilig betroffen, die sie nicht ändern oder umgehen können.

- Das Risiko der gerichtlichen Streitschlichtung liegt darin, dass Mitgliedsstaaten aufgrund der Rechtsprechung der Streitschlichtungsinstanzen schlechter abschneiden können, als dies bei einer diplomatischen Aushandlung ihrer Streitigkeiten ohne die Möglichkeit des Gerichtsweges der Fall wäre.

- Das Risiko bei Mehrheitsabstimmungen resultiert daraus, dass einer Minderheit von Staaten WTO-Verpflichtungen per Mehrheitsbeschluss gegen ihren Willen auferlegt werden können.

Während in den vorangegangenen Kapiteln nur betrachtet wurde, wie sich die Entwicklungen im Umfeld der WTO auf die Probleme internationaler Kooperation auswirken, ist es hier notwendig, auch die Strukturen der WTO – Entscheidungsregeln, Institutionen der gerichtlichen Streitschlichtung, Ausnahmeregelungen und Sanktionen – mit zu bedenken. Dabei ist zu beachten, dass in der WTO gegenwärtig das Einstimmigkeitsprinzip praktiziert wird. Die Analyse des Risikos, das mit Mehrheitsabstimmungen einhergeht, basiert daher primär auf den Erfahrungen in anderen nationalen und internationalen Institutionen.

6.1 Risiko der Rigidität

Wie in Kapitel 4 über die Verhandlung von WTO-Abkommen gezeigt wurde, kann die Unsicherheit über die Auswirkung von Abkommen die Verhandlungsführer überfordern, so dass sie sich nicht auf das effizienteste zustimmungsfähige Abkommen einigen können. Hier soll ein ergänzender Aspekt dieser Unsicherheit betrachtet werden, dass nämlich das aus Sicht der Staaten effizienteste Abkommen mit steigender Unsicherheit weniger vorteilhaft wird.

Der Grund dafür liegt in der Risikoaversion von Staaten. Man stelle sich vor, dass Staaten zwischen zwei Abkommen wählen können. Das eine verspricht einen sicheren Gewinn von 200 Mio. Euro, das andere mit je gleicher Wahrscheinlichkeit von 50% einen Gewinn von 100 beziehungsweise 300 Mio. Euro. Der Erwartungswert – die Auszahlungen multipliziert mit den Eintrittswahrscheinlichkeiten – ist bei beiden Abkommen identisch. Unter diesen Umständen werden risiko-averse Staaten sich für die sicheren 200 Mio. Euro entscheiden.

Nun bevorzugen Staaten nicht nur das weniger riskante Abkommen bei identischen Erwartungswerten, sie sind auch bereit, für mehr Sicherheit in der Auszahlung einen geringeren Erwartungswert hinzunehmen. Je riskanter ein Abkommen ist, desto geringer schätzen Staaten dementsprechend dieses Abkommen. Daher werden sie die weltwirtschaftliche Integration umso weniger vorantreiben, je eher sie zu befürchten haben, dass neue Abkommen wesentlich hinter den Erwartungswerten zurückbleiben.

Wenn sich im Nachhinein herausstellt, dass ein Abkommen für ein Land nachteilig ist, wird es, soweit möglich, Ausnahmeregelungen in Anspruch nehmen. Wenn diese Option nicht ausreicht, kann das betroffene Land versuchen, die nachteiligen Auswirkungen in Neuverhandlungen zu mildern. Ohne auf Ausnahmerechte oder die Konzilianz der übrigen Mitgliedsstaaten bei Neuverhandlungen angewiesen zu sein, können Staaten die nachteiligen Verpflichtungen missachten. Dabei können sie entweder gegen einzelne Regeln verstoßen oder aus der WTO austreten. Allerdings sind alle diese Vermeidungsstrategien mit Kosten verbunden.

Das Risiko der Rigidität besteht also darin, dass sich ein Mitgliedsstaat durch ein Abkommen schlechter stellt als erwartet, wenn er entweder WTO-Verpflichtungen mit unerwarteten, nachteiligen Auswirkungen erfüllen oder kostspielige Maßnahmen ergreifen muss, um die Verpflichtungen zu vermeiden.

Das Risiko der Rigidität steigt folglich zum einen mit größerer Unsicherheit über die Auswirkung von Abkommen. Die tatsächlichen Auswirkungen fallen dann mit höherer Wahrscheinlichkeit deutlich schlechter (oder besser) aus als erwartet. Da die Staaten risiko-avers sind, kompensieren die positiven nicht die negativen Überraschungen. Wie in Kapitel 4 über die Verhandlung von WTO-Abkommen argumentiert, sind Staaten weniger in der Lage, die Auswirkungen von Abkommen korrekt zu antizipieren.

Zum anderen wächst das Risiko, je eingeschränkter betroffene Staaten mit Hilfe von Ausnahmeregelungen, Neuverhandlungen, Vertragsverletzungen oder Austritt auf unerwartete Nachteile reagieren können.

(1) Ausnahmen: Selbst wenn Ausnahmeregelungen zur Verfügung stehen, können Staaten sich den unliebsamen Verpflichtungen nicht immer kostenlos entziehen. Insoweit WTO-Regeln Standards setzen (wie im TRIPs-Abkommen) oder die weltweite Harmonisierung von Standards anregen (wie im Abkommen über technische Handelshemmnisse (TBT) und dem Abkommen über gesundheitspolizeiliche und pflanzenschutzrechtliche Maßnahmen (SPS)), kann Staaten auch die durch Ausnahmeregelungen legitimierte Abweichung von diesen Standards zum Nachteil gereichen. Da beispielsweise unter dem SPS-Abkommen nationale Standards zum gesundheitlichen Konsumentenschutz leichter vor WTO-Gerichten angefochten werden können, wenn sie in ihrer Strenge über internationale Standards hinausgehen, werden strikte nationale Auflagen zur Gentechnologie erschwert. Wenn die WTO auf diesem Wege zur globalen Verbreitung der Gentechnologie beiträgt, könnte die Versorgung der EU mit gentechnikfreien Lebensmitteln verteuert werden, da die Trennung von gentechnisch veränderten und gentechnikfreien Produkten extrem aufwendig ist. Weil in Zukunft im Zuge tiefergehender Integration vermehrt Standards international (direkt oder indirekt) harmonisiert werden, wird es tendenziell kostspieliger, Ausnahmeregeln in Anspruch zu nehmen.

(2) Verhandlungen: Vertragsänderungen können schwieriger herbeigeführt werden, da Verhandlungen langwieriger werden (siehe Kap. 4). Zudem wird das betroffene Land wahrscheinlich Konzessionen in anderen Gebieten machen müssen, um die übrigen Mitgliedsstaaten zur Vertragsänderung zu bewegen.

(3) Vertragsverletzung: Auch die Kosten einer Vertragsverletzung nehmen zu (siehe Kap. 5). Dies gilt sowohl für die wirtschaftlichen Kosten wie auch für den aus Vertragsverletzungen resultierenden Schaden am internationalen Ansehen und am systemischen Interesse an einer effektiven und stabilen WTO.

(4) Austritt: Erst recht untragbar wird ein Austritt aus der WTO. Bereits die unmittelbaren Schäden, die eine in die Weltwirtschaft hoch integrierte Volkswirtschaft erleiden würde, wenn ihre Exportmärkte (teilweise) wegbrechen würden, sind unabsehbar. Ein großes, reiches Land, das den Verlust der WTO-Mitgliedschaft durch bilaterale Handelsvereinbarungen halbwegs kompensieren könnte, würde durch seinen Austritt die Funktionsfähigkeit der WTO und damit das Gefüge der internationalen Institutionen insgesamt in Frage stellen. Dies gilt es auch aus Sicht eines mächtigen Landes zu vermeiden, da das multilaterale System die mächtigen Staaten in ihrer Machtausübung zwar beschränkt, ihnen jedoch gleichzeitig hilft, ein befriedigendes Maß an internationaler Kooperation und Ordnung zu erreichen. Dies lässt sich allein durch unilaterale Drohungen und Strafen, bilaterale Abmachungen sowie „Koalitionen der Willigen" kaum verwirklichen.

Das Risiko der Rigidität steigt folglich entlang beider Faktoren: der größeren Unsicherheit über die Auswirkung von Abkommen und der schlechter verfügbaren beziehungsweise kostspieligeren Gegenmaßnahmen im Falle unangenehmer Überraschungen.

6.2 Risiko der gerichtlichen Streitschlichtung

Wenn Staaten unabhängige Schiedsgerichte einrichten, gehen sie das Risiko ein, dass die gerichtliche Schlichtung sie schlechter stellt als die diplomatische. Das heißt, sie würden das Ergebnis der Auseinandersetzung, ohne dass es einen rechtlichen Klageweg gäbe, vorziehen, sei es dass es zu einer zwischenstaatlich ausgehandelten Beilegung oder auch keiner Beilegung des Streitfalls käme. So die gerichtliche und die diplomatische Schlichtung im Ergebnis nicht zufällig zusammen fallen, gibt es immer eine Seite, die aufgrund der gerichtlichen Streitschlichtung schlechter abschneidet. Wenn ein Mitgliedsstaat fürchtet, bei gerichtlicher Streitschlichtung wesentlich schlechter gestellt zu werden – relativ zu den Ergebnissen, die eine rein diplomatische Schlichtung hervorbringen würde –, wird er auf ein schwaches Streitschlichtungssystem hinarbeiten.

Für das Maß an Kompetenz, das risiko-averse Staaten an das Streitschlichtungssystem zu delegieren bereit sind, ist entscheidend, wie sich die Abweichungen zwischen gerichtlicher und diplomatischer Schlichtung in einer größeren Zahl von Fällen summieren. Um die Tragweite der einzelnen Gerichtsurteile richtig zu erfassen, ist zu beachten, dass einem einzelnen Urteil über den konkreten Streitfall hinaus Bedeutung zukommen kann. Auch wenn Urteile eigentlich einen konkreten Streitfall zwischen den beteiligten Streitparteien entscheiden, halten sich die Gerichte bei zukünftigen, ähnlich gelagerten Fällen meist an diese Präzedenzfälle. Daher entfaltet die gerichtliche Klärung umstrittener Vertragsbestandteile ihre Wirkung langfristig und gegenüber allen Mitgliedsstaaten.

Das Risiko der gerichtlichen Streitschlichtung steigt, da die Gerichte mehr Auslegungsspielraum erhalten. WTO-Abkommen werden nämlich – im Verhältnis zur Komplexität des Regelungsgegenstandes – ungenauer und lückenhafter. Dies liegt *erstens* daran, dass die komplexen Regeln, die für tiefergehende Integration erforderlich sind, sich nicht bis ins Detail in Verhandlungen festschreiben lassen. Dies wäre zu aufwendig; es wäre auch zu unflexibel, da WTO-Abkommen in vielen Einzelpunkten aufgrund hinzugewonnener Erfahrungen und nachfolgender Entwicklungen angepasst werden müssten. Daher sind vage Formulierungen sinnvoll, welche den Verhandlungsaufwand senken und Flexibilität in der Anwendung gewähren. WTO-Abkommen werden *zweitens* ungenauer, da sich die Mitgliedsstaaten in Folge der Entwicklungen im Umfeld der WTO schlechter auf konkrete Formulierungen einigen können und normative Kompromisse aus innenpolitischer Rücksichtnahme lieber nicht ausdrücklich in das Vertragswerk aufnehmen, sondern der nachträglichen juristischen Klärung überlassen.

Falls ein Staat von der gerichtlichen Streitschlichtung wesentlich schlechter gestellt wird, kann er Gegenmaßnahmen ergreifen: Er kann versuchen, eine Entscheidung der Mitgliedsstaaten herbeizurufen, welche das Inkrafttreten des Urteils verhindert, ein Urteil nachträglich revidiert oder gar die Kompetenzen des Streitschlichtungssystems dauerhaft beschneidet. Außerdem kann er unabhängig von der Unterstützung durch die anderen Mitgliedsstaaten Gerichtsurteile ignorieren und somit doppelt gegen WTO-Recht verstoßen.

Diese Gegenmaßnahmen verringern das Risiko gerichtlicher Streitschlichtung.

- Wenn der Staat ein Urteil nicht umsetzt oder es ihm gelingt, das Urteil per Mitgliedsentscheid aufheben zu lassen, befreit er sich von den nachteiligen Auswirkungen des missliebigen Urteils.

- Die Kompetenzen des Streitschlichtungssystems einzugrenzen, ändert zwar nichts am ergangenen Urteil, das zukünftige Risiko der gerichtlichen Streitschlichtung wird jedoch reduziert.

- Die Gegenmaßnahmen wirken zudem indirekt: Da die Streitschlichtungsinstanzen mit Gegenmaßnahmen der schlechter gestellten Staaten rechnen, versuchen sie, so zu urteilen, dass Gegenmaßnahmen unterbleiben.

Inwieweit die Möglichkeit, eine Entscheidung der Mitgliedsstaaten zur politischen Kontrolle der Gerichte herbeizuführen, das Risiko mildert, hängt von mehreren Faktoren ab.[58]

(1) Mehrheitserfordernisse: Entscheidungen zur politischen Kontrolle der Gerichte kommen umso eher zustande, je geringer die spezifischen Mehrheitserfordernisse hierfür sind. Bis zu den Reformen der Uruguay-Runde 1994 konnte sogar ein einziger Staat mit seinem Veto das Inkrafttreten von Schiedssprüchen verhindern.

(2) Effektivität von Verhandlungen: Mit Entscheidungen zur politischen Kontrolle der Gerichte ist umso eher zu rechnen, je einfacher Verhandlungen geführt werden können. Wenn Unklarheiten oder Lücken im Vertragswerk durch Neuverhandlungen beseitigt werden können, lässt sich leichter eine Mehrheit dafür finden, eine weitreichende juristische Auslegung des WTO-Rechts aufzuhalten oder zu revidieren, als wenn Unklarheiten oder Lücken im Vertragswerk bestehen blieben. Außerdem können es sich die Mitgliedsstaaten eher leisten, die Kompetenzen des Streitschlichtungssystem einzuschränken, wenn sie in der Lage sind, die WTO-Verpflichtungen konkret zu regeln, statt für die Konkretisierung allgemein gehaltener Abkommen auf das Streitschlichtungssystem angewiesen zu sein.

---

[58] Keohane, Moravcsik und Slaughter (2000), Garrett, Kelemen und Schulz (1998), Nielson und Tierney (2003), Pollack (1997), Tsebelis (2000), Tsebelis und Garrett (2001).

(3) Verbreitung der Unzufriedenheit: Entscheidungen zur politischen Kontrolle der Gerichte werden umso eher gefällt, je größer die Zahl der unzufriedenen Staaten ist. Die Gewinner der gerichtlichen Streitschlichtung werden sich in der Regel Entscheidungen widersetzen, die Urteile blockieren oder revidieren beziehungsweise Kompetenzen von den Gerichten zu den Mitgliedsstaaten zurückverlagern. Mit einer großen Mehrheit für solche Entscheidungen ist zu rechnen, wenn die gerichtliche Auslegung von persönlichen Ansichten der Streitschlichter beeinflusst ist, die in der internationalen Gemeinschaft kaum geteilt werden. Auf europäischer Ebene beispielsweise hat der Europäische Gerichtshof seine Kompetenzen und die Stellung europäischen gegenüber nationalen Rechts über jenes Maß hinaus gestärkt, das die Staaten der EU in ihren Verträgen beabsichtigt hatten.[59] Insgesamt lässt sich bei Richtern an internationalen Gerichtshöfen die Überzeugung ausmachen, dass internationales Recht und internationale Rechtsprechung auf Kosten der nationalstaatlichen Souveränität auszubauen sei.[60] Für diese Position lässt sich trefflich argumentieren – verlässliches Recht tritt an Stelle von willkürlicher Machtausübung zum Wohl der Schwachen – doch wollen die Mitgliedsstaaten selbst festlegen, wie viel Kompetenz sie an internationale Organisationen transferieren. Als weitere Punkte neben der übermäßigen Verrechtlichung wurden von zahlreichen Staaten eine zu einladende Haltung gegenüber NGOs und eine zu wohlgesonnene Einstellung gegenüber ökologischen Belangen kritisiert.

Wenn unzufriedene Mitgliedsstaaten keine gemeinsame Entscheidung der Mitgliedsstaaten herbeiführen können, in die Rechtsprechung einzugreifen, bleibt ihnen die Möglichkeit, Gerichtsurteile nicht umzusetzen. Um zu verstehen, welche indirekte Wirkung die drohende Nicht-Umsetzung von Urteilen auf die Urteilsfindung hat, ist der Balanceakt zu betrachten, den die Streitschlichtungsinstanzen zu bewerkstelligen haben.[61] Sie fühlen sich einerseits normativ den Prinzipien des Rechts verpflichtet, andererseits möchten sie zur Effektivität und Stabilität der WTO beitragen. Die Hoffnung der Streitschlichtungsinstanzen gründet darauf, dass beide Ziele zusammenfallen, dass also Urteile gemäß den Prinzipien des Rechts als legitim anerkannt und daher befolgt werden. Doch diese Gleichung geht nicht zwingend auf.

- Wenn Streitschlichtungsinstanzen aus rein rechtlichen Erwägungen heraus urteilen, drohen sie die Interessen mächtiger Staaten in einer kritischen Weise zu verletzen, so dass diese Schiedssprüche nicht umsetzen. Solche Verstöße untergraben die Legitimität der WTO und insbesondere des Streitschlichtungssystems.

---

[59] Alter (2000), Stone Sweet und Brunell (1998).

[60] Bacchus (2003), Reich (1996).

[61] Garrett, Kelemen und Schulz (1998), Smith (2003).

- Alternativ können sich die Streitschlichtungsinstanzen von politischen Überlegungen leiten lassen. Dann richten sie sich nach den Interessen und Machtverhältnissen der Streitparteien und fällen ihr Urteil möglichst so, dass alle Seiten damit leben können. Das bedeutet vor allem, dass der Beklagte, so er denn verliert, das Urteil umsetzt, aber auch, dass der Kläger hinreichend befriedigt ist, um keine unilateralen Handelsmaßnahmen gegen den beklagten Staat einzuleiten. Da die Ansichten der Staaten zusehends grundlegender divergieren (siehe Kap. 2.6), ist eine allseits akzeptable Lösung immer schwieriger zu finden. Selbst wenn diese zustande kommt, erodiert ein politisch gefärbtes Urteil die Legitimität der WTO und ihrer Streitschlichtungsinstanzen, da die Prozess-Legitimität der Vertragsanwendung von prinzipiengeleiteten, kohärenten Urteilen abhängt.

Inwieweit implizite oder ausdrückliche Drohungen der Staaten, für sie nachteilige Urteile nicht zu respektieren, die Urteilsfindung beeinflussen, hängt von zwei Faktoren ab.

- Je stärker die Durchsetzungsfähigkeit der WTO ist, desto weiter können die Gerichte im Dienste prinzipiengeleiteter, kohärenter Urteilsfindung von den Interessen auch mächtiger Staaten abweichen, ohne mit legitimitätsschädigender Nicht-Einhaltung ihrer Urteile rechnen zu müssen.

- Je größer die Legitimität der WTO und ihrer Streitschlichtungsinstanzen ist, desto eher können die Streitschlichtungsinstanzen den Verlust an Legitimität ertragen, der aus gelegentlicher Nicht-Einhaltung ihrer Urteile resultiert. Entsprechend werden sie sich eher an den Prinzipien des Rechts als an staatlichen Interessen und Machtverhältnisse orientieren.

Welche Gegenmaßnahmen Staaten ergreifen können, die von Gerichtsurteilen nachteilig betroffen sind, welche Kosten ihnen dadurch entstehen und wie die Gerichte sich verhalten, um Gegenmaßnahmen zu vermeiden, hängt also davon ab, wie es um Legitimität, Aushandlung und Durchsetzung von WTO-Abkommen bestellt ist.

6.3 Risiko bei Mehrheitsabstimmungen

Es ist riskant, Kompetenzen an ein Gremium zu delegieren, das Mehrheitsentscheidungen fällen kann: Die Mitgliedsstaaten können mehrheitlich Abkommen verabschieden, die einzelne Mitglieder so benachteiligen, dass diese die Einstimmigkeitserfordernis – und damit die Blockade der fraglichen Regelungen – vorgezogen hätten.

Indem Staaten dem Mehrheitsprinzip im Grundsatz zustimmen, verpflichten sie sich, auch jene Beschlüsse mitzutragen, die gegen ihren Willen zustande gekommen sind. Diese grundsätzliche Anerkennung des Entscheidungsprozesses legitimiert die resultierenden Entscheidungen jedoch nur bis zu der Grenze, an der einem Staat unzumutbare Nachteile erwachsen. Falls das Mehrheitsprinzip missbraucht wird, um eine Minderheit auszubeuten, verliert es seine Legitimität.

Gegenwärtig sind Mehrheitsabstimmungen für eine Reihe von Entscheidungen vorgesehen, etwa bei der Auslegung der Verträge und der Gewährung bestimmter Ausnahmen. In der Praxis wird allerdings das Einstimmigkeitsprinzip angewandt. Würde die WTO künftig Mehrheitsabstimmungen auch in Verhandlungen über neue Abkommen erlauben, hinge das einhergehende Risiko von der Wahrscheinlichkeit und dem Umfang des Missbrauchs sowie von den Gegenmaßnahmen ab, die eine ausgebeutete Minderheit ergreifen könnte.

Mehrere Faktoren halten Staaten davon ab, Mehrheitsabstimmungen zu missbrauchen. Die Wirksamkeit dieser Faktoren wandelt sich mit den Entwicklungen im Umfeld der WTO.

(1) Auswirkungen auf die Legitimität: Abkommen, in denen eine Mehrheit ihre Interessen gegen den entschiedenen Widerstand einer Minderheit verfolgten, würden die Legitimität der WTO torpedieren und damit das systemische Interesse der Mitgliedsstaaten an der Funktionsfähigkeit der WTO verletzen. Dies gilt umso mehr, je schlechter die unausgeglichene Verteilungswirkung gerechtfertigt werden kann.

Bei oberflächlicher Integration, insbesondere zwischen Staaten auf einer ähnlichen wirtschaftlichen Entwicklungsstufe, ist eine Rechtfertigung schwierig zu leisten: Wenn sich die Staaten ähnlich sind und Höchstgrenzen für Zölle festgelegt werden, so kann ein prinzipiengeleitetes, kohärentes Abkommen keinen Staat wesentlich benachteiligen. Man stelle sich vor, in der WTO wären Mehrheitsabstimmungen üblich und eine von der EU geführte Mehrheit würde beschließen, dass allein Japan in allen Zukunftsindustrien seine Zölle zu beseitigen habe – eine solche Entscheidung wäre offensichtlich willkürlich von partikularen Interessen geleitet.

In Zukunft würde es leichter fallen, auch solche WTO-Abkommen zu rechtfertigen, die den Interessen einiger Staaten gravierend zuwiderlaufen, da sich die durch WTO-Abkommen angestrebte Integration vertieft und zugleich die Heterogenität der Mitgliedsstaaten zunimmt. Zum einen lässt sich die Höhe und Verteilung der Kooperationsgewinne schwieriger klären. Beispielsweise ist zwar selbst langfristig nicht gewiss, dass die Entwicklungsländer von dem TRIPs-Abkommen profitieren, doch der Nachteil für die Entwicklungsländer kann ebenso wenig zwingend nachgewiesen werden. Zum anderen lässt sich die These, dass das TRIPs-Abkommen die globale Wohlfahrt maximiert, gegen Kritiker ins Feld führen, die eine ungerechte Verteilungswirkung monieren. Das zugrunde liegende konsistente Credo wäre in diesem Fall, dass immer die effizienteste

Lösung zu wählen sei und mal der eine, mal der andere Staat gewinnen würde. Dies gibt der Mehrheit den Spielraum, jeweils solche Lösungen als global effizient auszugeben, die für sie günstige Verteilungswirkungen haben. Je tiefer die Integration geht und je unterschiedlicher die Interessen der Staaten sind, desto besser lassen sich somit missbräuchliche Mehrheitsabstimmungen beschönigen.

(2) Normen zum Schutz der Minderheit: Um den langfristigen Erfolg von Mehrheitsabstimmungen zu sichern und die individuellen Interessen vor inakzeptabler Benachteiligung zu schützen, haben sich im nationalen Rahmen ebenso wie in der EU Normen über den angemessenen Umgang mit Mehrheitsabstimmungen herausgebildet.[62] In ihrem Abstimmungsverhalten respektiert die jeweilige Mehrheit also die Anliegen der Minderheit auch aus normativer Überzeugung. Daraus folgt, dass mit umso mehr Rücksichtnahme auf die Anliegen von Minderheiten zu rechnen ist, je legitimer die WTO ist. Jedoch folgt daraus auch, dass normative Bedenken die Mehrheit umso weniger mäßigen, je besser sich die unausgeglichene Verteilungswirkung eines Abkommens rechtfertigen lässt, das aus einer konträren Mehrheitsentscheidung hervorgegangen ist.

(3) Selbstschutz: Die legitime Handhabung des Mehrheitsprinzips entspricht nicht nur dem systemischen Interesse an einer legitimen WTO und der normativen Überzeugung der Staaten, sondern Staaten werden auch von der Sorge getrieben, in der Zukunft selbst Opfer missbräuchlicher Mehrheitsabstimmungen zu werden, wenn sich eine solche Praxis etabliert.

In der Summe lässt sich feststellen, dass sich die Staaten weniger auf die Wirksamkeit der Mechanismen verlassen können, die dem Missbrauch des Mehrheitsprinzips entgegenstehen, da Missbräuche besser gerechtfertigt werden können. Dies ist kritisch, da auch die Gegenmaßnahmen im Fall missbräuchlicher Mehrheitsabstimmungen zunehmend höhere Kosten verursachen:

- Der einzige verlässliche Ausweg, nämlich aus missbräuchlichen Mehrheitsabstimmungen resultierende Verpflichtungen zu missachten oder gar aus der WTO auszutreten, wird mit der fortschreitenden wirtschaftlichen und politischen Integration der internationalen Gemeinschaft erschwert.

- Bei Ausnahmeregeln bestünde die Gefahr, dass eine rücksichtslose Mehrheit, die bereit ist, die Abstimmungsregeln zu ihren Gunsten zu missbrauchen, diesen Rückzug für die Minderheit beschneidet. Außerdem steigen die Kosten, welche die Inanspruchnahme von Ausnahmeregeln nach sich zieht, je mehr Standards die WTO setzt oder zumindest deren globale Harmonisierung begünstigt.

---

[62] Kohler-Koch und Edler (1998), Scharpf (1999).

- Es wäre ebenfalls kein verlässlicher Ausweg, den Entscheidungsprozess zu revidieren und die Mehrheitserfordernisse heraufzusetzen, so es zum Missbrauch von Mehrheitsabstimmungen kommt. Denn eine hinreichende Anzahl an Staaten kann vom Status quo profitieren und eine institutionelle Reform blockieren.

Daher ist nicht damit zu rechnen, dass die Mitgliedsstaaten das Mehrheitsprinzip für so wichtige Entscheidungen und mit so niedrigen Mehrheitsquoten einführen, dass Verhandlungen in der WTO wesentlich erleichtert werden.

Ein weiteres Hindernis für die umfangreiche Einführung des Mehrheitsprinzips folgt nicht aus der Unvorhersehbarkeit von Mehrheitsabstimmungen, sondern im Gegenteil aus der absehbaren Verschiebung der Kräfteverhältnisse in der WTO. Je nachdem wie die Stimmen gewichtet würden – eine Stimme pro Staat, nach der Bevölkerungszahl oder gemäß dem Anteil am Welthandel – und je nachdem welche qualifizierten Mehrheiten erforderlich wären – beispielsweise eine absolute Mehrheit der Staaten, die zudem mindestens zwei Drittel des Welthandels repräsentieren –, würden Staaten im Vergleich zur gegenwärtigen Praxis an Einfluss gewinnen oder verlieren.

Auch eine Stärkung der gerichtlichen Streitschlichtung verändert Ergebnisse auf voraussehbare Weise. Die mächtigen Staaten werden dadurch gezwungen, ihre WTO-Verpflichtungen konsequenter einzuhalten und unilaterale Maßnahmen zu unterlassen, die unter Missachtung des WTO-Rechts Druck auf andere Staaten ausüben. Beispielsweise können die USA seit der Gründung der WTO nicht mehr nach freiem Belieben Sanktionen gegen jene Staaten verhängen, die nach Einschätzung der USA unfairen Wettbewerb betreiben. Stattdessen müssen sich auch die USA auf die rechtlichen Mittel verlassen, die im Rahmen des WTO-Systems bestehen. Dennoch waren die mächtigen Staaten in der Uruguay-Runde willens, sich aus systemischem Interesse an der stabilen Funktionsfähigkeit der WTO in ein verrechtlichtes Streitschlichtungssystem zu fügen.

Es wäre denkbar, dass – ähnlich wie bei der gerichtlichen Streitschlichtung – das systemische Interesse an einem effizienteren Entscheidungsprozess bei Mehrheitsabstimmungen auch jene Staaten zur Zustimmung bewegen könnte, die voraussichtlich an Einfluss verlieren. Jedoch ist dies unwahrscheinlich, da im Fall von Entscheidungsprozessen der Verlust an Einfluss schwerer wiegt und sich kaum revidieren lässt. Entscheidungsprozesse lassen sich nur äußerst schwierig reformieren, da die Profiteure des Status quo eisern an ihren Privilegien festhalten, wie die Langlebigkeit des UN-Sicherheitsrates zeigt.

Da Mehrheitsabstimmungen für Staaten inakzeptable Risiken mit sich bringen und dazu angetan sind, das zwischenstaatliche Kräfteverhältnis auf eine Weise zu verschieben, die für die Verlierer nicht hinnehmbar wäre, wird im Rahmen dieses Buches nicht auf den Reformvorschlag eingegangen, das Mehrheitsprinzip in der WTO auszuweiten.

6.4   Zusammenfassung

Staaten treten einen Teil ihrer souveränen Kompetenzen an die WTO ab, um effektiv kooperieren zu können. Dadurch setzen sie sich dem Risiko aus, dass WTO-Verpflichtungen ihnen unerwartet zum Nachteil gereichen und sich nur unter wirtschaftlichen und politischen Kosten umgehen oder ändern lassen. Je nachdem welche Ursachen dahinter stehen, können die Risiken folgende Formen annehmen:

- Das Risiko der Rigidität ergibt sich daraus, dass Staaten Kosten entstehen, wenn sich bei bestehenden Abkommen das Verhältnis von Vor- und Nachteilen unerwartet zum Schlechteren wendet.

- Das Risiko der gerichtlichen Streitschlichtung liegt darin, dass WTO-Urteile den Interessen insbesondere mächtiger Staaten weniger dienlich sind als es die diplomatische Streitschlichtung ohne den Klageweg wäre.

- Das Risiko bei Mehrheitsabstimmungen folgt aus der Möglichkeit, dass Staaten durch Mehrheitsentscheid ungewollte Verpflichtungen auferlegt werden. Der Minderheit entstehen daraus Kosten, unabhängig davon, ob sie die Verpflichtungen hinnimmt oder umgeht.

Nun sind Staaten risiko-avers, sie bewerten also bei gleichem Erwartungswert unsichere Auswirkungen schlechter als verlässlich vorhersehbare Auswirkungen. Daher übertragen die Mitgliedsstaaten umso weniger Kompetenzen an die WTO, je größer die daraus folgenden Risiken sind.

Insgesamt lässt sich feststellen, dass die Risiken zunehmen, insbesondere da die Umgehung von bestehenden, neu ausgelegten oder neu verabschiedeten Verpflichtungen, sei es durch Ausnahmeregeln, Vertragsbruch oder Austritt, teurer wird. Hinzu kommt, dass Risiken effektive internationale Kooperation umso mehr vereiteln, je wirtschaftlich vorteilhafter und umfangreicher die internationale Kooperation wird. Zwar steigt mit der verlockenden Aussicht auf größere Kooperationsgewinne auch die Bereitschaft, Risiken einzugehen. Jedoch wachsen die Risiken in den Augen der Staaten überproportional an, da die Auswirkungen internationaler Abkommen immer größeren Einfluss auf das nationale Wohlergehen haben. Wenn WTO-Abkommen die nationale Wohlfahrt um 0,3% erhöhen oder um 0,2% vermindern können, bleiben Staaten angesichts dieser Unsicherheit gelassener, als wenn +3% oder -2% der Wohlfahrt auf dem Spiel stehen.

Ein weiterer Aspekt, der alle drei Formen des Risikos gleichermaßen betrifft, kommt hinzu, wenn die Perspektive auf weitere internationale Institutionen ausgeweitet wird: Die Risikobereitschaft der Staaten in der WTO dürfte zurückgehen, da andere internationale Organisationen expandieren. Es ist plausibel anzunehmen, dass Staaten die Einschränkung ihrer Souveränität über die Bandbreite der internationalen Organisationen hinweg addieren. Je weniger Kontrolle

Staaten über die in ihrem Territorium geltende Politik haben, weil internationale Organisationen mit ökologischen, sozialen, entwicklungs- oder sicherheitspolitischen Anliegen ihre Regelungsbefugnis begrenzen, desto unwilliger werden sie sein, Kompetenzen an die WTO zu überantworten.

7 Notwendigkeit struktureller WTO-Reformen

Die Entwicklungen im Umfeld der WTO werden die von der WTO zu lösenden Probleme internationaler Kooperation gravierend erschweren. Die Vielzahl der Entwicklungen, denen die WTO ausgesetzt ist, und die verschiedenen Aspekte der Kooperationsprobleme, in denen sich die Entwicklungen bemerkbar machen, sind in Abbildung 6 zusammengestellt.

Abbildung 6: Einfluss der Entwicklungen im Umfeld der WTO auf die Kooperationsprobleme

Die Analyse von Legitimität, Aushandlung, Durchsetzung und Risiken von WTO-Abkommen zeigt: Die gegenwärtigen Schwierigkeiten sind symptomatische Vorboten für grundlegende Probleme, die sich in Zukunft verschärfen werden. Die Legitimität der WTO wird tendenziell weiter sinken, Verhandlungen werden wesentlich schwieriger, die Durchsetzung wird von härteren Konflikten begleitet und die Risiken für Staaten werden steigen.

7.1   Wechselseitige Verstärkung der Probleme

Die pessimistische Prognose für jedes der vier einzelnen Probleme internationaler Kooperation ist für sich genommen eine kritische Herausforderung für die WTO. Diese Herausforderung wird dadurch verschärft, dass sich die einzelnen Probleme gegenseitig verstärken.

(1) Legitimität: Die Legitimität der WTO hängt von der Durchsetzung ihrer Regeln und insbesondere der Befolgung ihrer Streitschlichtungsurteile ab. Nur wenn diese konsequent gleichermaßen gegen die Mächtigen durchgesetzt werden, genießt die WTO Prozess-Legitimität in der Vertragsanwendung. Und nur wenn die Regeleinhaltung dominierende Praxis in der internationalen Gemeinschaft ist, fühlen die Mitgliedsstaaten den Wunsch, ihre Zugehörigkeit zur Gemeinschaft zu beweisen, indem sie sich ebenfalls an die Regeln der WTO halten. Außerdem billigen die Mitgliedsstaaten der WTO nur Legitimität aufgrund der von ihr erreichten Ergebnisse zu, wenn sie die Verhandlungs-, Durchsetzungs- und Risiko-Problematik effektiv zu meistern vermag.

(2) Verhandlungen: Erfolgreiche Verhandlungen werden unwahrscheinlicher, wenn sich die Staaten nicht aufgrund der Legitimität der WTO verpflichtet fühlen, Verhandlungsnormen zu befolgen. Außerdem gilt, dass die Unsicherheit über die Auswirkung von Abkommen die Verhandlungspartner umso mehr beschäftigt und behindert, je höher das Risiko der Rigidität ist. Denn wenn sich Schwachpunkte in den Verträgen – und insbesondere Benachteiligungen einzelner Staaten – später nicht beseitigen lassen, werden die Staaten mehr daran setzen, sich bereits bei Vertragsschluss für alle Eventualitäten zu wappnen.

(3) Durchsetzung: Die Durchsetzung von WTO-Abkommen wird erschwert, wenn Regierungen ihre Verpflichtungen nicht als legitim anerkennen und sie daher nicht aus normativer Überzeugung einhalten. Auch sehen sich die jeweilige nationale Gesellschaft und die internationale Gemeinschaft weniger veranlasst, Druck auf Regierungen auszuüben, dass diese die Regeln der WTO respektieren, wenn sie WTO-Abkommen nicht als legitim ansehen. Schließlich bedeuten höhere Risiken, die sich etwa aus der wachsenden Unsicherheit über die Auswirkung von Abkommen oder aus erschwerten Neuverhandlungen ergeben, größere Anreize zur Vertragsverletzung, um nachteilige Verpflichtungen zu umgehen.

(4) Risiko: Das Risiko der Rigidität nimmt zu, wenn die Effektivität der Verhandlungen fällt, da schleppende Verhandlungen verhindern, dass unerwartete, nachteilige Auswirkungen von Verträgen in Neuverhandlungen gemildert werden können. Ebenso steigt das Risiko gerichtlicher Streitschlichtung mit zäheren Verhandlungen, da die Mitgliedsstaaten sich nur schwerlich einigen können, Urteile zu revidieren oder das Streitschlichtungssystem zu reformieren. Das Risiko von Mehrheitsentscheidungen wird schließlich umso größer, je weniger sich die Mitgliedsstaaten von der Legitimität der WTO zur rücksichtsvollen Ausübung des Mehrheitsverfahrens anhalten lassen.

Abbildung 7 zeigt die Wechselwirkungen zwischen den Problemen internationaler Kooperation. Die Pfeile stehen für verstärkende Beziehungen – je besser (schlechter) das eine Problem gelöst wird, desto besser (schlechter) auch das andere.

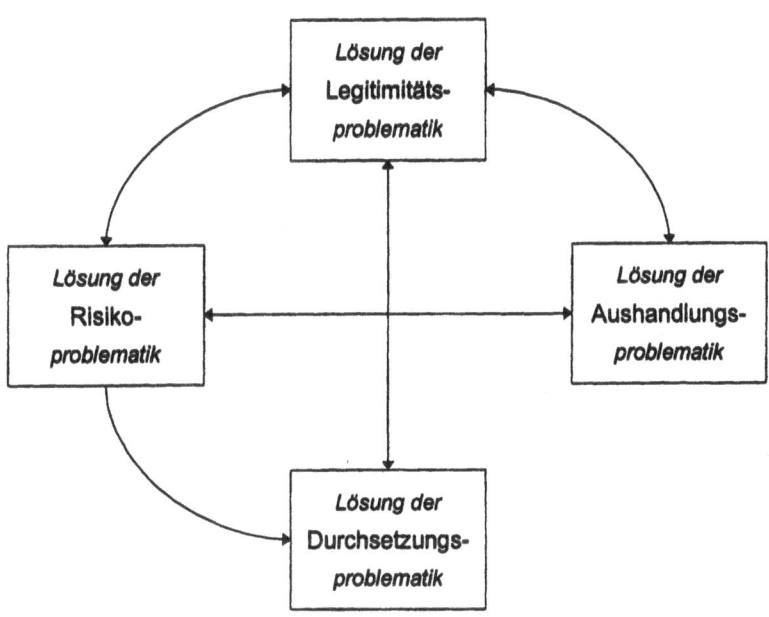

Abbildung 7: Interdependenz der Probleme internationaler Kooperation

Unterlassen es die Mitgliedsstaaten, die WTO strukturell zu reformieren, so werden sich die Kooperationsprobleme – jedes für sich genommen und in wechselseitiger Beeinflussung – verschärfen. Damit besteht die Gefahr, dass die WTO in eine Abwärtsspirale gerät. In diesem Fall werden zwei weitere Entwicklungen Vorschub erhalten, welche die WTO destabilisieren.

7.2   Einseitige Ausrichtung an wirtschaftlichen Zielen

Ohne Reformen wird die WTO nicht dazu beitragen können, die Globalisierung in Kooperation mit anderen internationalen Institutionen über eng definierte Handelsthemen hinaus politisch zu gestalten. Vielmehr liegt der Reflex nahe, sich an der thematisch eingeschränkten und politisch abgeschotteten Vergangenheit dieser Institution zu orientieren, um Streitpunkte auszuklammern und der Überlastung zu entgehen. Dadurch könnten WTO-feindlich gesonnene Globalisierungsverlierer und idealistische Globalisierungsgegner, die einen protektionistischen Gegenkurs zu einer einseitig marktschaffenden WTO fordern würden, innenpolitisch leichter die Oberhand gewinnen. Zumindest aber würde die Legitimität der WTO leiden und die Konflikte mit der globalen Zivilgesellschaft würden sich intensivieren, wenn die WTO politische Ziele, die auf nationaler Ebene und in anderen internationalen Institutionen verfolgt werden, einem enggefassten ökonomischen Imperativ zu unterwerfen versuchte.

7.3   Regionalisierung als Konkurrenz zur WTO

Ohne Reformen werden die Mitgliedsstaaten des Weiteren von einer gehemmten WTO vermehrt auf regionale Kooperation ausweichen. Diesbezüglich ist zu befürchten, dass die Mitgliedsstaaten auf die Regionalisierungskarte setzen, ohne sich von der WTO von Formen der Regionalisierung abhalten zu lassen, die für die multilaterale Handelsordnung schädlich sind.

Generell sind alle Mitgliedsstaaten gemäß dem Meistbegünstigungsprinzip verpflichtet, allen Mitgliedsstaaten die gleichen Marktzugangsbedingungen zu bieten. Allerdings besteht die Möglichkeit, dass WTO Mitglieder ein regionales Integrationsabkommen schließen und bei der WTO anerkennen lassen. Die Mitglieder eines regionalen Abkommens dürfen sich sodann bevorzugte Marktzugangsbedingungen gewähren, die sie nicht auf alle Mitgliedsstaaten der WTO ausweiten müssen. Zu den wichtigsten integrierte Regionen zählen neben der EU die NAFTA in Nordamerika, das Mercosur in Südamerika und das Freihandelsabkommen der Vereinigung Südostasiatischer Staaten (AFTA).

Die WTO lässt regionale Integrationsabkommen unter zwei substantiellen Bedingungen zu. Erstens müssen deren Mitglieder zumindest eine Freihandelszone errichten, also ihre intra-regionalen Handelshemmnisse weitgehend beseitigen. Es steht den Mitgliedern frei, darüber hinaus weitergehend zu kooperieren und beispielsweise einen gemeinsamen Außenzoll für die integrierte Region festzulegen, eine gemeinsame Währung einzuführen oder weitere Politikfelder zu koordinieren. Zweitens darf der durchschnittliche Grad der Abschottung nach außen durch die regionale Kooperation nicht steigen.

Diese Auflagen sollen die Zahl der regionalen Integrationsabkommen begrenzen und gewährleisten, dass diese der Weltwirtschaft möglichst nicht schaden. Die Auflagen werden in der Praxis allerdings kaum umgesetzt. Viele Integrationsabkommen bleiben hinter einer Freihandelszone zurück: Intra-regionale Handelshemmnisse werden nicht ausreichend abgesenkt und ganze Sektoren werden von der Marktöffnung ausgenommen. Auch lässt sich der Grad der Abschottung nach außen kaum kontrollieren.

Regionalisierung wirkt sich vielschichtig aus.[63] Selbst wenn integrierte Regionen sich an die WTO-Auflage halten, ihre Märkte nicht stärker abzuschotten, entstehen wirtschaftliche Kosten.

(1) Verwaltungskosten: In einer Freihandelszone – das heißt, einer integrierten Region ohne einheitlichen Außenzoll – müssen Regeln über den Ursprung von Handelsgütern festgelegt und administriert werden, um intra-regional und extra-regional – also innerhalb beziehungsweise außerhalb der integrierten Region – hergestellte Güter unterschiedlich behandeln zu können. Ansonsten würde ein Großteil der Güter über jenes Land mit den niedrigsten Zollsätzen der integrierten Region eingeführt, so dass den übrigen Mitgliedern Zolleinnahmen entgingen. Dies dürfte einen Zollsenkungswettbewerb zwischen den Mitgliedern der integrierten Region hervorrufen, der von diesen unerwünscht ist. Das Problem ist nun, dass Ursprungsregeln leicht umgangen werden können, beispielsweise indem Güter in ein Mitgliedsland mit geringen Zollsätzen eingeführt, dort marginal weiter verarbeitet und sodann als intra-regionales Produkt zollfrei in anderen Mitgliedsländer verkauft werden. Daher sind umfangreiche Regelwerke und aufwendige Kontrollverfahren notwendig, die sowohl Staaten als auch Unternehmen hohe Kosten verursachen. (Außerdem werden Ursprungsregeln als protektionistisches Instrument verwendet, das Unternehmen verleitet, einen größeren Teil der Wertschöpfung eines Produktes innerhalb der integrierten Region vorzunehmen, damit das Produkt als intra-regional erstellt anerkannt und zollfrei behandelt wird.)

(2) Verzerrungen: Da für intra-regionale und extra-regionale Anbieter unterschiedliche Regeln gelten, werden Handels- und Investitionsströme verzerrt. Dies ist der im Eingangskapitel erwähnte Fall, in dem der von Zöllen befreite französische Bauer den argentinischen Bauern auf dem deutschen Rindfleischmarkt unterbieten kann, obwohl er höhere Produktionskosten für Fleisch gleicher Qualität hat. Da die französische Rindfleisch-Produktion einen künstlichen Wettbewerbsvorteil besitzt, fließen Mittel in diesen Sektor, die langfristig vorteilhafter in solche Bereiche investiert werden sollten, in denen Frankreich einen Effizienzvorsprung hat.

---

[63] Bagwell und Staiger (2002), Baldwin, Cohen, Sapir und Venables (1999), Bhagwati, Krishna und Panagariya (1999), OECD (2003), World Bank (2000), World Bank (2004).

Ob integrierte Regionen sich tatsächlich an die Vorgabe halten, ihre Märkte nicht stärker abzuschotten, ist empirisch schwerlich nachweisbar.[64] Fünf Gesichtspunkte sprechen dafür, dass integrierte Regionen zum Protektionismus neigen.

(1) Optimalzoll: Wenn integrierte Regionen den Handel behindern, verbessern sich ihre Austauschverhältnisse auf dem Weltmarkt deutlicher, als wenn ihre einzelnen Mitgliedsstaaten dies unkoordiniert täten. Da integrierte Regionen über größere Heimmärkte verfügen, geht die Nachfrage nach jenen Gütern, deren Import die integrierte Region erschwert, deutlicher zurück. Infolgedessen senken die ausländischen Anbieter ihre Preise stärker.

(2) Verhandlungsbasis für regionale Integrationsabkommen: Staaten haben zudem einen Anreiz, ihre Märkte abzuschotten und bei multilateraler Liberalisierung nicht mitzuziehen, um das Recht auf Zugang zu ihren Märkten auf Vorzugsbasis an wenige Staaten zu vergeben. Dieser wertvolle Vorzugszugang kann gegen anderweitige Konzessionen eingetauscht werden.[65] Um einen solchen Tausch vornehmen zu können, muss diese Vereinbarung als regionales Integrationsabkommen anerkannt werden, da sonst die wechselseitige, bevorzugte Behandlung zwischen einigen Handelspartnern gegen das Meistbegünstigungsprinzip der WTO verstoßen würde. Beispielsweise konnten die USA und Kanada der mexikanischen Regierung abringen, im Gegenzug für den freien Zutritt in den US-amerikanischen und kanadischen Markt ihr Niveau der tatsächlich umgesetzten Umwelt- und Sozialstandards anzuheben. Dieses Tauschgeschäft kann nicht mit dem Meistbegünstigungsprinzip in der WTO angefochten werden, da es in Form der NAFTA als regionales Integrationsabkommen bei der WTO angemeldet und legalisiert wurde.

(3) Lobbying: Da integrierte Regionen exportorientierten Unternehmen größere Heimmärkte bieten, drängen diese weniger auf multilaterale Liberalisierung, um sich Märkte außerhalb der integrierten Region zu erschließen. Gleichzeitig profitieren Unternehmen, die in der integrierten Region produzieren, von der bevorzugten Behandlung gegenüber ausländischen Anbietern und bilden so eine neue Interessenskoalition import-konkurrierender Unternehmen auf regionaler Ebene.[66]

(4) Strukturwandel: Die regionale Wirtschaftsintegration zieht bereits einen wirtschaftlich, sozial und politisch belastenden Strukturwandel nach sich. Regierungen sind daher verleitet, den Anpassungsdruck zu mildern, indem sie die inländische Wirtschaft vor extra-regionaler Konkurrenz schützen.

(5) Intra-regionale Verhandlungen: Jedes Land hat einige besonders sensible Sektoren, in denen schlagkräftige Interessensvertretungen Liberalisierung verhindern. Diese „Steckenpferde" boxen die Mitgliedsländer in intra-regionalen

---

[64] World Bank (2004).
[65] Freund (2003), Limao (2002), Perroni und Whalley (2000).
[66] Bhagwati, Krishna und Panagariya (1999), Cadot, De Melo und Olarreaga (1999).

Verhandlungen durch, so dass integrierte Regionen in vielen Politikbereichen durch einige wenige entschiedene Protektionismus-Befürworter festgelegt sind.[67] Beispielsweise haben die Nutznießer der europäischen Agrarpolitik unter französischer Führung lange eine Reform der protektionistischen Agrarordnung verhindert, obwohl eine liberale Reform hier im gesamteuropäischen Interesse gelegen und in WTO-Verhandlungen wertvolle Konzessionen der außereuropäischen Handelspartner eingebracht hätte.

Andererseits kann regionale Integration auch zusätzliche multilaterale Liberalisierung vorbereiten, indem die Wirtschaft einen ihre internationale Wettbewerbsfähigkeit steigernden Strukturwandel durchläuft und indem multinationale Unternehmen heranwachsen, die im globalen Wettbewerb bestehen können. Außerdem kann die regionale Integration von einem umfassenden wirtschaftspolitischen Wandel begleitet sein, der dem Handel zuträglich ist und durch die regionale Integration dauerhaft gesichert wird. Dies lässt sich zum Beispiel für Mexiko in Verbindung mit der Gründung der NAFTA feststellen, ebenso im Zusammenhang von Südafrika und der Südafrikanischen Zollunion (SACU).

Unabhängig davon, ob regionale Integration die Präferenzen der beteiligten Staaten eher zugunsten einer protektionistischen oder einer liberalen Ausrichtung verändert, unterläuft bereits die Möglichkeit regionaler Kooperation die multilaterale Zusammenarbeit in der WTO. Wenn Staaten nach Abschluss multilateraler Verhandlungen regionale Integrationsabkommen schließen, entwerten sie die Marktzugangsrechte, die sie jenen Staaten gewährt haben, die nicht zum neu formierten Integrationsabkommen gehören. Wenn beispielsweise die EU im Rahmen von WTO-Verhandlungen durch eigene Konzessionen eine Öffnung des mexikanischen Marktes für alle Mitgliedsstaaten ausgehandelt hat, hängt der Wert dieses Marktzugangsrechts von den Wettbewerbsverhältnissen auf dem mexikanischen Markt ab. Die Gründung der NAFTA bietet nun US-amerikanischen und kanadischen Anbietern bevorzugte Wettbewerbsbedingungen auf dem mexikanischen Markt, so dass europäische Anbieter weniger nach Mexiko exportieren werden als bei Abschluss der WTO-Verhandlungen erwartet. Angesichts dieser Unsicherheit über den Wert zugesagter Marktöffnung sind die Mitgliedsstaaten zu weniger eigenen Konzessionen bereit.[68]

Schließlich konterkariert die regionale Kooperation den in der multilateralen, institutionalisierten Zusammenarbeit im Rahmen der WTO angelegten Effekt, Machtungleichgewichte zwischen den Staaten auszugleichen.

(1) Machtungleichgewicht in integrierten Regionen: Die Möglichkeit für kleine Staaten, durch regionale Integration bevorzugten Zugang zu den Märkten großer Staaten zu gewinnen, ist ein zweischneidiges Schwert. Denn allein einem großen Staat gegenüber gestellt, befindet sich ein kleines Land in einer schwa-

---

[67] Meunier (2000).
[68] Bagwell und Staiger (2002).

chen Position für Verhandlung und Durchsetzung regionaler Abkommen. Dies gilt erst recht, wenn das kleine Land wirtschaftlich auf den größeren Nachbarn angewiesen ist. Das große Land kann bei Abschluss des regionalen Integrationsabkommens den Löwenanteil der anfallenden Gewinne für sich einstreichen, nachfolgende Verhandlungen ebenfalls zu eigenen Gunsten wenden und die eigenen Verpflichtungen vernachlässigen.

(2) **Überlappende Freihandelszonen:** Staaten mit großen, attraktiven Märkten und beträchtlichen diplomatischen Ressourcen gehen mehr regionale Integrationsabkommen ein als kleine, arme Länder. Daher haben in großen Industrieländern beheimatete Anbieter bevorzugten Zugang zu mehr ausländischen Märkten, die ihnen durch ein regionales Integrationsabkommen erschlossen sind. Dies bietet ihnen einen zusätzlichen Wettbewerbsvorteil gegenüber Anbietern aus kleineren und weniger entwickelten Ländern.

Daher ist die intra-regionale Marktöffnung zwar zu begrüßen, verwirklicht sie doch die Freihandelsziele der WTO für den regionalen Raum. Jedoch wirkt sich die Regionalisierung auf die multilateralen Freihandelsbemühungen im Rahmen der WTO besorgniserregend aus.

Von diesem Urteil auszunehmen ist der so genannte *offene Regionalismus*, wie er in der Asiatisch-Pazifischen Wirtschaftskooperation (APEC) versucht wird. Hier wird den Mitgliedern des regionalen Integrationsabkommens kein bevorzugter Zugang zum regionalen Markt gewährt, sondern alle in regionalen Verhandlungen getroffenen Marktöffnungsverpflichtungen gelten automatisch für alle Mitgliedsstaaten der WTO. Bedauerlicherweise sind die Fortschritte der APEC gering, während auch in Asien Freihandelszonen Verbreitung finden, die ihren Mitgliedern Vorzugsbehandlung gewähren.

7.4   Demokratische Reformen auf nationaler Ebene

Die WTO ist vor allem ein Forum, das den Mitgliedsstaaten die Zusammenarbeit erleichtert. WTO-Sekretariat und Streitschlichtungsinstanzen können punktuell Einfluss nehmen, aber im Grunde geht alle Macht von den Mitgliedsstaaten aus.[69] Daher ist die Willensbildung in den Mitgliedsstaaten für die Funktionsfähigkeit der WTO von entscheidender Bedeutung. Es stellt sich somit die Frage, ob sich die Probleme der WTO durch demokratische Reformen auf der nationalen Ebene entschärfen lassen. Solche Reformen könnten größere Transparenz in der innenpolitischen Aushandlung der nationalen WTO-Politik herstellen und der Zivilgesellschaft und dem Parlament darin mehr Mitspracherechte einräumen.

---

[69] Bacchus (2004).

Wenn die politischen Prozesse auf nationaler Ebene demokratischer werden, kommt dies der WTO in der Tat zu Gute:

(1) Legitimität: Ob Entscheidungen der Mitgliedsstaaten in der WTO als legitim erachtet werden, steht und fällt mit der demokratischen Legitimität, die nationale Verhandlungspositionen genießen. Wenn die Verhandlungsführer in der WTO dem demokratisch formulierten Willen ihrer jeweiligen nationalen Gesellschaft getreulich dienen, sind die Ausgangsbedingungen für eine legitime Entscheidungsfindung in der WTO bereitet. Wenn hingegen Unternehmensinteressen besonderen Einfluss auf die nationale Verhandlungsposition ausüben und wirtschaftliche Konsumenteninteressen ebenso wie gesundheitliche, soziale und ökologische Anliegen dominieren, überträgt dieser Staat der WTO mit seiner Stimme nur ein eingeschränktes Maß an Legitimität. Die Zustimmung von Diktaturen trägt keinesfalls zur Legitimität der WTO bei.

(2) Aushandlung: Konsumenten haben ein wirtschaftliches Interesse an freiem Handel, der ihnen ein breiteres Angebot an innovativeren und preisgünstigeren Produkten und Dienstleistungen zugänglich macht. Insoweit Konsumenten aus nicht-wirtschaftlichen Gründen eine Einschränkung des Handels gutheißen – beispielsweise zwecks Gesundheitsschutz bei Lebensmitteln –, sollte dabei aus ihrer Sicht der Handel möglichst wenig beeinträchtigt werden. Demgemäß wird die Lobby der import-konkurrierenden Unternehmen geschwächt, wenn Konsumenteninteressen im nationalen politischen Prozess mehr Beachtung finden. Mehr Handelsliberalisierung wird dadurch zustimmungsfähig.

(3) Durchsetzung: Da Vertragsverletzungen in den meisten Fällen der nationalen Wohlfahrt und insbesondere den Konsumenten schaden, wird auch die Durchsetzung von WTO-Abkommen erleichtert, wenn die Entscheidung der Regierung, ob sie ihre WTO-Verpflichtungen einhalten soll, stärker von den Präferenzen der inländischen Gesellschaft abhängt.

(4) Risiken: Aus der Perspektive des einzelnen Bürgers bringt jede Stärkung der WTO ein doppeltes Risiko mit sich: Erstens können die eigenen Regierungsvertreter in der WTO vom Willen der Bevölkerung abweichen und sich von Sonderinteressen leiten lassen. Wie in Kapitel 6 ausgeführt, ist es zweitens möglich, dass WTO-Regeln nicht den Interessen dienen, die von den eigenen Regierungsvertretern in der WTO verfolgt werden: Bestehende Regeln können dem nationalen Interesse zuwiderlaufen und sich nur kostspielig ändern lassen; oder gerichtliche Streitschlichtung und Mehrheitsabstimmungen können zu neuen, unpassenden Regeln führen.

Aus Sicht der inländischen Gesellschaft ist es im Ergebnis unerheblich, welche der beiden Risiken zu welchem Anteil dazu führen, dass WTO-Regeln ihren Interessen widersprechen. Wenn also der nationale Politikprozess demokratisiert wird und somit die Positionen der Regierungsvertreter in der WTO mehr mit den Interessen der inländischen Gesellschaft übereinstimmen, dann ist die inländische Gesellschaft eher willens, das Risiko einzugehen, dass ihre Regierungs-

vertreter mit ihren Positionen in der WTO nicht durchdringen. Mit mehr nationaler Demokratie wächst folglich die Bereitschaft der Bürger, Kompetenzen an
die WTO zu übertragen.

Doch dämpfen einige Faktoren die Hoffnungen, die vernünftigerweise in nationale demokratische Reformen gelegt werden können.

(1) Begrenzte Realisierbarkeit: Jene innenpolitischen Kräfte, die gegenwärtig
von ihrem besonderen, demokratisch nicht legitimierbaren Einfluss profitieren,
widersetzen sich einer Demokratisierung der Handelspolitik. In einer liberalen
Demokratie können dies import-konkurrierende Sektoren sein, in einem autori-
tären Staat politisch dominierende Clans oder Einheitsparteien.

(2) Begrenzte Wirkung: Zudem lassen sich nicht sämtliche Probleme im Zusammenhang mit Legitimität, Aushandlung, Durchsetzung und Risiken von
WTO-Abkommen durch Reformen auf der nationalen Ebene lösen. Zum Beispiel kann ein pazifischer Inselstaat seinen Vertreter noch so basisdemokratisch
bestimmen, ohne sich damit Gehör in WTO-Verhandlungen verschaffen zu
können, die seine vitalen Interessen berühren.

(3) Kontraproduktive Wirkung: Entgegen der allgemein positiven Auswirkungen bringen einzelne Aspekte nationaler demokratischer Reformen Nachteile für
die WTO. Die Demokratisierung reduziert den politischen Spielraum von Regierungen und ihren Verhandlungsführern bei der Aushandlung von WTO-
Abkommen. Auch können Regierungen unter Umständen eher von Abkommen
abweichen und sich in Streitfällen unnachgiebiger zeigen, wenn sie gegenüber
ihrer nationalen Gesellschaft in hohem Maße rechenschaftspflichtig sind.

Demokratische Reformen auf der nationalen Ebene können folglich dazu beitragen, die Herausforderungen internationaler Kooperation in der WTO effektiver
zu bewältigen. Sie sind aber kein Allheilmittel. Reformen auf internationaler
Ebene, an der Struktur der WTO, sind somit unumgänglich.

7.5   Zusammenfassung

Unterbleiben Reformen, werden sich die Probleme der WTO mit der Legitimie-
rung, Aushandlung und Durchsetzung von Abkommen verschärfen und die
Mitgliedsstaaten werden sich heftiger gegen riskante Eingriffe in ihre Souveränität wehren. Diese einzelnen Probleme werden sich gegenseitig verstärken und
dürften zu kritischen Ausweichreaktionen führen. Zum einen liegt der Reflex
innerhalb der WTO nahe, durch eine engere Beschränkung auf Wirtschaftsthe-
men die ehemalige Funktionsfähigkeit wieder zu erlangen zu versuchen. Dies
würde ihren Anliegen jedoch auf nationaler wie internationaler Ebene schaden.
Zum anderen dürften die Mitgliedsstaaten ihre Kooperation aktiver von der
WTO auf regionale Integrationsabkommen verlagern. Da regionale Integrationsabkommen administrativen Aufwand verlangen, Handels- und Investitions-

ströme verzerren, möglicherweise die extra-regionalen Handelshemmnisse erhöhen, den multilateralen Liberalisierungsprozess in der WTO unterlaufen und kleine, arme Länder benachteiligen, ist die Regionalisierung eine Gefahr für die WTO.

Aus all diesen Gründen sind Reformen nicht nur essentiell, um neue Abkommen schließen und die bestehende multilaterale Kooperation intensivieren zu können, sondern auch um den erreichten Grad an multilateraler Kooperation unter den sich wandelnden Bedingungen zu erhalten. Demokratische Reformen auf der nationalen Ebene sind hierfür erforderlich, jedoch nicht ausreichend – die Strukturen der WTO selbst müssen reformiert werden.

Reformen der WTO

8 Reformen der Entscheidungsfindung

Formal werden Entscheidungen in der WTO unter Beteiligung aller Mitgliedsstaaten getroffen, wobei oft Einstimmigkeit erforderlich ist. Informell werden
wesentliche Aspekte in kleinen Gruppen einflussreicher Staaten ausgehandelt, zu
denen vermehrt auch große Entwicklungsländer gehören. Dieses Entschei-
dungsverfahren ist erstens unzureichend legitim. Es ist zweitens unzureichend
effektiv; dadurch wird die Aushandlung neuer Abkommen erschwert und das
Risiko der Rigidität und der gerichtlichen Streitschlichtung – der ein adäquates
legislatives Gegengewicht fehlt – erhöht.

Mehrheitsabstimmungen auszuweiten ist eine Reformmaßnahme, um die formel-
le Entscheidungsfindung zu erleichtern und somit gleichzeitig die Praxis infor-
meller Absprachen zu beschneiden. Der umfassende Einsatz von Mehrheitsabstimmungen ist jedoch für die Mitgliedsstaaten zu riskant (siehe Kap. 6).

Das WTO-Sekretariat unter Führung des Generalsekretärs zu stärken, ist eine
alternative Reformmaßnahme. Demnach würde das Sekretariat gemäß Auftrag
der Ministerkonferenz oder aus eigener Initiative Vorschläge für Abkommen
ausarbeiten, die dann der Ministerkonferenz als Grundlage für ihre Verhandlungen vorgelegt werden würden. Die Vorschläge des Sekretariats wären zwar nicht
bindend, würden aber doch mitbestimmen, über welche Themen und von
welchem Ausgangspunkt aus die Mitgliedsstaaten verhandeln. Die Kompetenzen
des Sekretariats würden folglich nicht nur die Effizienz der Verhandlungen,
sondern auch deren Ergebnis berühren.

Um die von den Mitgliedsstaaten erwünschte Expertise für zunehmend komplexe Regelungsgegenstände bereitzustellen, dürfte ein moderater Ausbau des Sekretariats geeignet und für die Mitgliedsstaaten akzeptabel sein. Hingegen ist die
Vorstellung unrealistisch, dass dem Sekretariat eine so bedeutende Stellung im
Entscheidungsprozess zugewiesen werden könnte, dass künftige Verhandlungen
wesentlich entlastet würden.

Erstens ist es nicht Sache von Experten, die vermehrt erforderlichen Grundsatz-
abwägungen zwischen konkurrierenden Werten und Normen zu treffen; dies
kann legitim nur von demokratisch gewählten Regierungsvertretern geleistet
werden. Zweitens beinhaltet ein starkes Sekretariat ein inakzeptables Risiko für
die Mitgliedsstaaten; das Sekretariat könnte in Verhandlungen eine Seite zu Lasten der anderen begünstigen oder seine eigenen Pläne entgegen dem Willen der
meisten Mitgliedsstaaten propagieren. Erweiterte Kompetenzen des Sekretariats
ermöglichen zwar im Allgemeinen effizientere Verhandlungen, dies gilt jedoch

nicht, wenn die Mitgliedsstaaten Entscheidungen herbeizuführen versuchen, die sich gegen das Sekretariat wenden.

Daher lassen sich WTO-Verhandlungen weder durch häufigeren Einsatz von Mehrheitsabstimmungen noch durch eine Stärkung des Sekretariats hinreichend vereinfachen. Als einzige Möglichkeit bleibt, die Zahl der beteiligten Staaten zu reduzieren. Zu diesem Zweck müssen die Staaten in Gruppen zusammengefasst werden und jede Gruppe muss sich auf einen gemeinsamen Vertreter einigen, der stellvertretend für alle Staaten der Gruppe die Verhandlungen führt. Drei Formen bieten sich an, um mehrere Staaten mit einer Stimme in WTO-Verhandlungen zu repräsentieren:

(1) Staatengruppen mit gemeinsamen Interessen: Staaten können sich aus freien Stücken zu Interessensgruppen zusammenschließen. Beispielsweise spielte in der Uruguay-Runde die Cairns-Gruppe eine prominente Rolle, in der sich Agrar-Exportländer aus dem Norden und dem Süden zusammengetan hatten, um gemeinsam die Liberalisierung des Agrarhandels voranzutreiben.

(2) Leitungsgremium: Alternativ könnte die WTO ihr informelles, minilaterales Entscheidungssystem reformieren und gleichzeitig formalisieren. Dann würden nicht die mächtigen Staaten in Hinterzimmern die Eckpunkte von Abkommen unter sich aushandeln, sondern ein offizielles Leitungsgremium würde Vorlagen für die Sitzungen des Ministerrats vorbereiten. In diesem Leitungsgremium wären die mächtigen Staaten direkt vertreten, während sich schwächere Staaten gemäß eines von der WTO festgelegten Prinzips gruppieren und auf einen gemeinsamen Repräsentanten einigen müssten.

(3) Integrierte Regionen: Schließlich können Staaten ihre Verhandlungsrechte in der WTO dauerhaft auf eine regionale, supranationale Organisation übertragen. Das herausragende Beispiel hierfür bietet die EU, deren Organe mit der Aushandlung von WTO-Abkommen beauftragt sind.

Um diese drei Ansätze zu bewerten, ist zu untersuchen, wie *legitim* und wie *effektiv* die gemeinsame Repräsentation funktioniert. Nur wenn beide Kriterien erfüllt sind, kann damit gerechnet werden, dass Staaten der gemeinsamen Repräsentation zustimmen und dass sich diese langfristig als vorteilhaft für die multilaterale Kooperation erweist.

8.1 Staatengruppen mit gemeinsamen Interessen

Staaten können sich auf freiwilliger Basis zu Gruppen zusammenschließen, welche die Interessen ihrer Mitglieder gemeinsam mit einer Stimme in WTO-Verhandlungen vertreten. Dabei kann sich die Gruppe um eine einhellige Position für alle in einer WTO-Verhandlungsrunde behandelten Themen bemühen, wie die G-21, ein Zusammenschluss von Entwicklungsländern unter Führung von Brasilien, Indien, China und Südafrika, die in Cancún 2003 ein zentraler

Akteur war. Oder die Gruppe beschränkt ihre Kooperation auf einzelne Themenbereiche, wie beispielsweise die Cairns-Gruppe auf den Handel mit landwirtschaftlichen Produkten.

Beide Formen von Interessensgruppen fassen die Positionen ihrer Mitglieder in legitimer Weise zusammen. Erstens bilden sich diese Gruppen entlang gemeinsamer Interessen, so dass keine fundamentalen Gegensätze überbrückt werden müssen. Zweitens können die Staaten partizipative Mechanismen einrichten, um dennoch bestehende Interessensdivergenzen innerhalb der Gruppe fair zu handhaben. Beispielsweise kann das jeweils verhandlungsführende Land den vertretenen Mitgliedern Rede und Antwort schuldig sein und der Sitz in den WTO-Verhandlungen kann zwischen den Mitgliedern der Gruppe rotieren. Drittens steht es jedem Staat frei, ohne großen Aufwand eine Gruppe zu verlassen und einer anderen beizutreten, wenn er seine Anliegen nicht befriedigend in der gemeinsamen Verhandlungsposition aufgehoben sieht.

Allerdings sind beide Formen von Interessensgruppen kein hinreichend effektives Instrument, die nationalstaatlichen Positionen für WTO-Verhandlungen zu aggregieren. Staatengruppen, die eine gemeinsame Position in allen verhandelten Themenbereichen anstreben, stehen zwei Schwierigkeiten gegenüber.[70]

(1) Zunehmende Interessensdivergenzen: Die kollektive Repräsentation funktioniert nur, solange die gemeinsamen Interessen überwiegen. Nun führen aber der größere Umfang internationaler Kooperation und die engere Interdependenz der Themenfelder dazu, dass in der WTO über immer mehr Themen gleichzeitig verhandelt wird. Die einzelnen Themen betreffen dabei die Staaten nicht in gleicher Weise. Zum Beispiel haben die Entwicklungsländer konträre Interessen, wenn es darum geht, ob Agrarsubventionen und Zölle auf landwirtschaftliche Produkte abgeschafft werden sollen, je nachdem in welchem Maße sie Agrarprodukte importieren und exportieren. Deswegen wird es immer unwahrscheinlicher, dass eine Interessensgruppe in einem Großteil der verhandelten Bereiche mit einer einheitlichen Position auftreten kann.

(2) Abnehmende Konzessionsbereitschaft: Außerdem werden die Ergebnisse von WTO-Verhandlungen umso wichtiger, je wirtschaftlich vorteilhafter und umfangreicher die internationale Kooperation wird und je tiefer die WTO-Abkommen in die nationalstaatliche Regulierungsbefugnisse eingreifen. Deswegen werden die Mitglieder von Interessensgruppen zögerlicher, Kompromisse im Dienst der gruppeninternen Entscheidungsfindung hinzunehmen, um zu einem klaren Mandat für die Verhandlungsführer der Gruppe zu gelangen. Gleichzeitig werden sie aufgrund dieser Entwicklungen unwilliger, WTO-Verhandlungsrechte ohne ein klares Mandat an einen Verhandlungsführer der Gruppe zu transferieren und damit ein Risiko auf sich zu nehmen.

---

[70] Drahos (2003), Hormats (2001), Kahler (1992), Leigh-Phippard (1999), Shaffer (2001).

Da die Interessen der Staaten weiter auseinander fallen und die Staaten zugleich entschlossener darauf bedacht sind, ihre Interessen zu hüten, bieten sich themenspezifische Interessensgruppen als Alternative an. Bei themenspezifischen Gruppen decken sich die Interessen der Gruppenmitglieder für jede thematisch fokussierte Arbeitsgruppe in WTO-Verhandlungen stärker.

Allerdings müsste jeder Staat mehreren themenspezifischen Interessensgruppen angehören – einer Gruppe für Agrar- und Textilprodukte, einer Gruppe für Dienstleistungsliberalisierung, einer für die Rechte an geistigem Eigentum etc. –, wenn die Zahl der Teilnehmer in allen thematisch fokussierten Arbeitsgruppen in WTO-Verhandlungen deutlich reduziert werden soll.

Eine derartige multiple Gruppenzugehörigkeit macht umso weniger Sinn, je stärker die einzelnen Themenbereiche interdependent werden. Staaten mögen in getrennten Themenfeldern mit jeweils unterschiedlichen Bündnispartnern eng zusammenarbeiten. Wenn jedoch Themen verknüpft werden, in denen zwei Staaten einmal zur selben, einmal zur entgegengesetzten Interessensgruppe gehören, drohen die Interessensgruppen auseinander zu brechen. Da in Zukunft die Verteilungswirkung innerhalb eines einzelnen Themenbereichs schlechter austariert werden kann, werden mehr Themen gemeinsam verhandelt, um ein allseits befriedigendes Abkommen auszuarbeiten (siehe Kap. 2.2 und 4). Entsprechend wächst die Belastung für themenspezifische Interessensgruppen.

Wenn Staaten mehreren Gruppen angehören, leidet außerdem das Zugehörigkeitsgefühl zur Gruppe. Dies ist nachteilig, da Staaten eher zu Konzessionen bereit sind, wenn sie einer einzigen, dauerhaften, für sie essentiellen Gruppe angehören, als wenn sie an fluktuierenden Netzwerken mit themenspezifischer Kooperation partizipieren.

Trotz der einflussreichen Aktivität diverser Staatengruppen, die bei den zurückliegenden WTO-Verhandlungen zu beobachten war, können daher weder einheitliche noch themenspezifische Gruppen von Staaten mit gemeinsamen Interessen einen langfristig ausreichenden Beitrag zu effektiven Verhandlungen leisten.

8.2 Leitungsgremium

Die Mitgliedsstaaten könnten ein WTO-Leitungsgremium schaffen (oder auch mehrere, themenspezifische). Darin würden nach festen Vorgaben eingeteilte Gruppen jeweils einen gemeinsamen Sitz einnehmen. Die Legitimität und Effektivität einer solchen Konstruktion hängt von der Ausgestaltung der auf WTO-Ebene festzulegenden Vorgaben ab:

(1) Gruppenzuteilung: Die Staaten können beispielsweise nach geographischen Kriterien oder entsprechend ihres Entwicklungsstandes in Gruppen eingeteilt werden. Jede solche Gruppenzuteilung nach generellen Vorgaben erhöht die

Interessens-Heterogenität innerhalb der Gruppe gegenüber freiwillig gebildeten Interessensgemeinschaften. Selbst wenn sich die WTO in ihren Vorgaben bestmöglich nach bestehenden Gemeinsamkeiten richtet, so resultieren dennoch zusätzliche interne Spannungen, solange sich die Gruppenzugehörigkeit nicht den sich wandelnden Interessen der Staaten anpasst.

(2) Gruppeninterne Entscheidungsmechanismen: Verbindliche gruppeninterne Entscheidungsmechanismen ermöglichen, auch heterogene Interessen innerhalb einer Gruppe in eine einheitliche Verhandlungsposition münden zu lassen. Allerdings kann darunter die Legitimität der Gruppenbildung leiden, da starke Gruppenmitglieder die schwächeren unterdrücken können. Damit sehen sich die schwachen Staaten bereits in der gruppeninternen Entscheidungsfindung dem Risiko ausgesetzt, dass ihr individuelles Interesse übergangen wird.

(3) Gruppenzugehörigkeit: Je verbindlicher die Gruppenzuteilung ist, umso belastbarer funktioniert die gruppeninterne Entscheidungsfindung auch bei internen Spannungen. Andererseits kann ein dominierender Staat – oder eine dominierende Koalition von Staaten –, die eigenen Anliegen innerhalb der Gruppe rücksichtsloser durchdrücken, wenn die Staaten durch eine feste Klammer zusammengehalten werden. Dadurch würden die Legitimität und langfristig auch die Effektivität dieses gruppenbasierten Entscheidungsprozesses beschädigt.

Die Legitimität und Effektivität eines Leitungsgremiums stehen somit in einem Wechselverhältnis. Zwar ist es möglich, die unterschiedlichen Positionen der Nationalstaaten (zumindest kurzfristig) effektiv zu einer einheitlichen, in einem Leitungsgremium gemeinsam vertretenen Position zusammenzufassen. Hierzu sind insbesondere gruppeninterne Mehrheitsabstimmungen mit schwachem Minderheitenschutz geeignet. Jedoch schwindet bei einer effektivitätsorientierten Ausgestaltung die Legitimität des Leitungsgremiums. Aus Sicht der Mitgliedsstaaten scheint lediglich ein Leitungsgremium hinnehmbar, das sich darauf beschränkt, Vorschläge vorzubereiten, die sodann der gesamten Mitgliedschaft der WTO vorgelegt würden.[71]

8.3 Integrierte Regionen

Bei regionalen Integrationsabkommen wie der EU fällt die Bilanz günstiger aus. In der EU ermöglicht eine Reihe von Umständen einen gleichzeitig legitimen und effektiven Entscheidungsprozess:

---

[71] Blackhurst und Hartridge (2004).

(1) Hoch entwickelte Institutionen: Die EU verfügt über hoch entwickelte Institutionen, um gemeinsame Entscheidungen zu treffen und auf WTO-Ebene zu vertreten: klare Entscheidungsprozesse, eine starke Kommission und eine spezialisierte Verwaltung, die benötigte Sachkenntnis bereitstellen kann.

(2) Deliberative Kommunikation und Vertrauen: In der EU hat sich eine Tradition deliberativer Kommunikation entwickelt – zwischen den Regierungen, im Parlament und in den vielfältigen Räten und Komitees. Auch ist Vertrauen gewachsen, das jenseits aller formalen Prozesse gemeinsame Politik fördert.[72]

(3) Gemeinschaftssinn: Zudem hat sich in der EU ein Gemeinschaftssinn gebildet, vorrangig zwischen den Eliten, aber auch in der Bevölkerung. Daher bemühen sich die Regierungen der EU-Mitgliedsstaaten intensiver, eine für alle akzeptable Position zu finden, und sind eher zu Konzessionen im Dienste des gemeinsamen Wohlergehens bereit.[73]

(4) Politischer Druck bei mangelnder Flexibilität: Andererseits kann sich eine Regierung auch unnachgiebig zeigen und dadurch eine EU-Position verhindern, die Grundlage für vorteilhafte WTO-Verhandlungen zu sein verspricht. In diesem Fall üben die anderen Mitgliedsstaaten der EU Druck auf die unnachgiebige Regierung aus. Hierzu bietet ihnen die enge und dauerhafte politische Verflechtung zwischen den europäischen Staaten einen wirksamen Hebel.

(5) Ausgleichsleistungen bei Kompromissbereitschaft: Blockaden lassen sich auch dadurch auflösen, dass eine Regierung, die einen Kompromiss eingeht, um eine gemeinsame EU-Position zu WTO-Themen zu ermöglichen, damit rechnen kann, dass sie in anderen Bereichen der EU entschädigt wird, die nicht mit der WTO in Zusammenhang stehen.

(6) Graduelle Harmonisierung der Interessen: Langfristig gleichen sich die Interessen innerhalb der EU an. Wirtschaftlich holen die weniger entwickelten Mitglieder auf, weil sie EU-Fördergelder erhalten, weil ihr niedrigeres Lohn- und Preisniveau Unternehmen und Kapital anlockt und weil Technologie und Wissen europaweit diffundieren. Auch soziokulturell gleichen sich die Mitgliedsstaaten graduell an, da sich der gesellschaftliche Austausch intensiviert – durch Urlaubs- und Geschäftsreisen, Schüleraustausche und studentische Auslandssemester, oder durch den Umzug in ein anderes europäisches Land. Diese Belebung des soziokulturellen Austausches ist zum einen direkte Folge der wirtschaftlichen Verknüpfung; zum anderen wird der Austausch durch gezielte Programme und geeignete Rahmenregelungen – wie die Anerkennung von Bildungsabschlüssen – gefördert.

---

[72] Eriksen und Fossum (2000), Kohler-Koch und Edler (1998), Joerges und Neyer (1998).
[73] Egeberg (1999), Checkel (2003), Hooghe (1999), Lewis (1998).

Dieses Bild der EU mag allzu rosig gezeichnet erscheinen, verglichen mit dem politischen Hickhack in Brüssel, von dem die Abendnachrichten regelmäßig berichten. Zweifelsohne kommt es in der EU zu Streit, werden die „heiligen Kühe" der einzelnen Mitgliedsstaaten erbittert verteidigt und sinnvolle Vorhaben über Jahrzehnte blockiert. Aber die tatsächliche Leistung der EU ist nicht mit der Traumvorstellung eines idealisierten europäischen Projekts zu vergleichen. Für die WTO ist das Auftreten der EU als Staatengemeinschaft in der WTO entscheidend, verglichen damit, wie die einzelnen Staaten *ohne die EU* in der WTO verhandeln würden. Hier gilt im Allgemeinen: Wenn Staaten im innereuropäischen Entscheidungsprozess Konzessionen verweigern, obwohl die anderen EU-Mitglieder diese einfordern, um sie in der WTO gegen Konzessionen von Nicht-EU-Staaten einzutauschen, so würden die blockierenden Staaten diese in der WTO ohne die EU erst recht nicht eingehen.

Die intra-regionalen Mechanismen legen also nahe, dass der Zusammenschluss aller Mitgliedsstaaten der WTO in 5, 10 oder 20 tiefgehend integrierte Regionen der internationalen Kooperation dienlich sein könnte. Um eine klare Empfehlung dafür auszusprechen, weltweit tiefgehende regionale Integration zu fördern, sind drei Punkte abzuklären:

- Inwieweit ist tiefgehende regionale Integration weltweit realisierbar?

- Würde sie zur Lösung der Kooperationsprobleme in der WTO beitragen?

- Welche Nebenwirkungen würden sich aus ihrer Förderung ergeben?

8.4   Realisierbarkeit

Offensichtlich ist die EU in Umfang und Tiefe ihrer Kooperation einzigartig. Die übrigen regionalen Integrationsabkommen beschränken sich zumeist darauf, eine Freihandelszone oder eine Zollunion (mit einem gemeinsamen Außenzoll) zu errichten. Nur wenige regionale Integrationsabkommen realisieren Vorkehrungen für weiterreichende politische Zusammenarbeit, wie etwa die NAFTA beim Investitionsschutz sowie in der Umwelt- und Sozialpolitik oder wie das lateinamerikanische Mercosur-Abkommen hinsichtlich der Demokratisierung. Dabei sind sie in keinem Fall so weit fortgeschritten, dass mit der EU vergleichbare Bedingungen der intra-regionalen Entscheidungsfindung erreicht und die WTO-Verhandlungsrechte auf ein Organ der integrierten Region übertragen worden wären.

Die besondere Integrationstiefe der EU lässt sich auf günstige Voraussetzungen und einen spezifischen Prozess der Verrechtlichung zurückführen:

(1) Vision: Der Vorläufer der EU, die Europäische Gemeinschaft für Kohle und Stahl (EGKS), wurde nach den Schrecken des Zweiten Weltkrieges auf den Weg gebracht, inspiriert von der Vision eines friedlichen und gemeinschaftlichen Europas.[74] Diese Vision hat auch die nachfolgenden Integrationsschritte beflügelt.

(2) Wirtschaftlicher Entwicklungsgrad: Die Staaten der EU verfügen über hoch entwickelte Volkswirtschaften. Daher wächst mit jeder Vereinheitlichung des europäischen Binnenmarktes der exportorientierte Sektor eines jeden Staates und drängt auf weitere intra-regionale Handelsliberalisierung. Zwischen wirtschaftlich unterentwickelten Ländern generiert intra-regionale Liberalisierung dagegen relativ wenig Handel; es fehlt an exportorientierten Unternehmen, Infrastrukturen und Anbietern von Dienstleistungen, die für den Handel benötigt werden. Außerdem mangelt es den Regierungen in unterentwickelten Ländern an den für die regionale Kooperation erforderlichen finanziellen und personellen Ressourcen.

(3) Rechtsstaatstradition: Ein weiterer, prägender Vorteil für die europäische Integration liegt in der Rechtsstaatstradition und der positiven Erfahrung mit der Rechtsstaatlichkeit in den (meisten) europäischen Staaten.[75] Dies ermöglicht der EU, auf funktionsfähigen Rechtsstaaten aufzubauen, und es erhöht die Akzeptanz für die Verrechtlichung der zwischenstaatlichen Beziehungen in den Mitgliedsstaaten. Demgegenüber ist die Rechtsstaatlichkeit in vielen afrikanischen, asiatischen und lateinamerikanischen Ländern schwach verankert und an einigen Orten als koloniales Erbe sogar negativ besetzt.

Diese Umstände haben die Mitgliedsstaaten der EU angetrieben und befähigt, ihre wirtschaftliche, politische und rechtliche Integration stetig fortzuschreiben. Die Verrechtlichung der EU hat zudem eine spezifische Eigendynamik gewonnen: Der Europäische Gerichtshof hat die Tragweite europäischen Rechts ausgedehnt und dessen Vorrang vor nationalem Recht etabliert – trotz Bedenken der Mitgliedsstaaten.[76] Hierfür war eine besondere historische Situation günstig, in der die europäischen legislativen Entscheidungsprozesse gelähmt waren, da die Mitglieder auf heftige Streitigkeiten hin übereinkommen waren, jedem Staat ein faktisches Veto-Recht einzuräumen.

Da die EU aus solch besonderen historischen Gegebenheiten und Entwicklungen hervorgegangen ist, lässt sich nicht voraussagen, welcher Grad an Integration in anderen Regionen möglich ist und welche Formen die anderen integrierten Regionen annehmen werden. Auch wenn die Integrationstiefe hinter der EU zurückbleibt und eine flexiblere, weniger verrechtlichte Integrationsform gewählt wird, werden die in der EU vorgefundenen Faktoren – hoch entwickelte Institutionen, deliberative Kommunikation und Vertrauen, Gemeinschaftssinn, politi-

---

[74] Parsons (2002).
[75] Sbraiga (2002).
[76] Alter (2000), Stone Sweet und Brunell (1998).

scher Druck bei mangelnder Flexibilität, Ausgleichsleistungen bei Kompromissbereitschaft und graduelle Harmonisierung der Interessen – dennoch die intra-
regionale Entscheidungsfindung begünstigen. Diese Faktoren werden umso
wirksamer sein, je enger die Mitgliedsstaaten der integrierten Regionen im Laufe
vieler Jahre zusammenrücken. Selbst wenn die Mitglieder einer integrierten
Region keine einheitliche Position hervorbringen und in der WTO getrennt auftreten, so werden sie doch dank der regionalen Vorverhandlungen und der
graduellen Harmonisierung ihrer Interessen weniger heterogene Positionen
vertreten.

8.5   Vorteilhaftigkeit

Wie wirkt sich tiefergehende regionale Integration im Detail auf Aushandlung,
Risiken, Durchsetzung und Legitimität von WTO-Abkommen aus?

(1) Aushandlung von WTO-Abkommen: Indem die Mitgliedsstaaten zunächst
in einer integrierten Region vorverhandeln und erst dann ihre gemeinsame Position in die WTO-Verhandlungen einbringen, wird die Menge der zustimmungsfähigen Abkommen ausgeweitet und die Komplexität von WTO-Verhandlungen
reduziert.

Erstens wächst die Menge der zustimmungsfähigen Abkommen, denn die integ-
rierte Region bringt mehr als die interne Schnittmenge der für die einzelnen
Mitglieder individuell vorteilhaften Abkommen in die WTO-Verhandlungen ein.
Die oben angeführten Faktoren – hoch entwickelte Institutionen, deliberative
Kommunikation und Vertrauen, Gemeinschaftssinn, politischer Druck bei mangelnder Flexibilität, Ausgleichsleistungen bei Kompromissbereitschaft und graduelle Harmonisierung der Interessen – vergrößern die Menge der WTO-
Abkommen, zu denen sich alle Mitgliedsstaaten der EU bereit finden. Mit anderen Worten, ein Teil der schwierigen Verhandlungen für WTO-Abkommen wird
von der globalen auf die regionale Ebene verlagert, wo die Bedingungen für
erfolgreiche Verhandlungen günstiger sind (siehe auch Kap. 4.1).

Zweitens sinkt die Anzahl der in der WTO unterbreiteten Vorschläge, die begutachtet und in einen Kompromissvorschlag überführt werden müssen, da sich
weniger Akteure in WTO-Verhandlungen gegenüberstehen (siehe auch Kap.
4.3).

Drittens geht die Unsicherheit über die Auswirkungen von WTO-Abkommen im
Zuge der Regionalisierung zurück. Zwar können auch integrierte Regionen die
Auswirkungen kaum zutreffender prognostizieren als die einzelnen Nationalstaaten, jedoch sind sie aufgrund ihres größeren Heimatmarktes von diesen weniger
abhängig. Außerdem verfügen sie über mehr Einfluss in der WTO, so dass sie
für sie nachteilige Regeln eher durch Nachverhandlungen ändern lassen können.
Zuletzt können sie sich nachteiligen Auswirkungen leichter entziehen. Denn

die aus der Vertragsverletzung unmittelbar hervorgehenden wirtschaftlichen Schäden, mögliche Sanktionen, der Verlust an Ansehen in der internationalen Gemeinschaft sowie der systemische Schaden an der Funktionsfähigkeit der WTO fallen bei integrierten Regionen weniger ins Gewicht als bei (wirtschaftlich und politisch vergleichsweise schwächeren) Nationalstaaten. Auch entstehen integrierten Regionen aufgrund ihres größeren Heimatmarktes geringere Kosten, wenn sie – durch Ausnahmeregelungen oder Vertragsverletzungen – von globalen Standards abweichen, die von der WTO protegiert werden (siehe auch Kap. 4.3 und 6.1).

(2) Risiken von WTO-Abkommen: Da integrierte Regionen robuster gegenüber nachteiligen Auswirkungen von WTO-Abkommen sind, sie eher in Neuverhandlungen beseitigen und sich ihnen leichter entziehen können, sinken die Risiken, die sich aus der Zusammenarbeit in der WTO ergeben. Zwar sehen sich die Nationalstaaten einem zusätzlichen Risiko gegenüber – dass sie sich nämlich innerhalb ihrer Region mit ihren Anliegen kein Gehör verschaffen können und so die integrierte Region in der WTO eine Position vertritt, die von ihren eigenen Interessen deutlich abweicht. Jedoch spricht vieles dafür, dass kein Staat dadurch wesentlich schlechter gestellt wird, dass die ihn vertretende integrierte Region in der WTO eine Verpflichtung eingeht, die in entscheidenden Punkten seinem Interesse widerspricht.

- In Folge der graduellen Harmonisierung der Interessen zwischen den Mitgliedern einer integrierten Region werden fundamentale Meinungsverschiedenheiten weniger wahrscheinlich. Daher wird die Kompromissposition der integrierten Region immer näher an der jeweiligen Linie ihrer Mitglieder liegen.

- Je mehr die Mitglieder einer integrierten Region durch Gemeinschaftssinn verbunden sind und deliberative Kommunikation pflegen, desto zurückhaltender sind sie, in der intra-regionalen Entscheidungsfindung solche Positionen mittels Mehrheitsabstimmungen oder Drohungen durchzusetzen, die für einige Mitglieder ausgesprochen schmerzhaft sind.

- Wenn eine integrierte Region eine WTO-Position annimmt, die den Interessen eines Mitglieds fundamental widerspricht, kann dieses Mitglied mit Ausgleichsleistungen innerhalb der integrierten Region rechnen, so dass ihm kein wesentlicher Schaden entsteht.

Daher überwiegt der Umstand, dass Staaten durch die Regionalisierung gegen Risiken auf WTO-Ebene besser abgesichert sind, die Gefahr, dass sie bei der Entwicklung von WTO-Verhandlungspositionen innerhalb ihrer Region unterdrückt werden. Somit reduziert die Regionalisierung das Gesamtniveau an Risiken, denen sich Staaten im Zusammenhang mit der WTO ausgesetzt sehen.

(3) Legitimität von WTO-Abkommen: Die Legitimität der WTO hängt zunächst davon ab, ob die WTO-Politik ihrer Mitglieder demokratischen Standards entspricht. Daher ist die Legitimität der intra-regionalen Entscheidungsfindung von großer Bedeutung für die WTO (siehe auch Kap. 7.4). Insofern ist es bedenklich, dass in den regionalen Aushandlungsprozessen die in nationalen Wahlen geäußerten Präferenzen der Bürger verzerrt werden können.

Erstens steht zu befürchten, dass sich schwache Staaten mit ihren Anliegen nicht durchzusetzen vermögen. Allerdings sind die regionalen Aushandlungsprozesse verglichen mit sonstigen zwischenstaatlichen Verhandlungen „legitimitätsfreundlich" – wie eben argumentiert, sorgen die angleichenden, vermittelnden und ausgleichenden Prozesse in integrierten Regionen dafür, dass jede Regierung ihrer demokratisch legitimierten Stimme Gehör verschaffen kann.

Ergänzend kommt in der EU eine schrittweise Demokratisierung der regionalen Politik hinzu, insbesondere durch die Stärkung des Europäischen Parlaments. Die regionalen Aushandlungsprozesse zwischen Staaten werden somit graduell durch eine genuin europäische Demokratie ersetzt. Die direkte Demokratisierung der EU kommt allerdings nur langsam voran, weil die nationalstaatlichen Regierungen unwillig sind, Macht abzutreten, und weil sich die Bevölkerung aufgrund der Distanz und Intransparenz des EU-Apparates nur verhalten an der europäischen Willensbildung beteiligt.

Zweitens drohen die in nationalen Wahlen geäußerten Präferenzen der Bürger dadurch verzerrt zu werden, dass die Lobbyisten des import-konkurrierenden Sektors die Möglichkeit erhalten, nicht nur auf nationaler, sondern zusätzlich auch auf regionaler Ebene Lobbying für ihre Sonderinteressen zu betreiben. Diese doppelte Anfälligkeit des demokratischen Politikprozesses wird in dem Maße behoben, in dem die WTO-Politik unmittelbar in demokratisch direkt verantwortlichen regionalen Institutionen formuliert wird, wie beispielsweise dem Europäischen Parlament. Da die WTO-Politik in den Nationalstaaten traditionell fernab der öffentlichen Aufmerksamkeit entworfen wurde, bleibt für integrierte Regionen besonderer Spielraum, mehr Demokratie zu verwirklichen – beispielsweise durch mehr Transparenz und einen engeren Austausch mit der Zivilgesellschaft.

Folglich ist das Demokratie-Defizit integrierter Regionen begrenzt und es besteht die Aussicht, dass sich das Defizit im Lauf der Zeit und durch gezielte Anstrengungen vermindert.

Neben der demokratischen Verantwortlichkeit der WTO-Politik, wie sie in den Nationalstaaten und integrierten Regionen formuliert wird, beruht die Legitimität der WTO auf den Prozessen, in denen gegensätzliche Positionen auf WTO-Ebene verhandelt und im konkreten Streitfall ausgeglichen werden. Die Regionalisierung ermöglicht hier eine legitimere Entstehung und Anwendung von WTO-Abkommen.

Erstens mindert regionale Integration das Machtgefälle zwischen den Mitgliedern der WTO. Die Grenzen der Nationalstaaten sind in komplexen, historischen Zusammenhängen – oftmals im Lauf von Jahrhunderten – entstanden und haben politische Gebilde von höchst unterschiedlicher Bevölkerungszahl und wirtschaftlicher Kapazität hervorgebracht. Aus historischer Perspektive ist die Bildung einer integrierten Region hingegen ein zügiger Willensakt: Nicht die Wechselfälle der Geschichte sind ausschlaggebend, sondern die politischen Entscheidungen weniger Jahrzehnte.

Diese Entscheidungen basieren zum Teil auf einer funktionalen Sicht.[77] Einerseits strebt die EU nach Erweiterung, um ihren Binnenmarkt und ihr weltpolitisches Gewicht zu vergrößern, wie auch um unsichere Nachbarländer zu stabilisieren. Andererseits sind die nationalen Anpassungskosten an eine gemeinsame regionale Politik und die politischen Reibungen auf regionaler Ebene umso schwerwiegender, je heterogener eine integrierte Region ist. Wie die Osterweiterung der EU und die Diskussionen um einen möglichen Beitritt der Türkei vor Augen geführt haben, nimmt die Heterogenität einer integrierten Region mit jeder Erweiterung zu. Neben solchen funktionalen Erwägungen spielen des Weiteren normative und emotionale Faktoren eine Rolle.[78] Zum Beispiel hat die EU die Osterweiterung als normative Pflicht gesehen, während die Bevölkerung den neuen Mitgliedsstaaten gemischte Gefühle entgegenbrachte. Sowohl das Gefühl, außenstehenden Staaten gegenüber zur Aufnahme verpflichtet zu sein als auch die emotionale Bereitschaft dazu, nehmen mit größerer ideeller Distanz zum Beitrittsaspiranten ab.

Daher wird sich die Größe der integrierten Regionen, sowohl aus funktionaler als auch aus normativer und emotionaler Sicht, nach den vielschichtigen regionalen Gegebenheiten richten – je homogener die Nationalstaaten eines geographischen Raumes, desto größer die integrierte Region. Auch integrierte Regionen werden also unterschiedlich groß und einflussreich sein, da die Nationalstaaten der geographischen Räume unterschiedlich homogen und unterschiedlich weit entwickelt sind. Insbesondere angesichts der Bedeutung funktionaler Erwägungen steht allerdings zu erwarten, dass die Neuordnung staatlicher Einheiten – von Nationalstaaten zu integrierten Regionen – dazu führen würde, dass die integrierten Regionen sich an Bevölkerungszahl und Wirtschaftskraft ähnlicher sein würden als die gegenwärtigen Nationalstaaten. Damit würden sich die bestehenden Machtungleichgewichte zwischen den Mitgliedern der WTO verringern, welche die formale Gleichberechtigung der Mitgliedsstaaten konterkariert.

Zweitens werden durch die Regionalisierung die finanziellen und personellen Ressourcen der beteiligten Nationalstaaten gebündelt, um WTO-Abkommen auszuhandeln und Streitfälle an den WTO-Schiedsgerichten auszutragen. Dies

---

[77] Choi und Caporaso (2002).
[78] Schimmelpfennig (2001).

wirkt der kritischen Benachteiligung relativ kleiner und armer WTO-
Mitgliedsstaaten entgegen, bei denen finanzielle und personelle Engpässe nur
eine eingeschränkte Teilnahme an Verhandlungen erlauben, die sich eigene
Klagen seltener leisten können und die sich als Beklagte weniger professionell
verteidigen können.[79] Werden alle Staaten in die Lage versetzt, ihre formalen
Rechte in vergleichbarer Weise wahrzunehmen, so steigt die Legitimität der
Vertragsentstehung und -anwendung.

Drittens kann intensiver diskutiert werden, da infolge regionaler Integration weniger Akteure an WTO-Verhandlungen teilnehmen. Die sich aus der Diskussion
entwickelnde deliberative Kommunikation, bei der sich die Verhandlungspartner
gegenseitig zu überzeugen suchen, ergänzt die formalen Entscheidungsmechanismen auf besonders legitime Weise.

Die Regionalisierung gleicht also das Macht- und Ressourcengefälle zwischen
den Mitgliedsstaaten aus und regt deliberative Kommunikation an. Zumindest
langfristig überwiegt dieser Gewinn an Legitimität auf WTO-Ebene das Demokratie-Defizit der integrierten Regionen. Denn die Regionalisierung kuriert zentrale Missstände in den WTO-Prozessen. Das regionale Demokratie-Defizit dagegen wird durch die kooperative Natur der regionalen Aushandlungsprozesse
gemildert, schwindet mit fortschreitender Demokratisierung der regionalen Institutionen und kann durch die aktive politische Diskussion der regionalen WTO-
Politik gezielt gemindert werden.

(4) Durchsetzung von WTO-Abkommen: Die Regionalisierung übt zwei
gegensätzliche Effekte auf die Durchsetzung von WTO-Abkommen aus. *Einerseits* verstoßen integrierte Regionen eher gegen WTO-Recht als Nationalstaaten,
da integrierten Regionen geringere Kosten aus Vertragsverletzungen entstehen.
Wie dieser Effekt zu bewerten ist, hängt von den Beweggründen der vertragsbrüchigen Regierungen ab.

- Wenn Regierungen ihren WTO-Verpflichtungen aus wirtschaftlichen
  oder polit-ökonomischen Motiven heraus nicht nachkommen, ist die
  erschwerte Durchsetzung ein Nachteil für die WTO. Allerdings erhöhen
  sich die Kosten derartig motivierter Vertragsverletzung aufgrund zunehmender wirtschaftlicher Kosten des Protektionismus, der steigenden
  Bedeutung des Ansehens in der internationalen Gemeinschaft, des gewachsenen systemischen Interesses an der WTO und des wirkungsvolle-
  ren Eintretens der inländischen Gesellschaft gegen wirtschaftlich und
  polit-ökonomisch motivierten Regelbruch. Daher ist es gut möglich,
  dass der negative Effekt der Regionalisierung auf die Durchsetzung von
  WTO-Abkommen bei wirtschaftlich motivierten Vertragsverletzungen
  von den Entwicklungen im Umfeld der WTO mehr als ausgeglichen
  wird und damit unkritisch ist.

---

[79] Drahos (2003), Leigh-Phippard (1999), Shaffer (2001).

- Wenn Regierungen WTO-Verpflichtungen hingegen missachten, weil sie die Auswirkungen von Verträgen oder die Präferenzen der Bevölkerung falsch eingeschätzt haben, kann die Erleichterung der Vertragsverletzung die globale Wohlfahrt ebenso fördern wie ihr schaden. Es lässt sich nicht allgemeingültig feststellen, ob die Kosten der Regeleinhaltung für einen von WTO-Regeln nachteilig betroffenen Staat oder der aus einer Vertragsverletzung hervorgehende Schaden für die internationale Gemeinschaft überwiegen.

Andererseits sind integrierte Regionen robuster gegenüber nachteiligen Auswirkungen und können eher erfolgreiche Neuverhandlungen herbeiführen. Sie sehen sich daher seltener gezwungen, gegen unangenehme WTO-Verpflichtungen zu verstoßen. Somit sind die Auswirkungen der Regionalisierung auf die Durchsetzung von WTO-Abkommen ambivalent, jedoch keinesfalls kritisch.

8.6 Nebenwirkungen

An dieser Stelle sind zwei der drei Fragen beantwortet, die zuvor gestellt wurden, um zu beurteilen, ob tiefgehende regionale Integration als weltweites Modell gefördert werden sollte. Erstens wirken jene intra-regionalen Faktoren, die in der EU die gemeinsame Entscheidungsfindung erleichtern, grundsätzlich auch in anderen integrierten Regionen. Zweitens trägt tiefergehende Regionalisierung deutlich zur Lösung der Probleme internationaler Kooperation bei. Ob andere integrierte Regionen die Integrationstiefe der EU – und damit die gleiche Wirksamkeit für die Lösung der Kooperationsprobleme in der WTO – erreichen werden, ist fraglich. Die intra-regionalen Koordinierungs- und Harmonisierungsmechanismen werden also nur in abgeschwächter Form greifen, wohl aber mit zunehmender Intensität, wenn die Integration über die Jahre vertieft wird.

Die dritte Frage bezieht sich auf die Nebenwirkungen, welche der Ansatz, tiefergehende regionale Integration zu unterstützen, hervorrufen würde. Wie im vorangehenden Kapitel argumentiert wurde, schadet Regionalisierung auf mehrere Weisen den Zielen der WTO.

(1) Verzerrungen und Verwaltungskosten: Unabhängig davon, ob integrierte Regionen ihren gemeinsamen Markt nach außen stärker abschotten, als dies die beteiligten Nationalstaaten für sich genommen täten, werden Handels- und Investitionsströme verzerrt und es entstehen Verwaltungskosten.

(2) Potentiell protektionistische Tendenz: Integrierte Region erzielen aufgrund ihres größeren Heimatmarktes eine deutlichere Verbesserung ihrer Austauschverhältnisse auf dem Weltmarkt, wenn sie den Handel behindern. Zudem halten mächtige Staaten ihre Märkte geschlossen, um bei späteren Regionalisierungsverhandlungen schwächeren Staaten Konzessionen bezüglich tiefergehender Integration abzutrotzen. Auch aus polit-ökonomischen Gründen neigen integrierte Regionen zum Protektionismus, da exportorientierte Unternehmen durch die Regionalisierung bereits teilweise zufrieden gestellt werden, während import-konkurrierende Unternehmen von den Handelsverzerrungen gegenüber extra-regionalen Anbietern profitieren. Außerdem bewirkt bereits die intra-regionale Handelsliberalisierung einen wirtschaftlichen Strukturwandel, so dass sich Regierungen in einer politisch anfälligen Lage befinden, die sie nicht durch eine weitere Wettbewerbsverschärfung infolge multilateraler Marktöffnung verschlimmern wollen. Diese protektionistische Tendenz wird dadurch verstärkt, dass sich in der intra-regionalen Entscheidungsfindung alle Staaten für ihre jeweiligen protektionistischen Interessen besonders stark machen.

(3) Entwertung von WTO-Verpflichtungen: Die Möglichkeit regionaler Kooperation kann die multilaterale Zusammenarbeit in der WTO unterlaufen. Aus Sorge, nachfolgende regionale Integrationsabkommen könnten den in WTO-Verhandlungen zugesagten Marktzutritt entwerten, gestehen Staaten weniger Konzessionen zu.

(4) Bevorzugung mächtiger Staaten: Zuletzt steht Regionalisierung dem nivellierenden Effekt der multilateralen Zusammenarbeit im Rahmen der WTO entgegen, der Machtungleichgewichte zwischen den Staaten mildert. Denn mächtige Staaten können in Verhandlungen über den Abschluss regionaler Integrationsabkommen schwächere ausbeuten. Außerdem können mächtige Staaten sich Wettbewerbsvorteile sichern, indem sie besonders zahlreiche, auf ihre Bedürfnisse zugeschnittene Freihandelszonen errichten. Dadurch sitzen sie im Zentrum eines Netzes überlappender Freihandelszonen und genießen privilegierten Zugang zu besonders vielen Auslandsmärkten.

Wie gewichtig diese Nachteile der Regionalisierung ausfallen, hängt von der Form der Regionalisierung ab.

- Freihandelszonen beziehen einen großen Teil ihrer Regionalisierungsgewinne aus Handelsverzerrung. Unternehmen aus den Mitgliedsländern der integrierten Region können zu bevorzugten Konditionen im regionalen Binnenmarkt anbieten und verdrängen so Unternehmen, die ihre Güter und Dienstleistungen außerhalb der integrierten Region erstellen. Bei tiefergehender regionaler Integration hingegen stammen die Regionalisierungsgewinne auch aus der erhöhten intra-regionalen Mobilität von Arbeit, Kapital und Unternehmen sowie aus der politischen Koordination der Mitgliedsstaaten, beispielsweise durch gemeinsame Forschungs-, Infrastruktur- und Wettbewerbspolitik.

- Außerdem ist der für die Handelspolitik in tiefergehend integrierten Regionen sowohl auf nationaler als auch auf regionaler Ebene anfallende Administrationsaufwand verhältnismäßig gering. Erstens ist tiefergehende regionale Integration exklusiv. Kein Staat kann seine Standards an den Vorgaben von zwei oder mehr integrierten Regionen ausrichten

oder sein Teilnahmerecht an WTO-Verhandlungen an mehrere integrierte Regionen simultan delegieren. Somit fällt nur der Verwaltungsaufwand für die Mitgliedschaft in einem statt in mehreren regionalen
Integrationsabkommen an. Zweitens wird durch den gemeinsamen
Außenzoll bei tiefergehend integrierten Regionen der besonders hohe
Verwaltungsaufwand von Freihandelszonen vermieden, die verhindern
müssen, dass Güter über das Land mit den niedrigsten Zollsätzen in den
Binnenmarkt eingeführt und dann in Länder mit höheren Zollsätzen
weitervertrieben werden.

- Die externe Dynamik tiefergehender Regionalisierung ist relativ gering –
  verglichen mit den etwa 140 neuen oberflächlichen regionalen Integrationsabkommen, die zwischen 1995 und 2004 bei der WTO gemeldet
  wurden, werden selten neue, ambitionierte Integrationsvorhaben aus der
  Wiege gehoben oder neue Mitglieder in bestehende, tiefergehend integrierte Regionen aufgenommen. Daher werden im Falle tiefergehender
  regionaler Integration die WTO-Verhandlungen weniger durch die Regionalisierung gestört. Denn nur in selteneren Fällen werden WTO-
  Konzessionen durch nachfolgende Regionalisierung entwertet, und die
  Möglichkeit, hohe Zölle gegen anderweitige Konzessionen im Zuge der
  Regionalisierung einzutauschen, bietet sich ebenfalls seltener.

- Da jeder Staat nur einer tiefergehend integrierten Region angehören
  kann, lässt diese Form der Regionalisierung nicht zu, dass sich überlappende Netzwerke von regionalen Integrationsabkommen formieren, in
  deren begünstigten Zentren die mächtigen Staaten stehen.

Tiefergehende regionale Integration zieht also bedeutend weniger unerwünschte
Nebenwirkungen nach sich als oberflächliche regionale Integration. Wenn tiefergehende regionale Integration gefördert wird, lässt sich zudem die oberflächliche
regionale Integration besser kontrollieren. Statt alle Integrationsansätze über
einen Kamm zu scheren, könnte die WTO nämlich zwei alternative Genehmigungsverfahren für integrierte Regionen einführen: ein wohlwollendes Verfahren
für Regionen, die tiefergehende Integration herstellen oder beabsichtigen, wobei
jeder Staat nur zu einer solchen Region gehören kann, und ein striktes Verfahren
für oberflächliche regionale Integrationsabkommen. Ein solcher Ansatz ist dem
gegenwärtigen Zustand frei wuchernder oberflächlicher Regionalisierung vorzuziehen.

Schließlich geht mit tiefergehender regionaler Integration eine positive Neben-
wirkung einher. Wenn sich integrierte Regionen nicht allein auf die wirtschaftliche Zusammenarbeit beschränken, sondern auch andere Politikfelder regional
koordinieren und gemeinsam international vertreten – wie beispielsweise die EU
bei multilateralen Umweltabkommen –, so kommt die Regionalisierung allen
internationalen Organisationen gleichermaßen zu Gute. Zwar kooperieren Staaten auch unabhängig von Wirtschaftsabkommen dauerhaft auf einer regionalen

Basis in nicht-wirtschaftlichen Bereichen – beispielsweise die Anrainer von Ostsee, Arktis und Antarktis. Allerdings werden daraus kaum integrierte Regionen hervorgehen, die ihre Anliegen auch auf der globalen Ebene gemeinsam vertreten – die Ostsee-Anrainerstaaten etwa werden nicht als eine Partei bei einer Verhandlung über Seerecht und den Schutz der Meere auftreten. Daher sind die Beiträge der Regionalisierung zur Effektivität weiterer internationaler Organisationen einzukalkulieren, wenn über primär wirtschaftliche Regionalisierung in der WTO entschieden wird. Da das globale Regieren in internationalen Organisationen in den kommenden Jahrzehnten wesentlich an Bedeutung gewinnen wird, sind heute die Weichen zu stellen, damit integrierte Regionen ihre zunehmend wertvolle Unterstützungsfunktion leisten können.

8.7 Zusammenfassung, Abwägung und Schlussfolgerung

Hinsichtlich der Entscheidungsfindung in der WTO hat sich gezeigt, dass mehrere Reform-Ansätze nicht vorteilhaft realisierbar sind.

- Umfangreiche Mehrheitsabstimmungen werden von den Mitgliedsstaaten als zu riskant abgelehnt.

- Das WTO-Sekretariat zu stärken und Vorschläge für die Entscheidungsfindung erarbeiten zu lassen, erleichtert die mitgliedstaatlichen Verhandlungen. Eine hinreichend gewichtige Rolle des Sekretariats, um Verhandlungsprobleme, die sich um Verteilungs- wie um Wertfragen drehen, zu bewältigen, wäre jedoch weder hinsichtlich der Legitimität noch hinsichtlich des Risikos für die Mitgliedsstaaten tolerierbar.

- Gruppen von Staaten, die sich aus eigenem Antrieb entlang gemeinsamer Interessen bilden, werden sich zukünftig schlechter auf eine gemeinsame Position für die gesamten WTO-Verhandlungen einigen können. Zum einen werden solche Gruppen intern heterogener, weswegen mehr interne Kompromisse notwendig werden; zum anderen steht in der WTO mehr auf dem Spiel, weswegen die Kompromissbereitschaft abnimmt. Zugleich sind die Staaten aus diesen Gründen weniger bereit, ihre Verhandlungsführung ohne eine klare, gemeinsame Position an die Gruppe zu delegieren. Gruppen von Staaten, die in WTO-Verhandlungen themenspezifisch gemeinsam agieren, werden ebenfalls nur einen eingeschränkten Beitrag leisten können. Die engere Verknüpfung der einzelnen Verhandlungsthemen, bei denen Gruppenmitglieder konträre Interessen vertreten, und die multiple Gruppenzugehörigkeit belasten die interne Zusammenarbeit.

- Gegen ein Leitungsgremium, in dem nach WTO-Vorgaben zusammengesetzte Gruppen mit einer einheitlichen Stimme vertreten sind, sprechen ebenfalls Probleme mit der gruppeninternen Entscheidungsfindung. Wenn innerhalb der Gruppe das Einstimmigkeitsprinzip gilt, werden sich die Gruppen intern blockieren; Mehrheitsabstimmungen hingegen sind unzureichend legitim und übermäßig riskant.

Tiefergehende regionale Integration, wie sie insbesondere in der EU praktiziert wird, ermöglicht dagegen eine gleichzeitig legitime, effektive und risiko-arme interne Entscheidungsfindung zwischen einer Gruppe von Staaten. Schlüssel hierzu sind hoch entwickelte Institutionen, deliberative Kommunikation und Vertrauen, Gemeinschaftssinn, politischer Druck bei mangelnder Flexibilität, Ausgleichsleistungen bei Kompromissbereitschaft und die graduelle Harmonisierung der Interessen. Tiefergehende regionale Integration ist dadurch sowohl für die beteiligten Staaten akzeptabel als auch für die Zusammenarbeit in der WTO günstig.

- Indem schwierige Verhandlungen teilweise von der globalen auf die regionale Ebene verlagert werden, wo die Bedingungen für erfolgreiche Verhandlungen günstiger sind, wächst die Menge der zustimmungsfähigen WTO-Abkommen.

- Die Zahl der an WTO-Verhandlungen beteiligten Akteure nimmt ab. Folglich geht die Komplexität von WTO-Verhandlungen zurück, da mit der Zahl der an WTO-Verhandlungen beteiligten Akteure auch die Anzahl der unterbreiteten Vorschläge sinkt, die begutachtet und in einen Kompromissvorschlag überführt werden müssen. Zudem sind die Voraussetzungen für deliberative Kommunikation zwischen wenigen Akteuren günstiger, die eine besonders effiziente und legitime Verhandlungsform darstellt.

- Da Wirtschaftskraft und diplomatische Ressourcen zwischen integrierten Regionen vermutlich gleichmäßiger verteilt wären (verglichen mit der Ungleichheit, die auch in Zukunft zwischen den Staaten bestehen wird), wird die Vertragsentstehung und -anwendung legitimer.

- Aufgrund ihres größeren Heimatmarktes fallen Nachteile, die sich aus unerwarteten Auswirkungen rigider Verträge und aus der gerichtlichen Streitschlichtung ergeben, für integrierte Regionen weniger ins Gewicht. Außerdem können sie eher Entscheidungen in der WTO herbeiführen, die unerwartet nachteilige Abkommen ändern, nachteilige Urteile aufheben und Kompetenzen des Streitschlichtungssystems zurücknehmen. Schließlich fällt es integrierten Regionen leichter, sich Nachteilen zu entziehen, indem sie WTO-Abkommen und Urteile nicht umsetzen. Daher sind integrierte Regionen robuster als Staaten gegenüber den Risiken von WTO-Abkommen. Dies entlastet auch die Aushandlung von Abkommen, da Staaten weniger von der Sorge um unerwartete, nachteilige Auswirkungen gehemmt werden.

Diese vier Effekte tiefergehender regionaler Integration – dass Verhandlungen auf die regionale Ebene vorverlagert werden können, dass weniger Akteure an WTO-Verhandlungen beteiligt sind, dass die beteiligten Akteure ausgeglicheneren Einfluss haben und dass die Akteure robuster sind – erhöhen somit die Legitimität der WTO, erleichtern die Aushandlung von WTO-Abkommen und senken die einhergehenden Risiken.

Dieser Beitrag tiefergehender regionaler Integration zur Lösung der Kooperationsprobleme in der WTO wird immer dringlicher benötigt. Darüber hinaus wird der Beitrag tiefergehender regionaler Integration zur Zusammenarbeit in weiteren internationalen Institutionen jenseits der WTO – indem regionale Integration in ökonomischen Belangen regionale Kooperation auch in nichtwirtschaftlichen Bereichen fördert – im Zuge der Globalisierung wichtiger.

Unbestritten bringt Regionalisierung Nachteile mit sich: In den Unternehmen wie in der staatlichen Verwaltung entstehen zusätzliche administrative Kosten, Importe werden nach Herkunftsland unterschiedlich und möglicherweise höher bezollt, WTO-Verhandlungen werden durch nachträgliche regionale Integrationsabkommen unterlaufen, kleine Länder können in regionalen Verhandlungen ausgebeutet werden und haben bei der Bildung überlappender Netzwerke regionaler Integrationsabkommen das Nachsehen. Jedoch disqualifizieren diese Nachteile keinesfalls einen selektiven Ansatz, der tiefergehende regionale Integration anerkennt und fördert, oberflächliche Regionalisierung dafür erschwert.

Denn *erstens* beinhaltet tiefergehende regionale Integration verhältnismäßig wenige Nachteile. *Zweitens* sinkt mit fortschreitender Handelsliberalisierung durch die WTO der wirtschaftliche Schaden, der aus Handelsverzerrungen und einer möglichen protektionistischen Neigung integrierter Regionen hervorgeht. Selbst wenn eine integrierte Region einen um die Hälfte höheren Zoll erhebt, als dies ihre Mitgliedsstaaten für sich täten, so sind die Folgekosten bei einem Zollsatz von 6% statt 4% erträglich. Außerdem spielt tiefergehende Integration auch in der WTO eine größere Rolle, wobei das TRIPs-Abkommen eine Vorreiterstellung einnimmt. Bei solchen Abkommen verzerrt regionale Integration weder den Handel, noch stört sie die Zusammenarbeit in der WTO. Vielmehr kann die vorangehende regionale Vereinheitlichung der Standards die Harmonisierung im Rahmen der WTO erleichtern.[80] *Drittens* kann die seit Jahren ausufernde, besonders schädliche oberflächliche Regionalisierung wirksamer begrenzt werden, wenn zwischen fördernswerter tiefergehender und abzulehnender oberflächlicher Regionalisierung klar getrennt wird.

Die (zunehmenden) Vorteile eines solchen selektiven Ansatzes, der tiefergehende regionale Integration anerkennt und fördert, oberflächliche Regionalisierung dafür erschwert, überwiegen dessen (abnehmende) Nachteile. *Daher sollte tiefergehende regionale Integration weltweit gefördert werden.* Dies ist erstens Aufgabe der WTO,

---

[80] OECD (2003).

der sie durch angemessene Genehmigungsverfahren, politische Ermutigung und technisch-administrative Unterstützung für Regionalisierungsbestrebungen zwischen unterentwickelten Ländern nachkommen kann. Zweitens folgt daraus die politische Maxime insbesondere für die EU, mit eigener Regionalisierungs-erfahrung weltweit integrierten Regionen bei der Vertiefung ihrer Zusammenar-beit zu helfen. Alle Mitgliedsstaaten sollten drittens bei ihren eigenen Regionali-sierungsstrategien die positiven Auswirkungen tiefergehender regionaler Integra-tion auf die WTO bedenken. Beispielsweise ist unter diesem Gesichtspunkt die Bildung von zwei bis drei eng kooperierenden Regionen einer den gesamten amerikanischen Kontinent umspannenden Freihandelszone vorzuziehen. Dies schließt eine Freihandelszone nach dem Prinzip des offenen Regionalismus nicht aus, die alle in regionalen Verhandlungen erreichten Marktöffnungsschritte an alle Mitglieder der WTO weiterreicht.

Das Plädoyer für selektive Regionalisierung ist keine Absage an die freie Grup-penbildung entlang gemeinsamer Interessen. Diese kann die Regionalisierung ergänzen, vor allem in der Übergangszeit, während derer die integrierten Regio-nen zusammenwachsen. Auch Kombinationen mit einem formalen Leitungs-gremium der WTO sind denkbar. Wenn sich Staaten ohnehin in einer Gruppe zusammentun müssen, um sich auf eine gemeinsame Position für ihren Sitz in einem Leitungsgremium zu einigen, dann bietet es sich an, eine integrierte Regi-on zu bilden, die dauerhaft die interne Entscheidungsfindung erleichtert, legiti-miert und absichert.

9 Reformen des Verhältnisses zu nicht-wirtschaftlichen Zielen

Wie im Eingangskapitel dargelegt, wirken sich WTO-Abkommen auf vielfältige Weise in wirtschaftlichen und nicht-wirtschaftlichen Belangen aus. Daraus resultieren Zielkonflikte zwischen wirtschaftlichen, sicherheits-, gesundheits- und entwicklungspolitischen, sozialen, kulturellen und ökologischen Anliegen. Folglich muss die WTO einen ausgeglichenen Mittelweg finden, so wie jeder Staat für sich selbst eine Balance zwischen konkurrierenden Zielen hält.

Der Ausgleich zwischen den verschiedenen Zielen geschieht nun nicht, indem den Mitgliedsstaaten ergänzende WTO-Pflichten in den nicht-wirtschaftlichen Bereichen auferlegt werden – beispielsweise bestimmte Sozial- und Umweltstandards einzuhalten. Stattdessen wird den Staaten das Recht eingeräumt, eigenständig oder in anderen internationalen Organisationen und Abkommen nicht-wirtschaftliche Ziele anzustreben. WTO-Abkommen zielen also vorrangig darauf ab, die weltwirtschaftliche Integration voranzutreiben, sie gestehen den Mitgliedsstaaten dabei jedoch zu, unter bestimmten Umständen von den wirtschaftsorientierten Verpflichtungen abzuweichen, um nicht-wirtschaftliche Absichten zu verwirklichen.

Das Spannungsverhältnis zwischen wirtschaftlicher Integration und nicht-wirtschaftlicher Gestaltungsfreiheit zieht sich wie ein roter Faden durch die einzelnen WTO-Abkommen.

- Unter bestimmten Umständen dürfen sich Staaten von den wirtschaftsorientierten Verpflichtungen, die ihnen das Allgemeine Zoll- und Handelsabkommen (GATT) auferlegt, entfernen, um etwa die öffentliche Sittlichkeit oder ihr kulturelles Erbe zu erhalten, oder um Leben und Gesundheit von Menschen, Tieren und Pflanzen sowie nicht-erneuerbare Ressourcen zu schützen.

- Das Übereinkommen über Subventionen und Ausgleichsmaßnahmen (SCM) regelt, unter welchen Umständen Staaten Subventionen an Unternehmen zahlen dürfen. Dabei wird den Mitgliedsstaaten zugestanden, gewisse Subventionen zur Förderung benachteiligter Gebiete und zum Schutz der Umwelt zu leisten, auch wenn diese Zahlungen unter den allgemeinen Bedingungen des Übereinkommens über Subventionen und Ausgleichsmaßnahmen unzulässig wären.

- Im Übereinkommen über die Landwirtschaft werden bestimmte staatliche Leistungen, welche die Multifunktionalität der Landwirtschaft begünstigen, von den allgemeinen Verpflichtungen, die staatliche Förderung zu reduzieren, ausgenommen. Beispielsweise dürfen produktionsunabhängige Direktzahlungen an landwirtschaftliche Betriebe geleistet werden. Zudem dürfen die Kosten, die landwirtschaftlichen Betrieben aus Umweltschutzprogrammen entstehen, diesen erstattet werden. Ausserdem dürfen Bergbauern zusätzliche Einkommensunterstützung erhalten, die sie für die schwierigen Bedingungen ihrer landwirtschaftlichen Tätigkeit entschädigt.

- Das Übereinkommen über technische Handelshemmnisse (TBT) reguliert technische Vorschriften und Richtlinien sowie die Verfahren, anhand derer die Mitgliedsstaaten die Einhaltung ihrer technischen Vorschriften und Richtlinien prüfen. Dabei wägt es zwischen legitimen nationalstaatlichen Anliegen wie Schutz vor betrügerischen Produktangaben, Produktsicherheit und Umweltschutz einerseits und der handelshemmenden Wirkung technischer Vorschriften und Richtlinien andererseits ab.

9.1 Auswirkungen der Gestaltungsfreiheit

Zunächst sind die Vor- und Nachteile nicht-wirtschaftlicher Gestaltungsfreiheit, die WTO-Abkommen den Mitgliedsstaaten einräumen, zu ermitteln. Diese Gegenüberstellung zeigt, wie wichtig die geeignete Ausgestaltung nicht-wirtschaftlicher Gestaltungsfreiheit ist, und gibt einen Maßstab an die Hand, um Vorschläge zur Ausgestaltung zu beurteilen.

Auf der einen Seite beeinträchtigt nicht-wirtschaftliche Gestaltungsfreiheit die Weltwirtschaft. Problematisch ist daran *erstens*, dass ein Staat die wirtschaftlichen Kosten seiner nicht-wirtschaftlichen Maßnahmen nicht vollständig selbst trägt. Beispielsweise müssen Betriebe ihre Produktion umstellen, wenn ihre Produkte auf ihrem Exportmarkt nicht mehr verkauft werden dürfen, so sie bestimmte Schadstoffe enthalten oder so untersagte umweltschädliche Produktionsmethoden angewandt wurden. Solche im Ausland anfallenden Kosten werden im Regelfall vom inländischen Gesetzgeber – hier beim Verbot von Schadstoffen beziehungsweise von Produktionsmethoden – nicht berücksichtigt. Nicht-wirtschaftliche Maßnahmen zielen deswegen möglicherweise auf ein zu hohes Schutzniveau ab und verursachen im Ausland höhere Kosten, als zur Erreichung des angestrebten Schutzniveaus notwendig wäre.

Zweitens können nicht-wirtschaftliche Anliegen als protektionistisches Schlupfloch missbraucht werden. Beispielsweise kann eine staatliche Verordnung, die ein Rücknahmesystem für Getränkeflaschen vorschreibt, so eingerichtet werden, dass nicht nur die Umwelt geschützt, sondern auch ausländische Anbieter im inländischen Markt benachteiligt werden.

Die bloße Existenz nicht-wirtschaftlicher Gestaltungsfreiheit bringt *drittens* Unsicherheit in die Weltwirtschaftsordnung, welche die wirtschaftliche Integration behindert. Ein Exporteur wird beispielsweise weniger in die Erschließung neuer

Märkte und in neue Produktionsanlagen investieren, wenn er damit rechnen muss, dass abrupt und massiv erhöhte Handelshemmnisse ihm den Zugang zu seinen Exportmärkten erschweren.

Viertens kann der potentiell unilaterale und aggressive Charakter nicht-wirtschaftlicher Gestaltungsfreiheit Spannungen im multilateralen WTO-System hervorrufen. Dies soll an zwei Beispielen illustriert werden:

- Die Gesundheitsrisiken gentechnisch veränderter Lebensmittel sind gegenwärtig schwierig einzuschätzen, sind jedoch möglicherweise hoch. Aus diesem Grund hat die EU (im internationalen Vergleich) strenge Vorschriften über die zulässige Menge gentechnisch veränderter Substanzen und deren Auszeichnung in Lebensmitteln erlassen. Nun lassen sich gentechnik-freie und gentechnisch veränderte Lebensmittel in Anbau, Verarbeitung und Transport nur kostspielig trennen – gentechnisch veränderte Pflanzen können sich über Pollenflug auf gentechnik-freien Feldern unkontrolliert aussähen, Rückstände gentechnisch veränderter Lebensmittel in Fabriken und Schiffen können gentechnik-freie Ware verschmutzen, Betrüger können falsche Kennzeichnungen benutzen. Folglich beeinflussen die europäischen Schutzmaßnahmen die Entscheidung anderer Staaten insgesamt, ob sie Lebensmittel mit oder ohne Gentechnik produzieren wollen – ihr Einfluss ist nicht auf jene Produkte beschränkt, die für den europäischen Markt bestimmt sind.

- Beim Garnelen-Fang bleiben Schildkröten in den Schleppnetzen hängen und ertrinken in großer Zahl. Daher versuchten die USA, durch Handelsmaßnahmen auch andere Länder zum Schutz von Schildkröten anzuhalten. Staaten mussten ihre Schutzmaßnahmen bei einer Behörde der USA zertifizieren lassen, damit in ihrem Gebiet ansässige Unternehmen Garnelen in die USA einführen durften. Dabei wurden in der Behördenpraxis nur solche Schutzmaßnahmen anerkannt, die eine bestimmte, in der US-Regulierung vorgesehene Schutzvorkehrung vorschrieben.

Diese Beispiele zeigen, dass ein Staat, der von seiner Gestaltungsfreiheit Gebrauch macht, die Freiheit anderer Staaten einschränken kann. Ein fremder Staat kann sich nach seinem Gutdünken in die souveräne Entscheidung des Inlandes einmischen, wie hoch die Risiken gentechnisch veränderter Lebensmittel und die Schutzbedürftigkeit von Schildkröten einzuschätzen und welche Maßnahmen zum Schutz von Mensch und Tier zu treffen sind. Die hierdurch hervorgerufenen zwischenstaatlichen Konflikte sind aus mehreren Gründen bedenklich:

(1) Handelspolitik als Druckmittel: Die Legitimität der WTO beruht unter anderem darauf, dass den Staaten Handelssanktionen als Mittel unilateraler Politik weitgehend aus den Händen genommen werden. Dies wirkt der Eskalation zwischenstaatlicher Interessenskonflikte entgegen und schützt vor allem schwache Staaten. Würde die nicht-wirtschaftliche Gestaltungsfreiheit wesentlich ausgeweitet, könnten mächtige Staaten ihre Freiheit auf Kosten schwacher Staaten ausüben und Druck auf deren politische Entscheidungen nehmen.

(2) Ausweitung von Konflikten: Die USA verboten zum Beispiel den Import von Thunfisch aus Ländern, die nicht bestimmte Standards zum Schutz von Delphinen einhalten, da Delphine sich in der Nähe von Thunfischschwärmen aufhalten und so als ungewünschter Beifang in den Fischnetzen verenden. Allerdings drohte ein Import-Verbot ausschließlich gegenüber Fischerei-Nationen, welche die Schutzstandards nicht einhalten, ausgehebelt zu werden. Diese hätten ihren Thunfisch an einen Staat, der nicht gegen die US-amerikanischen Schutzvorschriften verstößt, wie etwa die EU, verkaufen können, von wo er in verarbeiteter Form in die USA transportiert worden wäre. Daher sahen sich die USA veranlasst, auch gegen Drittstaaten wie die EU Handelsmaßnahmen zu verhängen.

(3) Segmentierung des Weltmarkts: Ein Staat kann sich von Seiten mehrerer anderer Staaten Anforderungen ausgesetzt sehen, die nicht miteinander kompatibel sind. Wenn beispielsweise die USA und die EU unvereinbare Anforderungen stellten, welche Schutzbemühungen ein Land zu unternehmen hat, um Zugang zu ihrem Markt zu erhalten, könnten alle übrigen Länder die betroffenen Produkte nur in einen der beiden Märkte exportieren.

Auf der anderen Seite bietet es mehrere Vorteile, wenn die Mitgliedsstaaten ihre prioritären nicht-wirtschaftlichen Ziele verfolgen und damit eine ihren Bedürfnissen entsprechende Politik betreiben können. Dies erhöht nicht nur unmittelbar die Wohlfahrt der Mitgliedsstaaten, sondern trägt auch zur Lösung der Kooperationsprobleme in der WTO bei.

(1) Legitimität von WTO-Abkommen: Wenn wichtige nicht-wirtschaftliche Anliegen Vorrang vor konträren WTO-Verpflichtungen besitzen, werden normative Konflikte und daraus resultierende Regelverstöße vermieden. Beide schaden der Legitimität der WTO – zumal Staaten, die WTO-Regeln aus normativer Überzeugung verletzen, ihre Politik im Zweifelsfall auch gegen ein Gerichtsurteil aufrechterhalten. Die Spannungen zwischen WTO-Verpflichtungen und inländischen, normativ begründeten Zielen werden mit tiefergehender Integration, größerer Heterogenität der Mitgliedsstaaten und verstärkter inländischer Politisierung der Handelspolitik zunehmen; damit wird nicht-wirtschaftliche Gestaltungsfreiheit wichtiger für die Legitimität der WTO.

(2) Aushandlung von WTO-Abkommen: Zusätzlich erleichtert nicht-wirtschaftliche Gestaltungsfreiheit WTO-Verhandlungen. Zum einen bedeutet mehr nationalstaatlicher Freiraum, dass die Mitgliedsstaaten mit weniger unumgänglichen Nachteilen aus Abkommen zu rechnen haben. Daher wächst der Anreiz, Abkommen rasch abzuschließen, um in den Genuss ihrer Vorteile zu gelangen (siehe Kap. 4.2 über die strategische Interaktion bei Verhandlungen). Zum anderen werden Verhandlungen weniger von der Besorgnis über unerwartete, nachteilige Auswirkungen von WTO-Abkommen gehemmt, wenn sich Staaten nachträglich unter bestimmten Bedingungen von ihren Verpflichtungen befreien können.

(3) Risiken von WTO-Abkommen: Analog hierzu mindert nicht-wirtschaftliche Gestaltungsfreiheit die Risiken der Rigidität. Gerade hinsichtlich nicht-wirtschaftlicher Ziele lassen sich die zukünftigen Handlungserfordernisse schwer abschätzen, so dass die Gefahr droht, sich durch internationale Verpflichtungen zu einem späteren Zeitpunkt wünschenswerte Optionen zu verbauen.

Das Verhältnis zwischen WTO-Verpflichtungen und nicht-wirtschaftlicher Gestaltungsfreiheit festzulegen, ist angesichts dieser vielfältigen und gewichtigen Vor- und Nachteile notwendigerweise ein zentrales und komplexes Unterfangen.[81] Dabei sind WTO-Regeln zur nicht-wirtschaftlichen Gestaltungsfreiheit zum einen so anzulegen, dass das *optimale Maß* an nicht-wirtschaftlicher Gestaltungsfreiheit unter Abwägung der Vor- und Nachteile verwirklicht wird. Zum anderen gilt es, WTO-Regeln zur nicht-wirtschaftlichen Gestaltungsfreiheit so anzulegen, dass ein *möglichst günstiges Verhältnis* an Vor- und Nachteilen realisiert werden kann. Die nicht-wirtschaftliche Gestaltungsfreiheit sollte folglich so geregelt werden, dass die weltwirtschaftliche Integration nur aus gewichtigen Gründen und nicht missbräuchlich, sowie nur mit Rücksicht auf die internationale Gemeinschaft ausgeübt werden kann.

Unter diesen Gesichtspunkten sind folgende Fragen zu stellen:

- Zum Schutz welcher nicht-wirtschaftlicher Güter sollen Mitgliedsstaaten von ihrer nicht-wirtschaftlichen Gestaltungsfreiheit Gebrauch machen können (Abschnitt 9.2)?

- Welches Schutzniveau sollen Staaten anstreben dürfen (Abschnitt 9.3)?

- Welche Bedingungen sollen staatliche Maßnahmen zum Schutz nicht-wirtschaftlicher Güter erfüllen (Abschnitt 9.4)?

Anschließend wird die Notwendigkeit begründet,

- dass Gerichte Rücksicht auf die Sichtweise der Mitgliedsstaaten nehmen, wenn sie die Rechtmäßigkeit von Schutzmaßnahmen überprüfen (Abschnitt 9.5),

- dass Gerichte die Rechtmäßigkeit von Schutzmaßnahmen anhand zahlreicher Voraussetzungen prüfen (Abschnitt 9.6),

- dass nicht-wirtschaftliche Abkommen bei der Zulässigkeitsprüfung beachtet werden (Abschnitt 9.7),

---

[81] Dunoff (1999), Charnovitz (2002a), Leebron (2002), Pfahl (2000).

- dass Konflikte über konkurrierende Ziele innerhalb der WTO ausgetragen und in den Grundzügen von den Mitgliedsstaaten geregelt werden, damit das Streitschlichtungssystem die Abwägung zwischen wirtschaftlichen und nicht-wirtschaftlichen Zielen vorteilhaft im Detail vornehmen kann (Abschnitt 9.8).

9.2 Anforderungen an das Schutzgut

Wie großzügig nicht-wirtschaftliche Ausnahmeregelungen ausfallen, bestimmt sich zunächst danach, welche Güter als schutzwürdig anerkannt werden, so dass ihr Schutz handelshemmende Maßnahmen rechtfertigen kann. Folgende Abstufung bietet sich an, um die Schutzwürdigkeit eines Gutes zu bestimmen:

(1) Inländische Güter: Wenn Staaten inländische nicht-wirtschaftliche Güter für schützenswert halten, sollte die WTO dies akzeptieren. Hier sollten die Staaten selbst festlegen können, wann sie etwa dem Schutz der Konsumenten vor gesundheitsgefährdenden Produkten oder dem Schutz der Umwelt vor giftigen Abfällen Vorrang vor den wirtschaftlichen Zielen einräumen, wie sie in der WTO verfolgt werden.

(2) Kollektivgüter: Auch sollte jeder Staat weitgehend eigenständig bestimmen können, wann er ein schützenswertes Interesse an kollektiven Gütern empfindet. Es sollte genügen, dass Staaten nachweisen können, dass sie vom Schutz des kollektiven Gutes unmittelbar betroffen sind. In diese Kategorie gehören beispielsweise der Bestand der Ozonschicht oder die Stabilität des Klimas. Bei einigen Gütern ist ein Bezug nur über längere beziehungsweise weniger gesicherte Argumentationsketten herzustellen. Das Interesse eines nördlichen Industrielandes am Erhalt der biologischen Diversität in den tropischen Regenwäldern fällt in diese Kategorie. In solchen Fällen sollte der Verweis auf ein hinreichend weit anerkanntes multilaterales Umweltabkommen ausreichen. Damit sich ein Staat auf ein multilaterales Abkommen berufen kann, das die Schutzwürdigkeit eines kollektiven Gutes belegt, sollte es nicht zwingend erforderlich sein, dass dieses Abkommen von der Mehrheit der Staaten unterzeichnet worden ist. Auf solche Abkommen sollten sich Staaten unabhängig davon berufen können, ob ein klagender Staat ebenfalls Mitglied dieses Abkommens ist (siehe auch Kap. 9.7).

(3) Ausländische Güter mit ideellem Bezug: Es ist auch möglich, dass ein Staat ein Gut schützen möchte, von dem sich weder sinnvoll sagen lässt, es falle in sein Staatsgebiet, noch dass er daran ein klares Interesse hege. Beispielsweise kann ein Staat den Import von Produkten untersagen, die in Kinder- oder Gefangenenarbeit erstellt worden sind. Für die Anerkennung solcher Ziele sollte ein multilaterales Abkommen Voraussetzung sein, dem eine klare Mehrheit, beispielsweise zwei Drittel der Staaten, angehört.

Dieser Ansatz zeichnet sich durch seine Offenheit für nicht-wirtschaftliche Ziele aus. Der Gedanke dahinter ist, die Vereinbarkeit staatlicher Maßnahmen zum Schutz nicht-wirtschaftlicher Güter mit WTO-Recht möglichst nicht von vorneherein zu negieren, sondern auf die individuellen Umstände der Schutzmaßnahmen einzugehen. Dennoch sollten nicht alle Motive anerkannt werden: Je weitläufiger der Bezug zwischen dem Schutzgut und dem Staat ausfällt, der im Namen dieses Gutes handelshemmende Maßnahmen umsetzt, desto breiter sollte dieses Gut in der internationalen Gemeinschaft als schutzwürdig anerkannt sein müssen. Dadurch werden solche Motive akzeptiert, bei denen ein aufrichtiges und tief greifendes Interesse der inländischen Gesellschaft zu vermuten ist. Dahingegen werden mit idealistischen Bestrebungen begründete Schutzbemühungen abgewiesen, solange sie keinen Anklang in der internationalen Gemeinschaft finden. Diese Eingrenzung ist sinnvoll, um aggressive unilaterale Politik, die keine Rücksicht auf das multilaterale Handelssystem nimmt, zu vermeiden und um primär protektionistisch motivierte Schutzbemühungen, die sich hinter idealistischer Rhetorik verstecken, zu begrenzen.

9.3   Anforderungen an das Schutzniveau

Wenn ein Gut als schützenswert anerkannt ist, stellt sich die Frage, ob das angestrebte Schutzniveau vertretbar ist. Erstens sollte das Schutzniveau *konsistent* sein. Es sollte also ein ähnliches Schutzniveau für ein bestimmtes Schutzgut in verschiedenen Bereichen angestrebt werden. Wären die Staaten frei, unterschiedliche Schutzniveaus zu setzen, könnten sie für jene Produkte, die sie in relevantem Umfang exportieren, großzügige Richtlinien erlassen, hingegen für Produkte, bei denen sie Netto-Importeur sind, strenge Vorschriften verfassen. Zum Beispiel sollte es für ein Land unzulässig sein, Wachstumshormone in Schweinefleisch zuzulassen, vergleichbare Wachstumshormone in Rindfleisch hingegen zu verbieten – solange die übrigen Umstände keine derartige Ungleichbehandlung zu begründen vermögen. Nun sind die übrigen Umstände allerdings schwierig zu handhaben – beispielsweise könnten Wachstumshormone in Schweinefleisch eine geringere Gefährdung der Gesundheit bewirken oder es könnten in der Zucht höhere Kosten als bei Rindern anfallen, wenn auf Wachstumshormone verzichtet würde. Um begründete Unterschiede in der Wahl des Schutzniveaus zuzulassen, ist den Mitgliedsstaaten daher umfangreicher Freiraum zu gewähren.

Zweitens sollte das Schutzniveau *verhältnismäßig* sein. Das angestrebte nicht-wirtschaftliche Ziel muss also dem Inland einen Vorteil bringen, der mindestens in einem bestimmten Verhältnis zum Nachteil des Auslandes steht. Dieses Verhältnis lässt sich nicht präzise bestimmen. Die Vor- und Nachteile können quantitativ nur grob abgeschätzt werden – etwa wie viele Schildkröten durch eine staatliche Maßnahme gerettet würden beziehungsweise einen wie großen Schaden Garnelen-Fischer in Entwicklungsländern durch Schutzvorschriften für Schildkröten erleiden würden. Vor allem aber lässt sich kein international geteiltes Verständnis entwickeln, auf dessen Grundlage den Vor- und Nachteilen einer staatlichen Schutzmaßnahme ein vergleichsfähiger Wert zugeschrieben werden könnte – etwa dem Leben einer Schildkröte und dem Einkommen eines Fischers. Daher kann es lediglich darum gehen, solche staatlichen Maßnahmen zu verhindern, bei denen ein eklatantes Missverhältnis zwischen der Schutzwirkung für das nicht-wirtschaftliche Gut und dem Schaden für das Ausland besteht.

9.4 Anforderungen an die Schutzmaßnahmen

Wenn staatliche Maßnahmen von der WTO nur zugelassen werden, wenn sie dem Schutz eines anerkannten nicht-wirtschaftlichen Gutes auf einem konsistenten und verhältnismäßigen Schutzniveau dienen, grenzt dies die nicht-wirtschaftliche Gestaltungsfreiheit auf eine sinnvolle Weise ein. Zusätzlich sollten Staaten Voraussetzungen erfüllen müssen, die an den Inhalt der staatlichen Maßnahme und die Prozedur ihrer Entstehung geknüpft sind.

Aus inhaltlicher Perspektive stehen drei Kriterien zur Verfügung:

(1) Eignung: Die handelshemmende Maßnahme muss geeignet sein, um das angestrebte nicht-wirtschaftliche Ziel zu erreichen. Dies ist eine im Allgemeinen unproblematische Minimalanforderung.

(2) Notwendigkeit: Es darf keine zumutbare und praktisch verwirklichbare alternative Maßnahme existieren, die das angestrebte nicht-wirtschaftliche Ziel zu erlangen erlaubt und dabei die übrigen Mitgliedsstaaten weniger schädigt. Hierbei ist es sowohl schwierig, überzeugend darzulegen, ob eine theoretisch verfügbare Alternative unter den gegebenen Umständen tatsächlich umsetzbar ist und dabei vergleichbar wirkungsvoll wäre, als auch wie viel höhere Kosten entstünden und ob diese zumutbar sind.

(3) Nicht-Diskriminierung: Die staatliche Maßnahme darf zwischen Anbietern aus unterschiedlichen Herkunftsländern, in denen vergleichbar wirkungsvolle politische Regelungen zum Schutz des betroffenen Gutes gelten, nicht unnötig diskriminieren.

Aus prozeduraler Perspektive ergeben sich drei weitere Ansatzpunkte:

(1) Demokratische Politikformulierung: Handelshemmende Maßnahmen sind unterschiedlich zu beurteilen, je nachdem ob Regierungen damit dem nationalen Interesse und der demokratischen Willensäußerung der Bevölkerung gerecht werden wollen oder aber speziellen Interessensgruppen Vorteile zu verschaffen suchen. Um protektionistischen Missbrauch einzudämmen, sollte die WTO folglich einfordern, dass staatliche Maßnahmen mit handelshemmender Wirkung zuvor in einem (möglichst) demokratischen innenpolitischen Verfahren erörtert wurden und dort Zustimmung gefunden haben.

(2) Wissenschaftlich fundierte Politikformulierung: Die Konsistenz und Verhältnismäßigkeit des Schutzniveaus sowie die Eignung und Notwendigkeit einer handelshemmenden Maßnahme sollten nicht erst im Streitfall vor WTO-Gerichten, sondern bereits bei ihrer Verabschiedung mit wissenschaftlichen Erkenntnissen begründet werden müssen. Dies beugt handelshemmenden Maßnahmen vor, die sich sonst erst im Nachhinein als vertragsverletzend erweisen würden.

(3) Kooperative Politikformulierung: Bevor ein Staat die Interessen eines anderen Mitglieds schädigt, indem er Schutzmaßnahmen implementiert, sollte er in einem kooperativen zwischenstaatlichen Verfahren nach einer Lösung gesucht haben, welche die anderen Staaten möglichst wenig in Mitleidenschaft zieht. Zudem sollte er seine Maßnahmen rechtzeitig bekannt gegeben und begründet haben.

Diese Kriterien sollten gemeinsam darüber entscheiden, ob ein allgemein als schutzwürdig anerkanntes Gut im konkreten Fall auf die konkrete Weise gefördert werden darf, obwohl dadurch die allgemeinen wirtschaftsorientierten WTO-Verpflichtungen verletzt werden würden.

9.5   Rücksicht auf die Sichtweise der Mitgliedsstaaten

Den Staaten sollte ein großzügiger Freiraum dabei gelassen werden, wie sie die Voraussetzungen für die Wahrnehmung ihrer nicht-wirtschaftlichen Gestaltungsfreiheit erfüllen.[82] Die Streitschlichtungsinstanzen sollten also weniger eine eigenständige Auslegung des WTO-Rechts und des Tatsachenverhalts vornehmen als sich an den Auffassungen des Staates orientieren, der seine nicht-wirtschaftliche Gestaltungsfreiheit in Anspruch nimmt. Diese sollten nur korrigiert werden, wenn sie wesentlich von der richterlichen Auffassung abweichen.

Die richterliche Zurückhaltung ist angebracht, da sich die Rechtmäßigkeit staatlicher Schutzmaßnahmen oftmals nur schwer feststellen lässt. Bei traditionellen wirtschaftlichen Streitfällen sind die Gegebenheiten und Ursache-Wirkungs-Zusammenhänge verhältnismäßig klar bestimmbar: Die handelshemmende Wirkung von Zöllen ist unbestreitbar. Ob sich zwei Produkte so weit ähneln, dass sie gleich zu behandeln sind, lässt sich anhand ihrer Funktionalität und ihrer Stellung auf dem Markt plausibel beurteilen. Wie stark inländische Unternehmen durch unzulässig subventionierte Produkte in Mitleidenschaft gezogen werden, lässt sich durch wissenschaftliche Studien ebenfalls hinreichend genau und fundiert abschätzen. Hingegen kommen sachliche Meinungsverschiedenheiten, die sich nicht durch einen gerichtlich angeleiteten und auf wissenschaftliche Erkenntnisse gestützten Prozess überzeugend entscheiden lassen, in dem Maße

---

[82] Howse und Nicolaidis (2003), Oesch (2003).

häufiger vor, in dem WTO-Abkommen komplexer werden und in einen engeren Zusammenhang mit Normen treten. Beispielsweise können Sachfragen bezüglich der Notwendigkeit von handelshemmenden Inlandsmaßnahmen zum Gesundheits- und Umweltschutz – etwa über das Gefahrenpotential bestimmter Produkte und die Wirksamkeit alternativer, weniger handelshemmender Schutzmaßnahmen – mit guten Gründen höchst unterschiedlich beantwortet werden (siehe auch Kap. 2.6).

Auch prozedurale Bedingungen für staatliche Schutzmaßnahmen sollten den Mitgliedsstaaten genügend Freiraum lassen. Wenn Staaten beispielsweise Gesundheit und Leben von Konsumenten auf einem höheren Niveau schützen wollen, als dies die international gesetzten Standards vorsehen, müssen sie ihre Maßnahmen im Anwendungsbereich des SPS-Abkommens mit einer wissenschaftlichen Risiko-Analyse begründen. Übermäßig restriktiv würde diese Bedingung wirken, wenn eine Risiko-Analyse deswegen als unzureichend eingestuft würde, weil sie von der herrschenden Lehrmeinung abweicht oder neben Laboruntersuchungen und quantitativen Modellen auch qualitative Risikofaktoren in Betracht zieht – etwa die menschliche Veranlagung, Fehler zu machen oder staatliche Vorschriften zu umgehen.

Würden WTO-Abkommen vorsehen, dass die WTO-Gerichte den Mitgliedsstaaten nur geringen inhaltlichen und prozeduralen Begründungsspielraum zugestehen sollen, würden sie den demokratischen nationalstaatlichen Gesetzgeber zunehmend auf eine Weise überstimmen, die von der betroffenen Gesellschaft und der internationalen Gemeinschaft nicht als legitim anerkannt werden würde. Außerdem würde mit der größeren Kompetenz der Streitschlichtungsinstanzen das Risiko der gerichtlichen Streitschlichtung für die Mitgliedsstaaten deutlich ansteigen.

9.6   Prüfung anhand zahlreicher Voraussetzungen

Gemäß der vorgeschlagenen Regelung würde die nicht-wirtschaftliche Gestaltungsfreiheit an zahlreiche Voraussetzungen geknüpft werden. Die Konsistenz und Verhältnismäßigkeit des angestrebten Schutzniveaus sowie die Eignung, Notwendigkeit und Diskriminierungsfreiheit staatlicher Schutzmaßnahmen sollten auf demokratischer, wissenschaftlicher und zwischenstaatlicher Ebene diskutiert werden und bestimmten, die Sichtweise der Mitgliedsstaaten berücksichtigenden Anforderungen genügen.

Dass die Prüfung anhand zahlreicher Kriterien erforderlich ist, folgt unmittelbar aus der vorangehenden Argumentation: Ob staatliche Schutzmaßnahmen WTO-Regeln widersprechen, ist schwierig festzustellen. Gleichzeitig müssen die Gerichte Rücksicht auf die Sichtweise der Mitgliedsstaaten nehmen. Um unter diesen Umständen zu verhindern, dass die nicht-wirtschaftliche Gestaltungsfreiheit

die auf weltwirtschaftliche Integration angelegten WTO-Verpflichtungen aus-
höhlt, müssen Schutzmaßnahmen an zahlreiche Voraussetzungen gebunden
werden.

Dies verlangt zum einen, dass die Argumentation der Mitgliedsstaaten von den
Streitschlichtungsinstanzen entlang zahlreicher *inhaltlicher* Voraussetzungen kritisch hinterfragt wird. Gelingt eine wirksame Kontrolle der Rechtfertigungsgründe, wird die Durchsetzung von WTO-Abkommen entschieden verbessert, da
nicht stichhaltig rechtfertigbare Abweichungen emotionale Spannungen, gesellschaftspolitischen Druck und einen Verlust an Wertschätzung in der internationalen Gemeinschaft hervorrufen.[83] Diese Funktion des Streitschlichtungssystems
– als Wächter über Rechtfertigungen, die das Bild einer fragwürdig handelnden
Regierung in deren eigenen Augen, aus Sicht der nationalen Gesellschaft sowie in
der internationalen Gemeinschaft mitbestimmen – wird in Zukunft wichtiger
werden.

Zum anderen sind zusätzliche *prozedurale* Voraussetzungen an die demokratische,
wissenschaftlich fundierte und kooperative Formulierung staatlicher Schutzmaßnahmen erforderlich, je schwieriger sich die Rechtmäßigkeit staatlicher Schutzmaßnahmen inhaltlich beurteilen lässt. Da die nachträgliche Lösung vor Gericht
komplizierter wird, gilt es, auf inner- und zwischenstaatlicher Ebene mehr Vor-
sorgemechanismen gegen den Missbrauch nicht-wirtschaftlicher Gestaltungsfreiheit zu verankern.

Trotz dieser Vorkehrungen dürfte die nicht-wirtschaftliche Gestaltungsfreiheit in
Zukunft verstärkt die weltwirtschaftliche Integration und die multilaterale Handelsordnung beeinträchtigen. Daher ist ein umfangreicher Anforderungskatalog
auch geboten, damit die nicht-wirtschaftliche Gestaltungsfreiheit in einer Weise
wahrgenommen wird, die möglichst wenige Nachteile beinhaltet. Das bedeutet
insbesondere, dass Staaten veranlasst werden, kooperativ nach einer Schutzmög-
lichkeit zu suchen, die andere Staaten möglichst wenig schädigt. Dies drosselt
zugleich das Konfliktpotential, das aus unilateralen Schutzbemühungen resultiert.
Beispielsweise kommen Staaten nicht umhin, den Zugang zu ihrem Markt lediglich an ein bestimmtes Schutzniveau, statt an konkrete Schutzmaßnahmen zu
binden, wenn sie die Voraussetzung erfüllen wollen, den Schaden anderer Staaten möglichst gering zu halten. Das kann zum Beispiel heißen, nicht einen Kata-
lysator mit bestimmten technischen Eigenschaften für Autos vorzuschreiben,
sondern lediglich Abgasnormen aufzustellen. Damit wird die für die multilaterale
Ordnung kritische Situation vermieden, dass Staaten inkompatible Schutzmaßnahmen für Importe vorschreiben, wodurch sich ein Staat ausschließlich für
einen von mehreren Exportmärkten entscheiden müsste.

---

[83] Abbott und Snidal (2000), Franck (1990), Keohane, Moravcsik und Slaughter (2000), Lohmann (2003).

9.7   Bedeutung nicht-wirtschaftlicher Abkommen

Internationale Abkommen in nicht-wirtschaftlichen Politikbereichen sollten bei der Gewährung nicht-wirtschaftlicher Gestaltungsfreiheit stärkere Beachtung finden. Sie können helfen, die Schutzwürdigkeit nicht-wirtschaftlicher Güter, die Konsistenz und Verhältnismäßigkeit des angestrebten Schutzniveaus sowie die Eignung, Notwendigkeit und hinreichende Diskriminierungsfreiheit staatlicher Schutzmaßnahmen zu beurteilen. Zudem können sie Standards bereithalten, die bei der Einschätzung hilfreich sind, ob die Formulierung staatlicher Schutzmaßnahmen hinreichend wissenschaftlich begründet ist. Soweit sich Staaten an inhaltliche und prozedurale Standards einschlägiger Abkommen halten, spricht dies für ihre Zulässigkeit in der WTO.

Nicht-wirtschaftliche internationale Abkommen sollten auch – in abgeschwächter Form – berücksichtigt werden, wenn sie nur von einer Minderheit der Staaten und nicht von dem Staat ratifiziert worden sind, der gegen eine Schutzmaßnahme klagt. Dies würde einen Mittelweg eröffnen: Weder ist die Ansicht eines einzelnen Staates, dass er ein nicht-wirtschaftliches Gut auf eine bestimmte Art und Weise schützen sollte, ausschlaggebend, noch muss die Mitgliedschaft der WTO einhellig seine Vorstellungen über die Schutzwürdigkeit eines Gutes und die zu treffenden Schutzmaßnahmen teilen. Stattdessen muss der Staat, der eine den allgemeinen wirtschaftsorientierten WTO-Regeln widersprechende Schutzmaßnahme durchführen will, sich mit anderen Staaten auf ein Abkommen geeinigt haben, um in den Vorzug einer großzügigeren Anerkennung seiner Maßnahmen durch die WTO zu gelangen.

Eine solche Regelung bietet mehrere Vorteile:

- Der protektionistische Missbrauch nicht-wirtschaftlicher Anliegen würde erschwert. Internationale Umweltabkommen sind beispielsweise eher an langfristigen Umweltzielen orientiert und verkommen weniger leicht zum Instrument protektionistischer Interessen als nationalstaatliche Umweltschutzpolitik.

- Dass ein internationales nicht-wirtschaftliches Abkommen zustande gekommen ist, spricht für die Kooperationsbereitschaft des Staates, der durch nicht-wirtschaftliche Maßnahmen von den allgemeinen wirtschaftsorientierten WTO-Regeln abweicht. Zugleich bieten nicht-wirtschaftliche Abkommen, denen nur eine Minderheit der WTO-Mitgliedsstaaten angehört, einen Ansatzpunkt für eine künftige Weiterentwicklung, auf die sich die gesamte Mitgliedschaft der WTO verständigen kann.

- Die wirtschaftlichen Kosten und die Gefahr für das WTO-System, die von einer Vielzahl inkompatibler nicht-wirtschaftlicher Regelungen auf Ebene der Mitgliedsstaaten ausgehen, insbesondere wenn diese die

Schutzbemühungen im Ausland zu beeinflussen versuchen, würden begrenzt. Anstelle eines Flickenteppichs miteinander unverträglicher nationalstaatlicher Regelungen würde die Bildung einer überschaubaren Menge internationaler nicht-wirtschaftlicher Abkommen gefördert.

• Legitimitätsschädigende kategorische Konflikte zwischen den Normen der WTO und anderer internationaler Organisationen und Vereinbarungen würden vermieden.

9.8   Abwägung zwischen konkurrierenden Zielen

Die Konflikte zwischen WTO-Verpflichtungen und nicht-wirtschaftlichen Zielen, wie sie von Mitgliedsstaaten und anderen internationalen Organisationen verfolgt werden, würden verstärkt innerhalb der WTO ausgetragen, wenn die vorgeschlagenen Regelungen umgesetzt würden.

Zum einen würden mehr schutzwürdige Güter anerkannt, so dass die WTO keine für Mitgliedsstaaten wesentlichen nicht-wirtschaftlichen Ziele kategorisch ausschlösse und dabei aufgrund ihrer besonderen Bedeutung und Durchsetzungskraft andere internationale Organisationen dominierte, die sich diesen Zielen widmen. Konkret sollten vor allem globale Umweltgüter wie die Ozonschicht, das Klima, die Weltmeere und die Artenvielfalt klar anerkannt werden. Zum anderen würde das Erfordernis, dass das Schutzniveau verhältnismäßig sein muss, zu einer expliziten Diskussion über den Zusammenhang und die die Gewichtung konkurrierender Ziele führen.

Statt in grundlegendem Konflikt mit nationalen und internationalen Normen zu stehen und damit insbesondere die Zivilgesellschaft zu brüskieren, sollte sich die WTO aktiv dem Verhältnis wirtschaftlicher und nicht-wirtschaftlicher Ziele zuwenden und dieses in den Grundlinien durch Abkommen und im Detail durch das Streitschlichtungssystem klären.

(1) Festlegung der Grundlinien durch die Mitgliedsstaaten: Die vertragliche Regelung der nicht-wirtschaftlichen Gestaltungsfreiheit sollte präzisiert werden. In den gegenwärtigen WTO-Abkommen ist die nicht-wirtschaftliche Gestaltungsfreiheit überwiegend vage geregelt. Das betrifft sowohl die Definition schutzwürdiger Güter, als auch die Anforderungen an Schutzniveau und Schutzmaßnahmen, als auch den Auftrag der Gerichte, welche die Einhaltung dieser Voraussetzungen überwachen. Da die Gerichte infolgedessen politisch umstrittene und von den Mitgliedsstaaten nur andeutungsweise geregelte Fragestellungen ohne entsprechendes Mandat entscheiden müssen, wird ihre Legitimität untergraben.

Gemäß der vorgeschlagenen Regelung würde den Gerichten zusätzliche Kompetenz ausdrücklich übertragen, indem sie die Rechtmäßigkeit staatlicher Schutzmaßnahmen anhand der umfangreichen Voraussetzungen zu kontrollieren befugt wären. Daher sind solide vertragliche Vorgaben unabdingbar, um die Legitimität der Streitschlichtungsinstanzen zu erhalten und die Risiken der gerichtlichen Streitschlichtung einzudämmen. Innerhalb dieser Vorgaben sollte die *de facto* gesetzgeberische Rolle der Gerichte klarer anerkannt werden.

(2) Konkretisierung im Detail durch das Streitschlichtungssystem: Wenn Gerichte staatliche Schutzmaßnahmen anhand zahlreicher Voraussetzungen, rücksichtsvoll und innerhalb klarer Grundlinien überprüfen würden, könnten sie über die Schlichtung konkreter Streitigkeiten hinaus wertvolle Dienste für die Funktionsfähigkeit der WTO erbringen.

Die Mitgliedsstaaten können sich darauf verlassen, dass Gerichte mit einem soliden Mandat im Detail vage gehaltene Regelungen nachträglich konkretisieren und an neue Gegebenheiten anpassen. Daher müssen die Verhandlungsführer nicht alle Details und Eventualitäten in ihren Verhandlungen berücksichtigen. Die Streitschlichtungsinstanzen können außerdem Vorarbeit für Verhandlungen leisten. Wenn sich die Rechtsprechung in der Praxis bewährt, können sich die Mitgliedsstaaten in ihren Verhandlungen an die in der Rechtsprechung geleistete Vorarbeit halten.

Wenn Gerichte staatliche Schutzmaßnahmen anhand zahlreicher Voraussetzungen, rücksichtsvoll und innerhalb klarer Grundlinien – also auf eine umfassende und zugleich legitime Weise – überprüfen würden, könnten sie darüber hinaus auch deliberative Kommunikation als eine besonders effektive und legitime Verhandlungsform fördern.

Wie in Kapitel 3 argumentiert wurde, führt die interessensgeleitete Aushandlung von WTO-Abkommen nur zu eingeschränkt legitimen Ergebnissen. Zum einen bemisst sich der Einfluss der einzelnen Staaten nicht nach demokratischen Kriterien, sondern folgt aus wirtschaftlicher Macht und diplomatischen Ressourcen, die höchst ungleich verteilt sind. Zum anderen ist der Gemeinschaftssinn, der Aushandlungsprozessen Legitimität verleiht, in der internationalen Gemeinschaft schwach ausgeprägt. Als Ergänzung zu interessensgeleiteter Aushandlung ist daher deliberative Kommunikation – die gemeinsame Suche nach einer angemessenen Lösung, der alle Verhandlungspartner aus Einsicht in ihre Qualität zuzustimmen bereit sind – für die legitime Entstehung internationaler Verträge besonders wichtig.

Wenn die Mitgliedsstaaten ihre Streitigkeiten nicht freiwillig auf deliberative Weise beilegen, bietet die Rechtsprechung einen Ersatz: Die Staaten müssen unabhängig von ihrer Machtposition ihre Meinungsverschiedenheiten allein auf ihre Argumente gestützt austragen. Jedoch wird nicht durch allseitiges Einverständnis ein Kompromiss erzielt, sondern die Streitschlichtungsinstanzen treffen aufgrund ihrer prinzipiengeleiteten Einschätzung ein Urteil. Obwohl die Streitparteien bei der gerichtlichen Schlichtung sich nicht bemühen müssen, die Gegenseite zu überzeugen, sind sie doch gezwungen, auf die Argumente der anderen Partei ernstlich einzugehen, *als ob* sie diese überzeugen wollten, um vor Gericht zu bestehen.

Indem die Gerichte zusätzlich die Kooperationspflichten der Staaten überwachen, müssen die Mitgliedsstaaten auch außerhalb der Gerichte bei Meinungsverschiedenheiten in einen Dialog treten, *als ob* sie eine gemeinsame Lösung suchten.

Langfristig folgt daraus, dass sich die Staaten darin üben und daran gewöhnen, ihre Verhandlungsposition in quasi-deliberativen Verhandlungen zu vertreten, während die internationale Gemeinschaft und die Zivilgesellschaft die Erwartungshaltung entwickeln, dass Meinungsunterschiede deliberativ gelöst werden sollten.[84] Auch wenn sich diese Gewöhnung zunächst auf konkrete Streitigkeiten über bestehende Verträge bezieht, so liegt doch nahe, dass mit der Zeit auch bei Meinungsverschiedenheiten über die Änderung oder Erweiterung des Vertragswerks, denen ja oft konkrete Konflikte vorausgegangen sind, deliberative Kommunikation erwartet und praktiziert wird (oder zumindest das Ergebnis vorangegangener deliberativer Kommunikation anlässlich konkreter Konflikte übernommen wird).

9.9   Zusammenfassung und Schlussfolgerung

Den Mitgliedsstaaten sollte ein umfangreicher Freiraum zugestanden werden, um nicht-wirtschaftliche Ziele zu verfolgen. Dazu sollten schutzwürdige Güter großzügig anerkannt werden. Allerdings sollte die Ausübung der nicht-wirtschaftlichen Gestaltungsfreiheit an zahlreiche Voraussetzungen geknüpft werden. Die Konsistenz und Verhältnismäßigkeit des angestrebten Schutzniveaus sowie die Eignung, Notwendigkeit und Diskriminierungsfreiheit staatlicher Schutzmaßnahmen sollten auf demokratischer, wissenschaftlicher und zwischenstaatlicher Ebene diskutiert werden und bestimmten Anforderungen genügen. Diese Anforderungen sollten die Sichtweise der Mitgliedsstaaten deutlich berücksichtigen, die Gerichte sollten sich also im Zweifelsfall an die Ansicht des Staates halten, der seine Gestaltungsfreiheit wahrnimmt.

Ein solcher Ansatz würde den Mitgliedsstaaten hinreichenden Freiraum gewähren, einen ihren Bedürfnissen angemessene Politik zu betreiben, und zugleich die Legitimität der WTO erhöhen, WTO-Verhandlungen entlasten sowie die Risiken der Rigidität reduzieren. Zugleich würde ein solcher Ansatz die nachteiligen Auswirkungen nicht-wirtschaftlicher Gestaltungsfreiheit – übermäßige und nicht notwendige wirtschaftliche Kosten inländischer Schutzmaßnahmen im Ausland,

---

[84] Siehe Wendt (1999) zu der Bedeutung, Entwicklung und Stabilität von Verhaltensnormen in der internationalen Gemeinschaft.

protektionistischer Missbrauch, Unsicherheit in der Weltwirtschaftsordnung sowie zwischenstaatliche Spannungen – unter Kontrolle halten.

Eine klare Abgrenzung des vorgeschlagenen Ansatzes zur gegenwärtigen Praxis der WTO ist schwierig. Erstens sind die Regeln zur nicht-wirtschaftlichen Gestaltungsfreiheit in den verschiedenen Teilabkommen unterschiedlich. Zweitens sind sie weitgehend vage gehalten. Drittens ist ihre präzise Bedeutung nach wie vor unklar: Zwischen den Mitgliedsstaaten sind Regeln zur nicht-wirtschaftlichen Gestaltungsfreiheit grundsätzlich umstritten; in der WTO-Rechtsprechung wurden sie auf einige entscheidende Fragestellungen noch gar nicht, gelegentlich allerdings divergierend angewandt. Daher lassen sich ohne eine ausführliche Würdigung der einzelnen Teilabkommen, der hierzu seitens der Mitgliedsstaaten geäußerten Ansichten sowie der Gerichtsurteile in verschiedenen Streitfällen nur drei tendenzielle Unterschiede festmachen:

- Die nicht-wirtschaftliche Gestaltungsfreiheit würde weniger von der Auslegung vager Rechtsbegriffe abhängen und damit *verlässlicher* gewährt werden.

- Insgesamt sollte den Mitgliedsstaaten eher *mehr Freiraum* eingeräumt werden, als dies gegenwärtig der Fall ist. Insbesondere die unvermeidbaren wirtschaftlichen Nachteile sind in Kauf zu nehmen, da nicht-wirtschaftliche Gestaltungsfreiheit einen dringend benötigten Beitrag zur Lösung der Probleme internationaler Kooperation in der WTO leistet. Angesichts der Entwicklungen im Umfeld der WTO ist es die Aufgabe der kommenden Jahre, die WTO fahrtüchtig zu halten anstatt möglichst hart an den Wind zu fahren.

- Ein *günstigeres Verhältnis von Vor- und Nachteilen* würde erreicht, vor allem indem zusätzliche inhaltliche und prozedurale Anforderungen an staatliche Schutzmaßnahmen gestellt würden, die von den Streitschlichtungsinstanzen mit mehr Rücksicht auf die Sichtweise des Mitgliedsstaats, die ihre nicht-wirtschaftliche Gestaltungsfreiheit in Anspruch nehmen, geprüft würden. Der Kurs der Mitgliedsstaaten würde sozusagen von vielen, weitläufig gesetzten Markierungen begrenzt statt von wenigen, eng gesetzten. Ebenso würde sich die größere Rolle nicht-wirtschaftlicher internationaler Abkommen positiv auf das Verhältnis von Vor- und Nachteilen für ein gegebenes Maß nicht-wirtschaftlicher Gestaltungsfreiheit auswirken.

Problematisch erscheint das Risiko der gerichtlichen Streitschlichtung, das sich aus den zahlreichen Voraussetzungen ergibt, anhand derer die Gerichte staatliche Maßnahmen kontrollieren könnten. Diesem Risiko würde dadurch begegnet,

- dass die Prüfungskriterien von den Mitgliedsstaaten klar definiert und damit die Grundlinien für die Abwägung zwischen konkurrierenden Zielen gezogen werden würden,

- dass den Gerichten ein rücksichtsvoller Umgang mit der Sichtweise der Mitgliedsstaaten vorgeschrieben werden würde,

- dass die übrigen Reformvorschläge – Regionalisierung und, wie nachfolgend ausgeführt, moderate Sanktionen – die Durchsetzung von Urteilen erschweren, die aus Sicht nachteilig betroffener Mitgliedsstaaten in besonderer Weise inakzeptabel sind.

Sollten die Besorgnisse der Mitgliedsstaaten dennoch überwiegen, so könnten Staaten mehr Kontrolle über die Annahme von Urteilen zugestanden werden. Beispielsweise könnte eine Zweidrittel- oder Dreiviertel-Mehrheit der Mitglieder genügen, um die Annahme zu blockieren, anstelle der gegenwärtig erforderlichen Einstimmigkeit.

10 Reformen der Durchsetzungsmechanismen

Wenn ein Mitgliedsstaat einem anderen vorwirft, WTO-Recht zu missachten, und er durch bilaterale Verhandlungen keine Lösung herbeizuführen vermag, kann er sich an die Streitschlichtungsinstanzen wenden. Falls diese einen Regelverstoß feststellen, fordern sie den vertragsverletzenden Staat auf, die betreffende Maßnahme in Einklang mit WTO-Recht zu bringen. Ist der klagende Staat der Ansicht, dass nach einer bestimmten Frist die Vertragsverletzung weiter besteht, kann er dies von den Streitschlichtungsinstanzen feststellen lassen. Insofern der beklagte Staat keine ausgleichenden Konzessionen für die fortbestehende Vertragsverletzung anbietet, mit denen sich der klagende Staat einverstanden erklärt, kann der klagende Staat außerdem beantragen, dass er gegenüber dem beklagten Staat eingegangene Verpflichtungen aussetzen darf. Beispielsweise kann er Strafzölle auf Importe aus dem vertragsverletzenden Land einführen oder dessen im TRIPs-Abkommen verbriefte Rechte am geistigen Eigentum beschneiden.

Diese Sanktionen werden von der WTO-Instanz so bemessen, dass sie das im Abkommen angelegte Gleichgewicht an Konzessionen zwischen Kläger und Beklagtem wiederherstellen. Strafzölle sind folglich gerade so hoch zu wählen, dass dem vertragsverletzenden Staat ein solches Maß an Marktzugang verwehrt wird, wie dem klagenden Staat durch die vertragsverletzende Maßnahme verloren gegangen ist. Im Zuge der 2001 begonnenen Doha-Runde stehen mehrere Vorschläge auf der Tagesordnung, das Sanktionssystem zu verschärfen, um vor Vertragsverletzungen wirkungsvoller abzuschrecken.

10.1 Eignung von Sanktionen und Kompensationspflichten

Um zu beurteilen, inwieweit scharfe Sanktionen geeignet und erforderlich sind, um eine befriedigende Regeleinhaltung zu erreichen, sind die im Bereich der Durchsetzung von WTO-Abkommen festgestellten Entwicklungen bedeutsam.

- Die traditionelle Ursache von Vertragsverletzungen – wirtschaftliche Interessen und polit-ökonomischer Druck – wird seltener ausreichen, Regierungen zu zunehmend kostspieligerem Vertragsbruch zu verleiten.

- In den Fällen, in denen Regierungen ihre WTO-Verpflichtungen brechen, werden sie von schwerwiegenden und oft nur schwierig verhandelbaren normativen Gründen angetrieben.

- Diese neuen Gründe verfügen über größere Legitimität als wirtschaftlicher Opportunismus oder polit-ökonomisch motivierte Wankelmütigkeit von Regierungen. Die internationale Gemeinschaft sollte daher mehr Vertragsverletzungen zulassen, um nachteilig betroffenen Staaten und gesellschaftspolitisch unter Druck geratenen Regierungen (temporären) Spielraum zu verschaffen.

Harte Sanktionen sind folglich weniger erforderlich, da in den meisten Fällen das Eigeninteresse der Staaten verbunden mit gesellschaftspolitischem und internationalem Druck ausreicht, Staaten von Regelverstößen abzuhalten. Wenn jedoch ein starkes Motiv für Vertragsverletzungen vorliegt, nutzen meist auch harte Sanktionen nicht, um WTO-Regeln durchzusetzen.

Zudem weisen Sanktionen mehrere unerwünschte Nebenwirkungen auf:[85]

- Sanktionen schaden unbeteiligten Produzenten im vertragsverletzenden Land. Ein europäischer Hersteller von Handtaschen zog keinen Gewinn aus der europäischen Import-Regelung für Bananen, die gegen WTO-Recht verstieß. Er musste aber für diese diskriminierende Regelung den Kopf herhalten, als die USA Strafzölle von 100% auf den Importwert europäischer Handtaschen erhoben.

- Auch unbeteiligte Produzenten in Drittländern können in Mitleidenschaft gezogen werden – zum Beispiel ein afrikanischer Zulieferer von Leder für europäische Handtaschen, die in den USA nicht länger abgesetzt werden können.

- Tendenziell senken Sanktionen auch die Wohlfahrt des sanktionierenden Landes – US-amerikanische Kunden müssen auf europäische Handtaschen verzichten und US-amerikanische Verkäufer europäischer Handtaschen müssen ihr Angebot umstellen.

- Neben dem unmittelbaren wirtschaftlichen Schaden leidet auch die Verlässlichkeit der Welthandelsordnung unter Sanktionen und damit die weltwirtschaftliche Integration im Allgemeinen.

- Zudem wird die Legitimität der WTO bei den exportorientierten Unternehmen, ihren stärksten Befürwortern, auf die Probe gestellt, wenn diese mit Zustimmung der WTO von Sanktionen getroffen werden, ohne dass sie in direktem Bezug zum Streitfall stünden.

- Wenn die Berechtigung zu Sanktionen die Belohnung für einen gewonnenen Prozess ist, lesen Politiker und Bürger fälschlicherweise den Gedankengang heraus: Ein zuvor geschädigter Staat wird entschädigt, indem er Strafzölle erheben oder von sonstigen, den Freihandel fördern-

---

[85] Charnovitz (2002c), Mavroidis (2000), O'Connor (2004).

den Regeln abweichen darf. Dadurch wird an die Öffentlichkeit ein kontraproduktives Zeichen ausgesendet: Es erscheint als erstrebenswerter Vorteil, selbst von den die weltwirtschaftliche Integration fördernden WTO-Regeln abzuweichen. Dabei ist das eigentliche Ziel der WTO zu vermitteln, dass Freihandel im unmittelbaren Interesse jedes Staates liegt, selbst wenn andere Staaten protektionistische Politik betreiben.

- Die Legitimität der WTO wird des Weiteren dadurch beeinträchtigt, dass schwache Länder Strafzölle nur bedingt anwenden können. Da sie abhängiger von Importen sind, belasten sie durch Sanktionen verteuerte Importe mehr. Gleichzeitig sind die Aussichten geringer, mächtige Länder durch Sanktionen zum Einlenken zu bewegen. Im Ergebnis führt die auf Sanktionen gestützte Durchsetzung infolgedessen zu einer inkonsistenten Anwendung des WTO-Rechts.

- Ein dem entgangenen Marktzugang entsprechendes Maß an Sanktionen lässt sich kaum schlüssig festlegen. Dies ist besonders problematisch, da Berechtigungen zu Sanktionen gerade dann ausgesprochen werden, wenn sich beklagte Staaten vehement dagegen sträuben, ihre Maßnahmen entsprechend den Vorschlägen der klagenden Partei oder der Streitschlichtungsinstanzen abzuändern. Die Bestrafung an sich ist aus Sicht des beklagten Landes bereits ungerechtfertigt; wenn nun das Strafmaß willkürlich erscheint, wird der Respekt, den die WTO in diesem Land genießt, zusätzlich untergraben.

Insgesamt sind Sanktionen somit künftig zur Durchsetzung von WTO-Abkommen weniger erforderlich und geeignet, während ihr schädlicher Einfluss auf die Legitimität der WTO angesichts der gefährdeten Funktionsfähigkeit der WTO schwerer ins Gewicht fällt.

Ein weiterer Mechanismus zur Durchsetzung liegt darin, vertragsverletzende Staaten zu Kompensationen zu verpflichten, die von den Streitschlichtungsinstanzen festgesetzt werden (statt sie lediglich allgemein dazu anzuhalten, über Kompensationen mit der geschädigten Partei zu verhandeln, um Sanktionen zu vermeiden). Solche Kompensationen können die Form ausgleichender Marktöffnung in anderen Bereichen oder die Form finanzieller Ausgleichszahlungen annehmen. Beide vermeiden die oben angeführten Nachteile von Sanktionen. Allerdings sind Kompensationen nur schwer erzwingbar – sie liegen im Gegensatz zu Sanktionen nicht in der Hand des klagenden Staates. Daher sind Kompensationspflichten keine Alternative zu Sanktionen, sondern vielmehr ein ergänzendes Instrument – so Staaten zu Kompensationsleistungen bereit sind, lassen sich dadurch Sanktionen vermeiden.

10.2 Eignung weicher Durchsetzungsmechanismen

Eine Alternative zu Sanktionen und Kompensationen ist ein „weicher" Ansatz zur Durchsetzung von WTO-Abkommen. Ein solcher Ansatz stützt sich darauf, dass Regierungen internationale Verpflichtungen aus eigener normativer Überzeugung und um gesellschaftspolitischem und internationalem Druck zu entgehen einhalten.[86] Diese Faktoren lassen sich durch die strukturelle Ausgestaltung der WTO beeinflussen – im Gegensatz zum wirtschaftlichen Interesse der Staaten an der eigenen liberalen Politik sowie zu ihrem systemischen Interesse an der Funktionsfähigkeit der WTO.

Um diesen beeinflussbaren, weichen Faktoren größtmögliche Wirksamkeit zu verschaffen, gilt es zunächst, die Legitimität der WTO zu stärken – beispielsweise indem tiefergehende regionale Integration weltweit gefördert oder indem das Verhältnis der WTO zu nicht-wirtschaftlichen Anliegen auf geeignete Weise ausgestaltet wird. Zusätzlich sollte der gesellschaftspolitische und internationale Druck auf vertragsverletzende Regierungen intensiviert werden. Hierzu tragen Gerichte bei, die beispielsweise die nicht-wirtschaftliche Gestaltungsfreiheit anhand zahlreicher Voraussetzungen prüfen, in ihrer Urteilsfindung zwar Rücksicht auf die nationalstaatliche Sichtweise nehmen, sich jedoch nicht davon abhalten lassen, diese kritisch zu durchleuchten. Solche Gerichte befähigen die nationale Gesellschaft und die internationale Gemeinschaft, fragwürdige handelshemmende Maßnahmen allen Rechtfertigungsversuchen zum Trotz so klar wie möglich zu evaluieren und gegebenenfalls dagegen zu argumentieren. Ein weiterer Hebel, um den gesellschaftspolitischen Druck auf vertragsverletzende Regierungen zu erhöhen, besteht darin, die Demokratisierung der nationalstaatlichen WTO-Politik zu forcieren. Beispielsweise könnten die Regierungen vertraglich angehalten werden, im Parlament und vor der Zivilgesellschaft Rede und Antwort zu stehen, wenn ihnen vorgeworfen wird, Streitschlichtungsurteilen nicht nachzukommen. Auch könnten WTO-Prozesse der Öffentlichkeit zugänglich gemacht werden, insoweit keine vertraulichen Informationen behandelt werden, um ein größeres Interesse zu wecken und im Verlauf eines Prozesses Druck auf eine Regierung anwachsen zu lassen, die ohne stichhaltige Begründung gegen WTO-Recht verstößt. Zudem könnte die WTO die Position ihrer natürlichen Verbündeten – insbesondere von Verbraucherschutzverbänden – auf nationaler Ebene untermauern, wenn sie diese auf internationaler Ebene stärker einbinden würde.

Der wesentliche Unterschied zwischen den Ansätzen zur Durchsetzung von WTO-Abkommen besteht darin, dass Sanktionen und Kompensationspflichten gegen alle Vertragsverstöße gleichermaßen wirken, während ein weicher Ansatz selektiv wirkt. Diese selektive Bindewirkung richtet sich danach, inwieweit Vertragsverletzungen gerechtfertigt werden können.

---

[86] Chayes und Chayes (1995), Franck (1990), Shelton (2000).

(1) Relativ schlecht rechtfertigbare Regelverstöße: Im Fall von Regelverstössen, die sich eindeutig nicht entschuldigen lassen, sehen sich vertragsverletzende Regierungen sowohl emotionalen Spannungen als auch gesellschaftspolitischem und internationalem Druck ausgesetzt. Wenn beispielsweise eine Regierung eine begrenzte Menge zulässiger Importe eines bestimmten Produkts willkürlich zwischen ausländischen Anbieter verteilt und diese Vergabepraxis von WTO-Gerichten verurteilt wurde, wird diese Regierung ihre Praxis kaum aufrecht erhalten wollen beziehungsweise können.

(2) Relativ gut rechtfertigbare Regelverstöße: Falls hingegen gute Gründe – wie unerwartete Auswirkungen von Abkommen oder Implementationsprobleme – hinter einer staatlichen Maßnahme stehen, die von den Gerichten als Vertragsverletzung qualifiziert wird, fallen emotionale Spannungen sowie gesellschaftspolitischer und internationaler Druck geringer aus. Angenommen, WTO-Gerichte würden feststellen, dass europäische Gesundheitsschutzmaßnahmen unvereinbar mit WTO-Recht sind, so dass die EU keinen ihren Wünschen entsprechenden Gesundheitsschutz bei gentechnisch veränderten Lebensmitteln umsetzen kann: Ein solches Urteil würde weder Gewissensbisse über den eigenen Regelverstoß bei den Regierenden in der EU auslösen, noch gesellschaftspolitischen Druck hervorrufen, noch geschlossenen Rückhalt in der internationalen Gemeinschaft finden.

Der Vorzug eines weichen Ansatzes zur Durchsetzung von WTO-Abkommen liegt darin, dass dessen selektive Bindewirkung die Legitimität der WTO fördert und die Risiken von WTO-Abkommen senkt.

(1) Bindewirkung bestehender Abkommen: Wenn die Durchsetzung vorrangig auf weichen Faktoren beruht, kann sich ein Staat, der von nachteiligen Auswirkungen eines Abkommens überrascht wird oder dessen Präferenzen sich im Laufe der Zeit gewandelt haben, der Umsetzung eines Urteils entziehen und eine moderate Sanktion hinnehmen beziehungsweise Kompensation leisten. Daher sinkt das Risiko der Rigidität – dass Staaten also rigide an unpassende WTO-Vorschriften gebunden sind –, während für die Legitimität der WTO schädliche Spannungen zwischen WTO-Regeln und inländischen Normen entschärft werden.

Harte Sanktionen beziehungsweise Kompensationspflichten gegen einen Staat, dessen Regierung mit Rückhalt in der Bevölkerung aus normativer Überzeugung gegen WTO-Recht verstößt, würden hingegen Ärger schüren: Entweder müsste der betroffene Staat nachgeben – und dann lautet der Vorwurf, die WTO hebele demokratische Entscheidungen zugunsten einer neoliberalen Agenda aus – oder er müsste hohe, in seinen Augen ungerechtfertigte Kosten auf sich nehmen.

(2) Bindewirkung von Gerichtsurteilen: Wenn Gerichte im Zuge der Rechtsprechung Recht setzen, besteht die Gefahr, dass sie zentralen Interessen einiger oder zahlreicher Mitgliedsstaaten zuwiderhandeln. Bis zu einem gewissen Grad akzeptieren die Staaten durch ihre grundsätzliche Zustimmung zum Streitschlichtungssystem, dass ihnen aus dessen Arbeit auch Nachteile erwachsen können. Wenn die richterliche Auslegung jedoch zu weit über das Abkommen hinausgeht und dabei zentrale Interessen verletzt, ist so entstandenes Recht nicht legitim. Mit einem weichen Ansatz zur Durchsetzung, der gerade auf der Legitimität von WTO-Abkommen gründet, lässt sich solches Recht folglich nicht erzwingen. Deswegen sinkt bei einem weichen Ansatz zur Durchsetzung das Risiko der gerichtlichen Streitschlichtung. Zugleich steigt die Legitimität der WTO: Gerichtsurteile, die von der Bevölkerung unterstützte und normativ für richtig gehaltene Maßnahmen als Vertragsverletzung qualifizieren, verursachen dem vertragsverletzenden Staat geringere Kosten und rufen somit weniger Unwillen hervor. Entsprechend können sich die Gerichte mehr an der rechtlichen Konsistenz ihrer Rechtsprechung orientieren und müssen weniger die systemischen Auswirkungen ihrer Urteile auf Stabilität und Legitimität der WTO beachten. Dies begünstigt eine legitime Rechtsprechung.

10.3 Schlussfolgerung

Ein weicher Ansatz zur Durchsetzung von WTO-Abkommen reduziert die Risiken von WTO-Abkommen und erhöht ihre Legitimität. Weiche Faktoren sollten daher zentrales Element der Durchsetzung von WTO-Abkommen sein.

Daraus folgt nicht, dass auf Sanktionen und Kompensationen gänzlich verzichtet werden sollte. Solche zusätzlichen (wenngleich moderat anzusetzende) Kosten für Vertragsverletzungen bleiben unter anderem aus zwei Gründen notwendig.

Zum einen können Regierungen sowohl den nachteiligen Auswirkungen von WTO-Verträgen begegnen als auch auf den politischen Diskurs ihrer nationalen Gesellschaften einwirken. Entweder Regierungen geben sich kompromisslos, suchen in der WTO einen Sündenbock und verstoßen gegen missliebige Verpflichtungen. Oder sie gehen Probleme infolge von WTO-Verpflichtungen an und versuchen, die im Rahmen der WTO-Abkommen bestmögliche Politik zu betreiben und ihre Gesellschaften von der grundsätzlichen Vorteilhaftigkeit internationaler Kooperation zu überzeugen. Drohende Sanktionen oder Kompensationspflichten können hier den Ausschlag geben, dass Regierungen ihren Spielraum im Sinne der WTO ausschöpfen.

Zum anderen sind manche Regierungen gegenüber dem weichen Ansatz unempfindlich. Dies gilt beispielsweise für mächtige, patriotisch gesinnte Staaten, deren Regierungen sich weder um gesellschaftspolitischen noch internationalen Druck kümmern und nur ein geringes systemisches Interesse an internationaler Kooperation empfinden. Hier können nur Sanktionen ein Mindestmaß an Regeleinhaltung gewährleisten.

11 Gesamtschau

Die WTO durchläuft fundamentale Entwicklungen hinsichtlich der an ihr beteiligten Akteure, ihres Gegenstandes und ihrer Bedeutung (siehe Kap. 2). Diese lassen erwarten, dass sich die Probleme bezüglich der Legitimität, Aushandlung, Durchsetzung und der Risiken von WTO-Abkommen in Zukunft verschärfen werden.

(1) Legitimität (siehe Kap. 3): Einige Entwicklungen stimmen optimistisch, dass sich die Legitimität der WTO verbessern könnte:

- Die Entwicklungsländer gewinnen mehr Einfluss auf die Entscheidungsfindung.

- Die größere wirtschaftliche Vorteilhaftigkeit internationaler Kooperation erhöht die Ergebnis-Legitimität der WTO – wirtschaftlicher Wohlstand lässt sich immer weniger allein durch autonome nationalstaatliche Politik erreichen.

- Dass die internationale Gemeinschaft graduell zu einer Weltgesellschaft zusammenwächst, verstärkt den Wunsch der Staaten, die internationalen Normen zu befolgen, um anerkanntes Mitglied der internationalen Gemeinschaft zu sein.

Allerdings dürften entgegengesetzte Entwicklungen diese positiven Tendenzen zunichte machen:

- Mitgliedsstaaten können Vertragsverletzungen mit Verweis auf rechtliche Unklarheit, Implementationsprobleme sowie unerwartete und nicht hinnehmbare Schäden in Folge der Einhaltung von WTO-Verpflichtungen leichter rechtfertigen.

- Die größere Komplexität und Normativität der WTO-Abkommen erschwert eine kohärente Rechtsprechung mit Bezug auf den ursprünglichen Vertragswillen.

- Die WTO kann sich in dem Maße schlechter über ihre Ergebnisse legitimieren, in dem ihre nicht-wirtschaftlichen Auswirkungen stärker ins Blickfeld rücken.

- WTO-Abkommen geraten häufiger mit nationalen und anderen internationalen Normen in Konflikt.

(2) Aushandlung (siehe Kap. 4): Die Entwicklungen im Umfeld der WTO dürften dazu führen, dass Verhandlungen sich länger hinziehen, weniger effiziente Ergebnisse hervorbringen oder gar scheitern.

- Die Menge der für alle Mitgliedsstaaten zustimmungsfähigen Abkommen schrumpft. Da die Beteiligung und Heterogenität der Mitgliedsstaaten steigt, wird es immer schwieriger, Abkommen zu finden, von denen sämtliche Mitgliedsstaaten profitieren, deren Zustimmung benötigt wird. Daneben hängt die Menge der kollektiv zustimmungsfähigen Abkommen von der Menge der individuell vorteilhaften Abkommen ab. Wenn es aus der Perspektive der einzelnen Staaten jeweils eine Vielzahl von Abkommen gibt, durch die sie individuell besser gestellt würden, so lässt sich einfacher ein für alle gewinnbringendes Abkommen finden, als wenn die einzelnen Staaten auf wenige Optionen festgelegt sind. Wie sich die Menge der individuell vorteilhaften Abkommen entwickeln wird, ist unklar. Einerseits werden Abkommen wirtschaftlich vorteilhafter. Andererseits verlangen Abkommen vermehrt normative Konzessionen, zu denen die Regierungen nicht willens oder nicht fähig sind – weil die betroffenen Ministerien darüber uneinig sind, weil die Bevölkerung diese ablehnt oder weil nationale Gesetze diesen im Wege stehen. Daher wird die Menge der individuell vorteilhaften Abkommen zumindest nicht so weit zunehmen, dass sie den Effekt wachsender Beteiligung und Heterogenität der Mitgliedsstaaten kompensiert.

- Die strategische Interaktion der Mitgliedsstaaten, von denen meist ein jeder einen möglichst großen Vorteil für sich herauszuschlagen versucht, wird sich verschärfen. Ursache für die heftigeren Konflikte sind die größere Heterogenität der Mitgliedsstaaten, ihre reduzierte autonome Regelungsfähigkeit und -berechtigung, sowie der Wandel von einem minilateralen Entscheidungsprozess hin zu einer breiteren Beteiligung der Mitgliedsstaaten in der WTO.

- WTO-Verhandlungen werden komplexer. Die zunehmende Unsicherheit über die Auswirkung von Abkommen, der wachsende Anspruch an die Verhandlungsführer, in sich kohärente Abkommen auszuhandeln, die gestiegene Zahl relevanter Vorschläge und die aufkommenden Kommunikationsprobleme belasten die Verhandlungen.

- Schließlich bieten Verhandlungsnormen weniger Unterstützung im Aushandlungsprozess. Spezifische Verhandlungsnormen, welche die Erwartungen der internationalen Gemeinschaft koordinieren, wer welche Konzessionen zu leisten hat, lassen sich bei Verhandlungen über Zollsenkungen anwenden, nicht jedoch bei tiefergehender Integration. Außerdem lässt sich schwieriger Druck im Namen allgemeiner Verhandlungsnormen aufbauen, die den Mitgliedsstaaten kooperatives Verhalten in Verhandlungen nahe legen.

(3) Durchsetzung (siehe Kap. 5): Mehrere Faktoren dürften die Regeleinhaltung verbessern.

- Die WTO-konforme Integration in den Weltmarkt bringt mehr Vorteile, wohingegen Regelverstöße zwecks Optimalzoll-Politik und strategischer Industriepolitik weniger einbringen.

- Die günstige Stellung in der internationalen Gemeinschaft, die auch von der Einhaltung von WTO-Regeln abhängt, wird wichtiger.

- Das systemische Interesse der Staaten an der effektiven und stabilen Kooperation in der WTO, das durch Vertragsverletzungen geschädigt würde, nimmt zu.

- Der polit-ökonomische Druck zugunsten protektionistischer Maßnahmen schwächt sich ab, während die inländische Gesellschaft vermehrt auf die Einhaltung von WTO-Abkommen drängt, da dies dem nationalen Interesse und rechtsstaatlicher Überzeugung entspricht.

Jedoch dürfte es häufiger zu schwer beizulegenden Konflikten kommt, bei denen Regierungen aufgrund nicht-wirtschaftlicher Interessen und Überzeugungen und auf entsprechenden Druck ihrer nationalen Gesellschaften hin gegen WTO-Recht verstoßen.

(4) Risiko (siehe Kap. 6): Indem Staaten Kompetenzen an die WTO abtreten, setzen sie sich auf verschiedene Weisen dem Risiko aus, dass WTO-Verpflichtungen ihnen unerwartet zum Nachteil gereichen, sich jedoch nur unter wirtschaftlichen und politischen Kosten umgehen oder ändern lassen. Da Staaten risiko-avers sind, übertragen sie umso weniger Kompetenzen an die WTO, je größer die daraus folgenden Risiken sind. Die Risiken nehmen zu,

- da die Auswirkungen von WTO-Abkommen sich schwerer abschätzen lassen,

- da die Auswirkungen internationaler Abkommen immer größeren Einfluss auf das nationale Wohlergehen haben,

- da die Umgehung von bestehenden, neu ausgelegten oder neu verabschiedeten Verpflichtungen, sei es durch Ausnahmeregeln, Vertragsbruch oder Austritt, teurer wird.

Außerdem dürfte die Risikobereitschaft sinken, da andere internationale Organisationen ebenfalls expandieren. Es ist plausibel anzunehmen, dass Staaten die Einschränkung ihrer Souveränität gesamthaft über die Bandbreite der internationalen Organisationen hinweg addieren. Je weniger Kontrolle Staaten über die in ihrem Territorium geltende Politik haben, weil internationale Organisationen mit ökologischen, sozialen, entwicklungs- oder sicherheitspolitischen Anliegen ihre

Regelungsbefugnis begrenzen, desto unwilliger werden sie sein, Kompetenzen an die WTO zu überantworten.

Die Probleme bezüglich der Legitimität, der Aushandlung, der Durchsetzung und der Risiken von WTO-Abkommen verstärken sich gegenseitig. Beispielsweise wird die Legitimität der WTO in Mitleidenschaft gezogen, wenn Verhandlungen scheitern oder Gerichtsurteile nicht umgesetzt werden, weil wesentliche nicht-wirtschaftliche Interessen und Überzeugungen dagegen stehen.

All das könnte die Abwehrreaktion innerhalb der WTO hervorrufen, sich an der erfolgreichen Vergangenheit und damit an einseitig ökonomischen Zielen zu orientieren. Außerdem dürfte all dies die für die multilaterale Zusammenarbeit schädliche oberflächliche Regionalisierung als Alternative zur WTO beschleunigen. Ohne strukturelle Reformen ist die WTO daher nicht zukunftsfähig (siehe Kap. 7).

11.1 Vorschläge zur strukturellen Ausgestaltung der WTO

Um auf diese Analyse angemessen zu reagieren, dienen alle Vorschläge zur strukturellen Ausgestaltung der WTO dem prioritären Ziel, die Probleme internationaler Kooperation zu bewältigen, so dass die Funktionsfähigkeit der WTO in Anbetracht der künftigen Herausforderungen erhalten bleibt.

Es geht also nicht darum, möglichst weitreichende Abkommen zur weltwirtschaftlichen Integration zu vereinbaren und die alltägliche Verlässlichkeit der Weltwirtschaftsordnung so weit als möglich zu steigern. Wäre dies das Ziel, müsste die WTO versuchen, alle staatlichen Handelshemmnisse zu unterbinden. Dies ließe sich am Besten bewerkstelligen, wenn sich die Mitgliedschaft der WTO weiterhin vorrangig aus Nationalstaaten zusammensetzte, anstelle von integrierten Regionen, die von der WTO weniger abhängiger sind. Außerdem wäre zu diesem Zweck die nicht-wirtschaftliche Gestaltungsfreiheit zu beschränken und die Sanktionen beziehungsweise Kompensationspflichten wären zu verschärfen. Doch wenn die WTO ihre Mitglieder derart einschnüren würde, wäre die Zusammenarbeit in der WTO nicht ausreichend legitim, übermäßig riskant und damit langfristig in ihren Grundfesten nicht verlässlich.

Ebenso sind die Vorteile tiefergehender regionaler Integration für die langfristige Funktionsfähigkeit der WTO im Vergleich zu den daraus entstehenden Verwaltungskosten und wirtschaftlichen Verzerrungen hoch zu gewichten.

Von dieser Priorität für strukturelle Reformen ausgehend wurden Vorschläge unterbreitet, wie die Entscheidungsfindung, die nicht-wirtschaftliche Gestaltungsfreiheit und die Mechanismen zur Durchsetzung von Abkommen auf WTO-Ebene in Zukunft geregelt werden sollen.

(1) Entscheidungsfindung (siehe Kap. 8): Tiefergehende regionale Integration sollte weltweit betrieben und unterstützt werden. Dadurch könnten Verhandlungen auf die regionale Ebene vorverlagert werden, weniger Akteure wären an WTO-Verhandlungen beteiligt, die Einflussmöglichkeiten der beteiligten Akteure wären ausgeglichener und die Akteure wären robuster gegen nachteilige Auswirkungen von WTO-Abkommen. Dies würde die Legitimität der WTO erhöhen, die Aushandlung von WTO-Abkommen erleichtern und die einhergehenden Risiken senken.

(2) Verhältnis der WTO zu nicht-wirtschaftlichen Zielen (siehe Kap. 9): Den Mitgliedsstaaten sollte umfangreicher Freiraum zugestanden werden, um nicht-wirtschaftliche Ziele zu verfolgen. Dazu sollten schutzwürdige Güter großzügig anerkannt werden. Allerdings sollte die Ausübung der nicht-wirtschaftlichen Gestaltungsfreiheit an zahlreiche Voraussetzungen geknüpft werden. Die Konsistenz und Verhältnismäßigkeit des angestrebten Schutzniveaus sowie die Eignung, Notwendigkeit und Diskriminierungsfreiheit staatlicher Schutzmaßnahmen sollten auf demokratischer, wissenschaftlicher und zwischenstaatlicher Ebene diskutiert werden und bestimmten Anforderungen genügen. Diese Anforderungen sollten die Sichtweise der Mitgliedsstaaten deutlich berücksichtigen, die Gerichte sollten sich also im Zweifelsfall an die Position des Staates halten, der seine Gestaltungsfreiheit wahrnimmt. Ein solcher Ansatz würde die nachteiligen Auswirkungen nicht-wirtschaftlicher Gestaltungsfreiheit – Beeinträchtigungen der weltwirtschaftlichen Integration und zwischenstaatliche Spannungen – unter Kontrolle halten, zugleich die Legitimität der WTO erhöhen, Verhandlungen entlasten und Risiken reduzieren.

(3) Ansatz zur Durchsetzung von WTO-Abkommen (siehe Kap. 10): Ein weicher Ansatz zur Durchsetzung von WTO-Abkommen, der auf der normativen Überzeugung der Regierungen sowie auf gesellschaftspolitischem und internationalem Druck basiert, kann einen hinreichenden Grad der Einhaltung von WTO-Abkommen gewährleisten. Indem ein solch weicher Ansatz gezielt Regelverstöße aus besonders schädlichen Beweggründen verhindert, die Kosten verständlicher Verstöße hingegen gering hält, fördert er die Legitimität der WTO und wirkt Risiken entgegen. Sanktionen gegen vertragsverletzende Staaten sollten nicht verschärft werden, sondern höchstens das Gleichgewicht an Konzessionen wiederherstellen, das vor der Vertragsverletzung geherrscht hat. Um die nachteiligen Auswirkungen von Sanktionen zu vermeiden, sollten zudem gerichtlich festgelegte Kompensationspflichten mit Vorrang vor Sanktionen erwogen werden.

Neben diesen drei Kernbereichen wurden eine maßvolle Stärkung des WTO-Sekretariats und die Demokratisierung der WTO-Politik auf Ebene der Mitgliedsstaaten positiv eingeschätzt. In Anbetracht der zukünftigen Kooperationsprobleme sind darüber hinaus weitere strukturelle Reformen zu erwägen:

- Können die Parlamente der Mitgliedsstaaten, die Unternehmen und die Zivilgesellschaft intensiver an der Entscheidungsfindung der WTO beteiligt werden?

- Kann die WTO individuelle Rechte verleihen, so dass betroffene Privatpersonen und Unternehmen vor nationalen Gerichten oder direkt vor WTO-Instanzen klagen – oder zumindest Anhörungen veranlassen – können?

Um ein abgestimmtes Zusammenspiel der verschiedenen Gestaltungsaspekte zu erreichen, müssen die *Wechselwirkungen zwischen den einzelnen Vorschlägen* zur strukturellen Ausgestaltung der WTO beachtet werden. Andernfalls wird ein institutioneller Gestaltungsaspekt ohne Rücksicht auf die Wechselwirkung mit den anderen Aspekten, die zusammen eine internationale Organisation ausmachen, optimiert. Die unterbreiteten Reformvorschläge wirken insbesondere folgendermaßen zusammen:

- Die Mitgliedsstaaten dürften das Risiko starker Gerichte, welche die Zulässigkeit nicht-wirtschaftlicher Schutzmaßnahmen umfassend prüfen, nur in Verbindung mit einem weichen Ansatz zur Durchsetzung hinnehmen.

- Angesichts großzügiger nicht-wirtschaftlicher Gestaltungsfreiheit und eines weichen Ansatzes zur Durchsetzung dürfte die Weltwirtschaftsordnung nur dann hinreichend zuverlässig bleiben, wenn die Gerichte ausreichende Kompetenzen genießen, um verhindern zu können, dass die Gestaltungsfreiheit willkürlich in Anspruch genommen wird.

- Tiefergehende regionale Integration leistet zu beiden Aspekten einen wichtigen Beitrag. Erstens wird dadurch das Risiko der gerichtlichen Streitschlichtung weiter gesenkt. Zweitens ermöglicht tiefergehende Regionalisierung, mit einem weichen Ansatz zur Durchsetzung eine hinreichende Regeleinhaltung zu erzielen, indem sie die Legitimität der WTO erhöht.

Ebenso müssen die *Wechselwirkungen zwischen den Kooperationsproblemen* berücksichtigt werden. Andernfalls wird ein Problem zu Lasten eines anderen gelöst. Beispielsweise kann die wirksamere Durchsetzung von Abkommen mit härteren Sanktionen auf Kosten einer verminderten Legitimität und eines erhöhten Risikos erkauft werden. Oder ein Entscheidungsprozess, der mächtige Staaten begünstigt und schwächere von den wesentlichen Verhandlungen ausschließt, kann die Aushandlung von WTO-Abkommen (kurzfristig) erleichtern; dies geht jedoch zu Lasten der übrigen Kooperationsaufgaben.

Noch vielschichtiger werden die Interdependenzen, wenn die *Wechselwirkungen zwischen internationalen Organisationen* betrachtet werden. Deshalb ist eine komplexe Herangehensweise für Wissenschaft wie Politik unerlässlich, um internationale Organisationen erfolgreich strukturell zu reformieren.

11.2 Vorschläge zur inhaltlichen Ausgestaltung der WTO

Bislang wurden im Wesentlichen Vorschläge zur strukturellen Reformen der WTO unterbreitet. Lediglich die Vorschläge zur nicht-wirtschaftlichen Gestaltungsfreiheit enthielten auch inhaltliche Vorschläge. Aus politischer Perspektive drängt sich die Frage auf, ob aus den zukünftigen Kooperationsproblemen der WTO zusätzliche Leitlinien über konkrete inhaltliche Verpflichtungen der Mitgliedsstaaten abgeleitet werden können, die gegenwärtig im Rahmen der Doha-Runde verhandelt werden. Tatsächlich lassen sich Hinweise für die Ausgestaltung der WTO-Verpflichtungen gewinnen.

Erstens sollte der Umfang der WTO-Verpflichtungen nicht wesentlich erweitert werden. *Zweitens* sollten insbesondere neue Themen mit einem starken Bezug zu tiefergehender Integration vermieden werden. Dies betrifft in erster Linie zusätzliche Verpflichtungen zum Investitionsschutz und Verpflichtungen zur Liberalisierung von grundlegenden Dienstleistungen wie Erziehung, Gesundheit und Wasserversorgung.

Die Ausweitung der WTO-Verpflichtungen und die Vertiefung der im Rahmen der WTO vereinbarten Integration würde die dringliche institutionelle Reform der WTO erschweren.

- Die begrenzte Aufmerksamkeit der Verhandlungsführer, der Regierungen und der Öffentlichkeit würde von strukturellen Reformen abgelenkt werden. Ebenso würde die beschränkte Bereitschaft zu Neuerungen, deren Auswirkungen immer unsicher sind, ausgeschöpft werden. Auch könnte der momentan immense Erfolgsdruck durch eine Einigung auf neue Verpflichtungen abgebaut und institutionelle Reformen damit wieder auf die lange Bank geschoben werden.

- In Seattle 1999 und Cancún 2003 eskalierten die hart geführten Verhandlungen zum offenen Streit, der im Abbruch der Verhandlungen endete. Hinter der erfolgreichen Wiederaufnahme der Doha-Runde in Genf 2004 stand bedauerlicherweise keine neu gewonnene Kompromissbereitschaft der internationalen Gemeinschaft. Entscheidend war vielmehr, dass etliche strittige Verhandlungsthemen von der Agenda gestrichen wurden und dass die USA und die EU die Koalition der Entwicklungsländer mit Zuckerbrot und Peitsche aufbrechen konnten. Alle Verhandlungen, in denen die WTO-Verpflichtungen wesentlich ausgeweitet und vertieft werden sollen, dürften auch in Zukunft von heftigen Auseinandersetzungen begleitet sein. Eine mögliche Einigung zu strukturellen Reformen sollte nicht daran scheitern, dass Konflikte über neue Verpflichtungen die Verhandlungen über strukturelle Reformen fehlschlagen lassen.

- Der Vorschlag, die nicht-wirtschaftliche Gestaltungsfreiheit auszuweiten, wird bei den Entwicklungsländern weitgehend auf Ablehnung stoßen. Die Industrieländer sind ihrerseits nur begrenzt zu Konzessionen bereit, die für die Entwicklungsländer wertvoll wären, etwa in den Bereichen Agrar- und Textilprodukte und der Erleichterung des grenzüberschreitenden Personenverkehrs zur Dienstleistungserbringung. Die Konzessionen der Industrieländer sollten daher gegen die Ausweitung der nicht-wirtschaftlichen Gestaltungsfreiheit „eingetauscht" werden, nicht für weitreichendere und tiefergehendere Liberalisierung.

Eine Ausweitung und Vertiefung der WTO-Verpflichtungen würde darüber hinaus die Legitimität der WTO schwächen, wenn das Verhältnis der WTO zu nicht-wirtschaftlichen Zielen nicht zuvor überarbeitet worden ist. Denn Konflikte mit weiteren – nationalen und internationalen – Normen wären unausweichlich, für deren Lösung es auch außerhalb der WTO keine angemessenen Institutionen gäbe. Es fehlen internationale Organisationen, die sich auf Augenhöhe mit der WTO konkurrierender Ziele annehmen und als Gegengewicht dienen könnten, oder ein übergeordnetes Schiedsgericht, das Konflikte zwischen internationalen Organisationen lösen könnte. Zusätzliche normative Konflikte im WTO-Streitschlichtungssystem auszutragen, solange dieses als wirtschaftsorientierte Instanz wahrgenommen wird und andere internationale Organisationen *de facto* dominiert, würde dem Ansehen der WTO im Allgemeinen und des Streitschlichtungssystems im Besonderen Schaden zufügen.

Im Umkehrschluss ist anzumerken: Wenn die institutionelle Struktur der WTO Erfolg versprechend reformiert und insbesondere die nicht-wirtschaftliche Gestaltungsfreiheit konkretisiert worden ist, und wenn andere internationale Organisationen mit nicht-wirtschaftlichen Zielen gestärkt und deren Beziehungen zur WTO abgeklärt worden sind, ist eine vorsichtige Ausweitung und Vertiefung der WTO-Abkommen prinzipiell möglich, ohne die Funktionsfähigkeit der WTO zu gefährden.

Allerdings spricht die Analyse der Kooperationsprobleme dafür, oberflächliche Integration in der WTO tiefergehender Integration vorzuziehen. Die Beseitigung von Zöllen, quantitativen Importbeschränkungen und Exportsubventionen stellt verhältnismäßig geringe Anforderungen an die Legitimität der WTO, ist verhältnismäßig einfach zu verhandeln und durchzusetzen und bringt verhältnismäßig wenige Risiken für die Mitgliedsstaaten mit sich.

Ein *dritter* Ansatzpunkt für die anstehenden inhaltlichen Verhandlungen lautet, die wirtschaftlich besonders rückständigen Entwicklungsländer zu begünstigen. Aus deren Perspektive sind die Prozesse der Vertragsentstehung nicht fair und führen auch nicht zu günstigen Ergebnissen, die dieses Manko ausgleichen könnten. Die Legitimität der WTO in den Augen dieser Gruppe und der mit ihnen solidarisierten Teile der Zivilgesellschaft zu stärken, ist nicht nur ethisch angebracht, sondern auch vorteilhaft für die langfristige Funktionsfähigkeit der WTO. Denn ihre Legitimität und insbesondere die Akzeptanz in der Zivilgesellschaft werden für die WTO wichtiger.

11.3 Übertragbarkeit der Analyse und ihrer Ergebnisse

Abschließend ist zu überlegen, inwieweit die am Beispiel der WTO vorgenommene Analyse und deren Ergebnisse auf andere internationale Organisationen übertragen werden können. Für die Verallgemeinerbarkeit spricht, dass in anderen Themenbereichen ähnliche Entwicklungen zu beobachten sind.

Dies lässt sich gut anhand der Sicherheitspolitik nachvollziehen. In Zeiten des Kalten Krieges bestand globale Sicherheitspolitik im Wesentlichen darin, Höchstgrenzen beziehungsweise Verbote für bestimmte Waffengattungen zwischen den beiden Supermächten USA und UdSSR auszuhandeln und zu überwachen sowie Interessenssphären abzuklären. Im neuen Jahrtausend erfordern die Verbreitung von Massenvernichtungswaffen und der entsprechenden Trägersysteme sowie die weltweite Aktivität terroristischer Vereinigungen umfassende internationale Kooperation. Es gilt, vielfältige politische Themenbereiche in allen Staaten der Welt in den Dienst globaler Sicherheit zu stellen. „Schurkenstaaten" sind im Innern zu reformieren oder zumindest weitgehend zu entwaffnen, gescheiterte Staaten sind wiederaufzubauen, dem Terrorismus ist der Nährboden zu entziehen, gefährliche Technologien sind zu kontrollieren. Dies ist nicht nur Aufgabe von Militär und Geheimdiensten – globale Sicherheit wird damit auch zu einer Frage des interkulturellen Umgangs, der Bekämpfung der Armut, der Demokratieförderung sowie der Energiepolitik. Solange die Weltwirtschaft von Öl und Gas abhängig ist und solange mit der Atomenergie hochgradig gefährdete Ziele für terroristische Anschläge geboten und waffenfähige Technologien und Materialien verbreitet werden, ist die Welt weniger sicher, als wenn durch eine nachhaltige Energiewende eine dezentrale und verlässliche Versorgung erreicht wird. Sicherheitspolitik wird somit themenübergreifender, komplexer und abhängiger von der Kooperation aller Staaten.

Die neue Rolle der Zivilgesellschaft lässt sich an den weltweiten Protesten gegen den Irak-Krieg von 2003 erkennen – hier wurde nicht versucht, aus unmittelbaren eigenen Interessen die eigene Regierung zu beeinflussen, sondern es sollte im Namen einer globalen, stabilen und legitimen Weltfriedensordnung die (ausländische) US-amerikanische und britische Regierung von einem völkerrechtswidrigen Krieg abgehalten werden. Die Einmischung der Zivilgesellschaft verlief global synchronisiert, mit einem globalen Anliegen und wandte sich an einen global agierenden Adressaten.

Ein weiteres Beispiel aus dem sicherheitspolitischen Bereich liegt im Bann der Landminen. Eine globale zivilgesellschaftliche Koalition brachte dieses Thema auf die Tagesordnung, prägte die internationale Diskussion und gewann Staaten als Unterstützer für ihr Anliegen. Dies führte schließlich dazu, dass 1997 der Landminen-Bann von 122 Staaten unterzeichnet wurde.

Auch im Umweltschutz lassen sich Entwicklungen feststellen, die denen im Umfeld der WTO ähneln. Die globale Dimension der Umweltprobleme wird deutlicher, sei es das Ozonloch, die Klimaerwärmung oder die Verschmutzung der Weltmeere. Globaler Umweltschutz ist zwar nach wie vor in erster Linie eine Aufgabe der Industrieländer. Hier werden die meisten Treibhausgase emittiert, die meisten gentechnisch veränderten Organismen freigesetzt, die meisten Nuklearabfälle geschaffen. Ebenso werden hier die Technologien entwickelt, die Produktions- und Konsumstile geprägt, die anschließend weltweit Verbreitung finden. Nur wenn die reichen Industrieländer mit gutem Vorbild vorangehen, werden sich die Entwicklungsländer auf den Weg der Nachhaltigkeit einlassen. Allerdings wächst die Bedeutung der Entwicklungsländer im Zuge ihrer Entwicklung über ihre Verantwortung für den Erhalt von Tropenwäldern und Korallenriffen hinaus. Mit dieser zweifachen Entwicklung – verstärkt globale Zusammenhänge in den dringlichsten Umweltproblemen und einem größeren Gewicht der Entwicklungsländer als globale Umweltverschmutzer – wandelt sich der Charakter des internationalen Umweltschutzes: Es genügt nicht mehr, wenn sich benachbarte Industrieländer zusammensetzen, um Umweltprobleme zu lösen, die gesamte Staatengemeinschaft muss sich ernstlich beteiligen.

Zugleich werden die behandelten Ursache-Wirkungs-Zusammenhänge, zulässigen Höchstgrenzen der Umweltbelastung und zu wählenden Lösungsansätze interdependenter, komplexer und ungewisser. Das wissenschaftliche Verständnis des Klimawandels, auf dessen Grundlage sich die Staatengemeinschaft auf Schutzmaßnahmen einigen muss, ist beispielsweise hochgradig anspruchsvoll und potentiell vieldeutig. Hingegen ist die ökologische Funktionsweise eines Flusses zwar ebenfalls nicht vollständig geklärt, der Zustand des Gewässers lässt sich jedoch leichter beurteilen und verträgliche Belastungsniveaus lassen sich einfacher festlegen. Globale Ökosysteme sind also schwieriger zu erfassen als lokale oder regionale. Aufgrund der Fortschritte in der Umweltpolitik wandeln sich zudem die Schutzmaßnahmen. Früher dominierte der nachsorgende Umweltschutz – Kläranlagen für Industrieabwässer, Rußfilter an Fabrikschornsteinen, Katalysatoren bei Autos lassen sich technisch präzise spezifizieren und gesetzlich verordnen. Künftig wird der Schwerpunkt auf vorsorgendem, integriertem Umweltschutz liegen. Die Umweltbelastung des Verkehrs zu senken verlangt dann nicht nur, abgasärmere Autos zu fördern, sondern auch Fahrradwege und öffentliche Verkehrsmittel auszubauen, dezentrale Einkaufs- und Freizeitmöglichkeiten anzubieten und kontraproduktive Subventionen wie eine Pendlerpauschale zurück zu nehmen. Solche Maßnahmen greifen so tief in die Regulierungsbefugnis der Staaten ein und verlangen so umfangreiche positive

Leistungen, dass sie sich kaum verbindlich in internationalen Abkommen vorschreiben lassen. Entsprechend werden nur Ziele vereinbart und Wege aufgezeigt – wie in der Rio-Deklaration 1992 und im Kyoto-Protokoll von 1997.

Beim Nachhaltigkeits-Gipfel von Rio lässt sich zudem die gewachsene Verantwortung der Zivilgesellschaft im globalen Umweltschutz erkennen. Sie trug zu den historisch einschneidenden Ergebnissen des Gipfels bei, indem sie den Graben zwischen Umwelt und Entwicklung inhaltlich und symbolisch zu überwinden half und indem sie vor Ort und in den Hauptstädten Druck auf die Regierungen aufbaute. Auch bei der nachfolgenden Umsetzung der Ergebnisse im Rahmen der lokalen Agenda 21 übernahm die Zivilgesellschaft eine Vorreiterrolle, während die Regierungen ihre nationalen Nachhaltigkeitsstrategien nur zögerlich entwickelten. Ebenso entscheidend war die Mitwirkung der Zivilgesellschaft bei anderen Umweltschutzabkommen, etwa zum Klimaschutz oder der biologischen Sicherheit.

In verschiedenen Themenbereichen – Wirtschaft, Sicherheit, Umweltschutz – zeigen sich also vergleichbare Entwicklungen: Die internationale Kooperation wird sowohl notwendiger und umfangreicher als auch themenübergreifender und komplexer. Sie greift tiefer in die inländische Politik ein. Mehr Staaten beteiligen sich an ihr und die (ehemaligen) Entwicklungsländer erweitern ihren Einfluss. Die Zivilgesellschaft schließlich formiert sich über Staatsgrenzen hinweg und engagiert sich intensiver auf der globalen politischen Bühne.

Bei der Frage nach der Verallgemeinerbarkeit ist des Weiteren zu beachten, dass alle internationalen Organisationen in den Grundzügen gleichgelagerte Probleme internationaler Kooperation zu bewältigen haben.

- Jeder relevanten internationalen Organisation wird die Frage nach ihrer Legitimität gestellt – und jede internationale Organisation wird an ähnlichen Legitimitätskriterien gemessen.

- Jede internationale Organisation möchte ihre Abkommen ausweiten oder zumindest gelegentlich an neue Umstände anpassen – und für den Erfolg sind immer die Menge der zustimmungsfähigen Abkommen, die Härte der strategischen Interaktion, die Komplexität der Verhandlungen und die Möglichkeit, sich an Verhandlungsnormen zu orientieren, ausschlaggebend.

- Nahezu jede internationale Organisation muss sich um die Durchsetzung ihrer Abkommen bemühen – und ist dabei abhängig von der normativen Überzeugung der Regierungen, den nationalen Interessen sowie dem innenpolitischen Druck, dem sich Regierungen ausgesetzt sehen.

- Bei jeder wichtigen internationalen Organisation sorgen sich die Mitgliedsstaaten über die Risiken der Rigidität und – soweit solche Institutionen vorhanden sind – über die Risiken von gerichtlicher Streitschlichtung und Mehrheitsabstimmungen.

Allerdings sind die Unterschiede zwischen den internationalen Organisationen zu gravierend, um Erkenntnisse von der WTO direkt zu übertragen. Je nach Regelungsgegenstand der internationalen Organisation unterscheiden sich insbesondere das Machtverhältnis zwischen den Staaten in Verhandlungen, die Durchsetzbarkeit internationaler Verpflichtungen und das inländische politische Umfeld. In einigen internationalen Organisationen dominieren zudem Probleme, die für die WTO kaum relevant sind – beispielsweise hinsichtlich der Überwachung internationaler Verpflichtungen oder der Durchführung internationaler Projekte und Programme. Daher lassen sich konkrete Vorschläge zur geeigneten strukturellen Ausgestaltung nicht institutionen-übergreifend verallgemeinern.

Wenn der hier verwendete Analyserahmen auf andere internationale Organisationen angewendet würde, steht nichtsdestotrotz zu vermuten, dass sich die für die WTO vorgeschlagene Ausgestaltung für die internationale Kooperation allgemein bewährt: Robuste integrierte Regionen, großzügige, aber an zahlreiche, klar umrissene Auflagen gebundene Gestaltungsfreiheit, um jene Ziele zu verfolgen, die nicht das zentrale Anliegen der jeweiligen internationalen Organisation sind, sowie ein weicher Ansatz zur Durchsetzung mit maßvollen Sanktionen auf der einen Seite. Auf der anderen Seite starke Gerichte, um Konflikte einzudämmen, die aus dem Freiraum der Mitglieder resultieren, und um zu verhindern, dass die internationalen Verpflichtungen durch eigennützige Auslegungen ausgehöhlt werden.

Literaturverzeichnis

Abbott, Kenneth W. und Duncan Snidal (2000) 'Hard and Soft Law in International Governance,' *International Organization* 54 (3): 421-456.

Albrow, Martin (1998) *Abschied vom Nationalstaat: Staat und Gesellschaft im Globalen Zeitalter.* Frankfurt a.M.: Suhrkamp Verlag.

Alter, Karen J. (2000) 'The European Union's Legal System and Domestic Policy: Spillover or Backslash?' *International Organization* 54 (3): 489-518.

Altvater, Elmar und Birgit Mahnkopf (1999) *Grenzen der Globalisierung: Ökonomie, Ökologie und Politik in der Weltgesellschaft.* 4. Auflage. Münster: Verlag Westfälisches Dampfboot.

Arts, Bas (2003) *Non-state Actors in Global Governance: Three Faces of Power.* Bonn: Max-Planck-Projektgruppe Recht der Gemeinschaftsgüter.

Bacchus, James (2003) 'Groping Toward Gropius: The WTO and the International Rule of Law,' *Harvard International Law Journal* 44 (2): 533-550.

Bacchus, James (2004) 'A Few Thoughts on Legitimacy, Democracy and the WTO,' *Journal of International Economic Law* 7 (3): 667-673.

Bagwell, Kyle und Robert W. Staiger (2002) *The Economics of the World Trading System.* Cambridge, MA: MIT Press.

Baldwin, Richard E., Daniel Cohen, André Sapir und Anthony Venables (eds) (1999) *Market Integration, Regionalism and the Global Economy.* Cambridge: Cambridge University Press.

Barfield, Claude E. (2001) 'Free Trade, Sovereignty, Democracy: The Future of the World Trade Organization,' *Chicago Journal of International Law* 2 (2): 403-415.

Barton, John H. (2004) 'Issues Posed by a World Patent System,' *Journal of International Economic Law* 7 (2): 341-357.

Beck, Ulrich (ed) (1998a) *Perspektiven der Weltgesellschaft.* Frankfurt a.M.: Suhrkamp.

Beck, Ulrich (ed) (1998b) *Politik der Globalisierung.* Frankfurt a.M.: Suhrkamp.

Bhagwati, Jagdish (2001) 'After Seattle: Free Trade and the WTO,' in Roger B. Porter, Pierre Sauvé, Arvind Subramanian und Americo B. Zampetti (eds) *Efficiency, Equity, and Legitimacy: The Multilateral Trading System at the New Millennium*, pp. 50-62. Washington, DC: Brookings Institution Press.

Bhagwati, Jagdish, Pravin Krishna und Arvind Panagariya (eds) (1999) *Trading Blocs: Alternative Approaches to Analyzing Preferential Trade Agreements.* Cambridge, MA: MIT Press.

Biermann, Frank (2000) 'Mehrseitige Umweltübereinkommen im GATT-WTO Recht: Untersuchungen zum rechtspolitischen Reformbedarf,' *Archiv des Völkerrechts* 38: 455-504.

Blackhurst, Richard und David Hartridge (2004) 'Improving the Capacity of WTO Institutions to Fulfil Their Mandate,' *Journal of International Economic Law* 7 (3): 705-716.

Bronckers, Marco C.E.J. (1999) 'Better Rules for a New Millennium: A Warning against Undemocratic Developments in the WTO,' *Journal of International Economic Law* 2 (4): 547-566.

Cadot, Olivier, Jaime De Melo und Marcelo Olarreaga (1999) 'Regional Integration and Lobbying for Tariffs against Nonmembers,' *International Economic Review* 40 (3): 635-657.

Charnovitz, Steve (2002a) *Trade Law and Global Governance*. London: Cameron May.

Charnovitz, Steve (2002b) 'WTO Cosmopolitics,' *New York University Journal of International Law and Politics* 34 (2): 299-354.

Charnovitz, Steve (2002c) 'The WTO´s Problematic 'Last Resort' Against Noncompliance,' *Aussenwirtschaft* 57 (4): 409-439.

Chaudhuri, Sumanta, Aaditya Mattoo und Richard Self (2004) 'Moving People to Deliver Services,' *Journal of World Trade* 38 (3): 363-393.

Chayes, Abram und Antonia Handler Chayes (1995) *The New Sovereignty: Compliance with International Regulatory Agreements*. Cambridge, MA: Harvard University Press.

Checkel, Jeffrey T. (2001) 'Why Comply? Social Learning and European Identity Change,' *International Organization* 55 (3): 553-588.

Checkel, Jeffrey T. (2003) ''Going Native' in Europe: Theorizing Social Interaction in European Institutions,' *Comparative Political Studies* 36 (1/2): 209-231.

Cho, Sungjoon (2004) 'A Bridge Too Far: The Fall of the Fifth WTO Ministerial Conference in Cancún and the Future of Trade Constitution,' *Journal of International Economic Law* 7 (2): 219-244.

Choi, Young Jong und James A. Caporaso (2002) 'Comparative Regional Integration,' in Walter Carlsnaes, Thomas Risse und Beth A. Simmons (eds) *Handbook of International Relations*, pp. 480-499. London: Sage Publications.

Clive, George und Colin Kirkpatrick (2004) 'Trade and Development: Assessing the Impact of Trade Liberalisation on Sustainable Development,' *Journal of World Trade* 38 (3): 441-469.

Cortell, Andrew P. und James W. Davis (2000) 'Understanding the Impact of International Norms: A Research Agenda,' *International Studies Review* 2 (1): 65-87.

Drahos, Peter (2003) 'When the Weak Bargain with the Strong: Negotiations in the World Trade Organization,' *International Negotiation* 8 (1): 79-109.

Dunning, John H. (2000) 'The Future of the WTO: A Socio-Relational Challenge?' *Review of International Political Economy* 7 (3): 475-483.

Dunoff, Jeffrey L. (1999) 'The Death of the Trade Regime,' *European Journal of International Law* 10 (4): 733-762.

Egeberg, Morten (1999) 'Transcending Intergovernmentalism? Identity and Role Perceptions of National Officials in EU Decision-Making,' *Journal of European Public Policy* 6 (3): 456-474.

Ehlermann, Claus-Dieter (2002) 'Tensions between the Dispute Settlement Process and the Diplomatic and Treaty-Making Activities of the WTO,' *World Trade Review* 1 (3): 301-308.

Ehlermann, Claus-Dieter (2003) 'Reflections on the Appellate Body of the WTO,' *Journal of International Economics* 6 (3): 695-708.

Eriksen, Erik O. und John E. Fossum (eds) (2000) *Democracy in the European Union: Integration through Deliberation?* London: Routledge.

Esty, Daniel C. (2002) 'The World Trade Organization's Legitimacy Crisis,' *World Trade Review* 1 (1): 7-22.

Fearon, James D. (1998) 'Bargaining, Enforcement, and International Cooperation,' *International Organization* 52 (2): 269-305.

Finger, Michael J., Ulrich Reincke und Adriana Castro (1999) *Market Access Bargaining in the Uruguay Round: Rigid or Relaxed Reciprocity?* World Bank Policy Research Working Paper 2258.

Finnemore, Martha und Kathryn Sikkink (1998) 'International Norm Dynamics and Political Change,' *International Organization* 52 (4): 887-917.

Ford, Jane (2002) 'A Social Theory of Trade Regime Change: GATT to WTO,' *International Studies Review* 4 (3): 115-138.

Franck, Thomas M. (1990) *The Power of Legitimacy Among Nations.* New York: Oxford University Press.

Francois, Patrick und Tanguy van Ypersele (2002) 'On the Protection of Cultural Goods,' *Journal of International Economics* 56: 359-369.

Freund, Caroline (2003) *Reciprocity in Free Trade Agreements.* World Bank Policy Research Working Paper 3061.

Fudenberg, Drew und Jean Tirole (1991) *Game Theory.* Cambridge, MA: MIT Press.

Gaedtke, Jens-Christian (2003) 'Multilateralisierung des öffentlichen Beschaffungswesens im Rahmen der WTO,' *Aussenwirtschaft* 58 (3): 327-352.

Garrett, Geoffrey, R. Daniel Kelemen und Heiner Schulz (1998) 'The European Court of Justice, National Governments, and Legal Integration in the European Union,' *International Organization* 52 (1): 149-176.

Gehring, Thomas (2002) 'Schutzstandards in der WTO? Die schleichende Verknüpfung der Welthandelsordnung mit standardsetzenden internationalen Institutionen,' in Markus Jachtenfuchs und Michèle Knodt (eds) *Regieren in internationalen Institutionen*, pp. 111-139. Opladen: Leske + Budrich.

Haas, Peter M. (1992) 'Introduction: Epistemic Communities and International Policy Coordination,' *International Organization* 46 (1): 1-35.

Habermas, Jürgen (1998) *Faktizität und Geltung: Beiträge zur Diskurstheorie des Rechts und des demokratischen Rechtsstaats.* Frankfurt a.M.: Suhrkamp.

Hauser, Heinz (2003) 'Die WTO nach Cancun,' *Aussenwirtschaft* 58 (4): 459-488.

Heiskanen, Veijo (2004) 'The Regulatory Philosophy of International Trade Law,' *Journal of World Trade* 38 (1): 1-36.

Ho, Daniel E. (2002) 'Compliance and International Soft Law: Why Do Countries Implement the Basle Accord?' *Journal of International Economic Law* 5 (3): 647-688.

Hoekman, Bernard M. und Michel M. Kostecki (2001) *The Political Economy of the World Trading System: The WTO and Beyond.* 2nd edition. Oxford: Oxford University Press.

Höffe, Otfried (1999) *Demokratie im Zeitalter der Globalisierung.* München: Beck.

Hooghe, Liesbet (1999) 'Supranational Activists or Intergovernmental Agents? Explaining the Orientations of Senior Commission Officials Toward European Integration,' *Comparative Political Studies* 32 (4): 435-463.

Hormats, Robert D. (2001) 'Governance of the Global Trading System,' in Roger B. Porter, Pierre Sauvé, Arvind Subramanian und Americo B. Zampetti (eds) *Efficiency, Equity, and Legitimacy: The Multilateral Trading System at the New Millennium*, pp. 392-407. Washington, DC: Brookings Institution Press.

Howse, Robert (2002) 'From Politics to Technocracy – and Back Again: The Fate of the Multilateral Trade Regime,' *American Journal of International Law* 96 (1): 94-117.

Howse, Robert und Kalypso Nicolaidis (2003) 'Enhancing WTO Legitimacy: Constitutionalization or Global Subsidiarity,' *Governance* 16 (1): 73-94.

Jackson, John H. (1997) *The World Trading System: Law and Policy of International Economic Relations.* 2nd edition. Cambridge, MA: MIT Press.

Jackson, John H. (2002) 'Afterword: The Linkage Problem – Comments on Five Texts,' *American Journal of International Law* 96 (1): 118-125.

Joerges, Christian und Jürgen Neyer (1998) 'Von intergouvernementalem Verhandeln zur deliberativen Politik: Gründe und Chancen für eine Konstitutionalisierung der europäischen Komitologie,' in Beate Kohler-Koch (ed.) *Regieren in entgrenzten Räumen*, pp. 207-234. Opladen: Westdeutscher Verlag.

Kahler, Miles (1992) 'Multilateralism with Small and Large Numbers,' *International Organization* 46 (3): 681-708.

Keohane, Robert O. und Joseph S. Nye Jr. (2001) 'Between Centralization and Fragmentation: The Club Model of Multilateral Cooperation and Problems of Democratic Legitimacy,' in Roger B. Porter, Pierre Sauvé, Arvind Subramanian und Americo B. Zampetti (eds) *Efficiency, Equity, and Legitimacy: The Multilateral Trading System at the New Millennium*, pp. 264-294. Washington, DC: Brookings Institution Press.

Keohane, Robert O., Andrew Moravcsik und Anne-Marie Slaughter (2000) 'Legalized Dispute Resolution: Interstate and Transnational,' *International Organization* 54 (3): 457-488.

King, Loren (2003) 'Deliberation, Legitimacy, and Multilateral Democracy,' *Governance* 16 (1): 23-50.

Kohler-Koch, Beate und Jakob Edler (1998) 'Ideendiskurs und Vergemeinschaftung: Erschliessung transnationaler Räume durch europäisches Regieren,' in Beate Kohler-Koch (ed.) *Regieren in entgrenzten Räumen*, pp. 169-206. Opladen: Westdeutscher Verlag.

Leebron, David W. (2002) 'Linkages,' *American Journal of International Law* 96 (1): 5-27.

Legro, Jeffrey W. (1997) 'Which Norms Matter? Revisiting the 'Failure' of Internationalism,' *International Organization* 51 (1): 31-63.

Leigh-Phippard, Helen (1999) 'The influence of Informal Groups in Multilateral Diplomacy,' in Jan Melissen (ed.) *Innovation in Diplomatic Practice*, pp. 94-110. London: Macmillan Press.

Leitner, Kara und Simon Lester (2004) 'WTO Dispute Settlement 1995-2003: A Statistical Analysis,' *Journal of International Economic Law* 7 (1): 169-181.

Lewis, Jeffrey (1998) 'Is the 'Hard Bargaining' Image of the Council Misleading? The Committee of Permanent Representatives and the Local Elections Directive,' *Journal of Common Market Studies* 36 (4): 479-504.

Limao, Nuno (2002) *Are Preferential Trade Agreements with Non-trade Objectives a Stumbling Bloc for Multilateral Liberalization?* Center for International Economics Working Paper 02-02.

Lohmann, Susanne (2003) 'Why do Institutions Matter? An Audience-Cost Theory of Institutional Commitment,' *Governance* 16 (1): 95-110.

Mansfield, Edward D., Helen V. Milner und B. Peter Rosendorff (2002) 'Why Democracies Cooperate More: Electoral Control and International Trade Agreements,' *International Organization* 56 (3): 477-513.

Mavroidis, Petros C. (2000) 'Remedies in the WTO Legal System: Between a Rock and a Hard Place,' *European Journal of International Law* 11 (4): 763-813.

Meunier, Sophie (2000) 'What Single Voice? European Institutions and EU-U.S. Trade Negotiations,' *International Organization* 54 (1): 103-135.

Muthoo, Abhinay (1999) *Bargaining Theory with Applications.* Cambridge: Cambridge University Press.

Nielson, Daniel L. und Michael J. Tierney (2003) 'Delegation to International Organizations: Agency Theory and World Bank Environmental Reform,' *International Organization* 57 (2): 241-276.

O'Connor, Bernard (2004) 'Remedies in the World Trade Organization Dispute Settlement System – The Bananas and Hormones Cases,' *Journal of World Trade* 38 (2): 245-266.

OECD (2003) *Regionalism and the Multilateral Trading System.* Paris: OECD.

Oesch, Matthias (2003) 'Standards of Review in WTO Dispute Resolution,' *Journal of International Economic Law* 6 (3): 635-659.

Ostry, Silvia (2001) 'World Trade Organization: Institutional Design for Better Governance,' in Roger B. Porter, Pierre Sauvé, Arvind Subramanian und Americo B. Zampetti (eds) *Efficiency, Equity, and Legitimacy: The Multilateral Trading System at the New Millennium*, pp. 361-380. Washington, DC: Brookings Institution Press.

Parsons, Craig (2002) 'Showing Ideas as Causes: The Origins of the European Union,' *International Organization* 56 (1): 47-84.

Payne, Rodger A. (2001) 'Persuasion, Frames and Norm Construction,' *European Journal of International Relations* 7 (1): 37-61.

Perroni, Carlo und John Whalley (2000) 'The New Regionalism: Trade Liberalization or Insurance?' *Canadian Journal of Economics* 33 (1): 1-24.

Petersmann, Ernst-Ulrich (2001) 'Human Rights and International Law in the 21st century: The Need to Clarify Their Interrelationship,' *Journal of International Economic Law* 4 (3): 3-39.

Pfahl, Stefanie (2000) *Internationaler Handel und Umweltschutz: Zielkonflikt und Ansatzpunkte des Interessenausgleichs.* Berlin: Springer Verlag.

Pollack, Mark A. (1997) 'Delegation, Agency, and Agenda Setting in the European Community,' *International Organization* 51 (1): 99-134.

Price, Richard (1998) 'Reversing Gun Sights: Transnational Civil Society Targets Land Mines,' *International Organization* 52 (3): 613-644.

Raghavan, Chakravarthi (2000) 'After Seattle, World Trade System Faces Uncertain Future,' *Review of International Political Economy* 7 (3): 495-504.

Raustiala, Kal (2003) 'Rethinking the Sovereignty Debate in International Economic Law,' *Journal of International Economic Law* 6 (4): 841-878.

Reich, Arie (1996) 'From Diplomacy to Law: The Juridicization of International Trade Relations,' *Northwestern Journal of International Law and Business* 17 (2/3): 775-849.

Risse, Thomas (2000) ''Let's Argue!': Communicative Action in World Politics,' *International Organization* 54 (1): 1-39.

Ruggie, John G. (1992) 'Multilateralism: The Anatomy of an Institution,' *International Organization* 46 (3): 561-598.

Safrin, Sabrina (2002) 'Treaties in Collision? The Biosafety Protocol and the World Trade Organization Agreements,' *American Journal of International Law* 96 (3): 606-628.

Sbraiga, Alberta M. (2002) 'Building Markets and Comparative Regionalism: Governance Beyond the Nation-State,' in Markus Jachtenfuchs und Michèle Knodt (eds) *Regieren in internationalen Institutionen*, pp. 235-254. Opladen: Leske + Budrich.

Scharpf, Fritz W. (1999) *Regieren in Europa: Effektiv und Demokratisch?* Frankfurt a.M.: Campus Verlag.

Schimmelpfennig, Frank (2001) 'The Community Trap: Liberal Norms, Rhetorical Action, and the Eastern Enlargement of the European Union,' *International Organization* 55 (1): 47-80.

Shaffer, Gregory (2001) 'The World Trade Organization under Challenge: Democracy and the Law and Politics of the WTO's Treatment of Trade and Environment Matters,' *The Harvard Environmental Law Review* 25 (1): 1-93.

Shaffer, Gregory (2004) 'Parliamentary Oversight of WTO Rule-Making: The Political, Normative, and Practical Contexts,' *Journal of International Economic Law* 7 (3): 629-654.

Shannon, Vaughn P. (2000) 'Norms Are What States Make of Them: The Political Psychology of Norm Violation,' *International Studies Quarterly* 44 (2): 293-316.

Shelton, Dinah (ed.) (2000) *Commitment and Compliance: The Role of Non-Binding Norms in the International Legal System.* Oxford: Oxford University Press.

Simmons, Beth A. (2000) 'The Legalization of International Monetary Affairs,' *International Organization* 54 (3): 573-602.

Singh, J P. (2000) 'Weak Powers and Globalism: The Impact of Plurality on Weak-Strong Negotiations in the International Economy,' *International Negotiation* 5 (3): 449-484.

Sjöstedt, Gunnar (1994) 'Negotiating the Uruguay Round,' in I. William Zartman (ed.) *International Multilateral Negotiation: Approaches to the Management of Complexity*, pp. 44-69. San Francisco: Jossey-Bass Publishers.

Smith, James McCall (2003) 'WTO Dispute Settlement: The Politics of Procedure in Appellate Body Rulings,' *World Trade Review* 2 (1): 65-100.

Steinberg, Richard H. (2002) 'In the Shadow of Law or Power? Consensus-Based Bargaining and Outcomes in the GATT/WTO,' *International Organization* 56 (2): 339-374.

Stone Sweet, Alec und Thomas L. Brunell (1998) 'Constructing a Supranational Constitution: Dispute Resolution and Governance in the European Union,' *American Political Science Review* 92 (1): 63-81.

The Seattle to Brussels Network (2004) *From Cancún to Hong Kong: Challenging Corporate Led Trade Liberalisation.* Berlin: The Seattle to Brussels Network.

Trachtman, Joel P. (1999) 'The Domain of WTO Dispute Resolution,' *Harvard International Law Journal* 40 (2): 333-377.

Tsebelis, George (2000) 'Veto Players and Institutional Analysis,' *Governance* 13 (4): 441-474.

Tsebelis, George und Geoffrey Garrett (2001) 'The Institutional Foundations of Intergovernmentalism and Supranationalism in the European Union,' *International Organization* 55 (2): 357-390.

Verweij, Marco und Timothy E. Josling (2003) 'Special Issue: Deliberately Democratizing Multilateral Organization,' *Governance* 16 (1): 1-21.

Weiler, Joseph H. H. (2001) 'The Rule of Lawyers and the Ethos of Diplomats: Reflections on WTO Dispute Settlement,' in Roger B. Porter, Pierre Sauvé, Arvind Subramanian und Americo B. Zampetti (eds) *Efficiency, Equity, and Legitimacy: The Multilateral Trading System at the New Millennium*, pp. 334-350. Washington, DC: Brookings Institution Press.

Weiss, Linda (1999) 'Globalization and National Governance: Antinomy or Interdependence?' *Review of International Studies* 25 (5): 59-88.

Wendt, Alexander (1999) *Social Theory of International Politics.* Cambridge: Cambridge University Press.

World Bank (2000) *Trade Blocs.* Oxford: Oxford University Press.

World Bank (2004) *Global Economic Prospects: Trade, Regionalism and Development.* Washington, DC: World Bank.

Young, Oran R. (1999) *Governance in World Affairs.* New York: Cornell University Press.

Zampetti, Americo B. (2001) 'A Rough Map of Challenges to the Multilateral Trading System at the Millennium,' in Roger B. Porter, Pierre Sauvé, Arvind Subramanian und Americo B. Zampetti (eds) *Efficiency, Equity, and Legitimacy: The Multilateral Trading System at the New Millennium*, pp. 34-49. Washington, DC: Brookings Institution Press.

Zürn, Michael (1998) *Regieren jenseits des Nationalstaats.* Frankfurt a.M.: Suhrkamp.

Das Recht der Weltgesellschaft

Systemtheoretische Perspektiven auf die Globalisierung des Rechts am Beispiel der lex mercatoria

von Tania Lieckweg

2003. VI/149 S., kt. € 32,- / sFr 55,60. ISBN 3-8282-0261-6

Die entstehende Weltgesellschaft erfordert – zumindest in Einzelschritten – das Entstehen eines Weltrechts. Die lex mercatoria als anwendbares Recht ist derzeit das prominenteste Beispiel für ein Weltrecht ohne Staat; für ein Weltrecht, das jenseits von nationalstaatlicher oder internationaler Politik entstanden ist. Dabei handelt es sich um eine globale Rechtsordnung, die in einem autonomen Prozess der Rechtsproduktion entstanden ist und sich ständig weiterentwickelt. Im Zusammenhang mit der lex mercatoria haben sich Schiedsgerichtsverfahren zur gängigen Institution der Konfliktlösung etabliert.

Die Autorin untersucht – ausgehend von Fragestellungen Niklas Luhmanns und mit systemtheoretischen Überlegungen – das Entstehen und die Rolle der lex mercatoria als globales Recht. Untersucht wird anhand der Theoriefigur der strukturellen Kopplung die Beziehung zwischen Recht und Wirtschaft bzw. der Globalisierung beider Bereiche.

Abschließend werden das Recht der Weltgesellschaft und die daraus folgenden Perspektiven für die Globalisierungsforschung erörtert.

Inhaltsübersicht

 *Stuttgart*

Schriften zu Ordnungsfragen der Wirtschaft

Herausgegeben von

Gernot Gutmann, Köln   Alfred Schüller, Marburg

Hannelore Hamel, Marburg   H. Jörg Thieme

Helmut Leipold, Marburg

ISSN 1432-9220

Ordnungsprobleme der Weltwirtschaft (Band 71)

herausgegeben von Alfred Schüller und H. Jörg Thieme

2002. VIII/524 S., kt. € 42,- / sFr 73,-. ISBN 3-8282-0231-4

Die Internationalisierung wichtiger Lebensbereiche findet unter der Bezeichnung "Globalisierung" wachsende Aufmerksamkeit. Sie berührt einen Komplex von brisanten Aspekten und Fragen, die Gegenstand einer ordnungsökonomischen Analyse im Rahmen des 35. Radeiner Forschungsseminars waren.

In dem vorliegenden Band werden die nationalen und internationalen Ordnungskräfte sowie deren Einflüsse auf Art, Ausmaß und Wirkungen weltweiter Integrationsprozesse untersucht und neue Anforderungen für die wirtschafts- und währungspolitischen Handlungsbereiche aufgezeigt.

Ordnungspolitische Grundlagen nationaler und internationaler Wirtschaftspolitik (Band 74)

herausgegeben von Thomas Apolte, Rolf Caspers und Paul J. J. Welfens

2004. X/336 S., kt. € 34,- / sFr 58,90. ISBN 3-8282-0293-4

Das weltwirtschaftliche Umfeld verändert sich rasant: Informationstechnologien vernetzen die Volkswirtschaften der Welt immer engmaschiger, internationale Institutionen entwickeln neue Regelwerke und aufstrebende Volkswirtschaften stellen die Vormachtstellung der traditionellen Industriestaaten zunehmend in Frage. Derweil kämpfen gerade diese Länder mit Altlasten der Wirtschafts- und Sozialpolitik und schrecken vor dem notwendigen Strukturwandel zurück.

Die raschen Veränderungen erfordern eine stärkere ordnungspolitische Ausrichtung der nationalen und internationalen Wirtschaftspolitik. Mit diesem Buch sollen hierzu Orientierungshilfen gegeben werden.

 *Stuttgart*

Außenwirtschaft

Von Horst Siebert

7., völlig überarb. Aufl.

2000. XV, 420 S., kt. € 31,90 / sFr 55,50
ISBN 3-8282-0150-4. (UTB 8081; ISBN 3-8252-8081-0)

Dieses erfolgreiche Lehrbuch vermittelt Studierenden das Grundlagenwissen der modernen Außenwirtschaftstheorie. Es diskutiert die Prinzipien der internationalen Arbeitsteilung, die zentralen Hypothesen zur Erklärung von Güterbewegungen und Faktorwanderungen, das Konzept des Handelsgleichgewichts, die Gewinne aus Handel und die Zollpolitik. Es befasst sich mit den Problemen offener Volkswirtschaften und der Grundstruktur der Welthandels- und Weltwährungsordnung. Das Buch integriert die realwirtschaftlichen und die monetären Ansätze der Außenwirtschaft.

In der komplett überarbeiteten 7. Auflage wird den Finanzmärkten, dem Überschießen des Wechselkurses, und - in einem neuen Kapitel - den Währungskrisen und spekulativen Blasen besondere Bedeutung beigemessen. Die Darstellung wird durch zahlreiche empirische Fallbeispiele unterstützt.

Weltwirtschaft

Von Horst Siebert

7., völlig überarb. Aufl.

1997. XII, 252 S., kt. € 24,90 / sFr 43,70
ISBN 3-8282-0047-8. (UTB 8148; ISBN 3-8252-8148-5)

Gegenstand dieses Lehrbuches ist die Weltwirtschaft. Es geht um globale wirtschaftliche Prozesse und Strukturen. Wie vollziehen sich Wachstums- und Entwicklungsprozesse in der Welt? Wie bestimmen sich Standorte für wirtschaftliche Aktivitäten, wie funktionieren die Faktormärkte? Welche Implikationen hat die internationale Arbeitsteilung für die Realeinkommen der Arbeitnehmer und für die Beschäftigung? Welche Rolle spielen die internationalen Geld- und Devisenmärkte? Welche Erfahrungen über wirtschaftliche Entwicklung haben die Entwicklungs- und Schwellenländer in den verschiedenen Regionen der Welt gemacht? Wie werden die Transformationsländer in die internationale Arbeitsteilung integriert? Welche Ordnung bildet sich für die Welt heraus? In diesem Lehrbuch wir ein Paradigma zugrunde gelegt, in dem die Welt als Ganzes betrachtet und interpretiert wird. Das gilt für die makro- wie auch für die mikroökonomischen Fragestellungen.

Das neue Buch ist komplementär zum Band "Außenwirtschaft". Während dort die theoretische Darstellung und eine offene Volkswirtschaft im Vordergrund stehen, geht der Autor im Band "Weltwirtschaft" stärker von einer anwendungsorientierten Fragestellung aus, die durch anschauliche Beispiele und graphische Darstellungen unterstützt wird.

 *Stuttgart*

Bei Fragen zur Produktsicherheit wenden Sie sich bitte an:
If you have any questions regarding product safety,
please contact:

Walter de Gruyter GmbH
Genthiner Straße 13
10785 Berlin
productsafety@degruyterbrill.com